大学生公共安全教育

|微|课|版|

上海市教育委员会学校后勤保卫处
上海市高等教育学会保卫工作专业委员会 组编

DAXUESHENG
GONGGONG
ANQUAN
JIAOYU
WEIKEBAN

电子科技大学出版社
University of Electronic Science and Technology of China Press
·成都·

图书在版编目（CIP）数据

大学生公共安全教育 / 上海市教育委员会学校后勤
保卫处，上海市高等教育学会保卫工作专业委员会组编．
—成都：电子科技大学出版社，2019.6（2021.7 重印）
ISBN 978-7-5647-7114-0

Ⅰ．①大… Ⅱ．①上… ②上… Ⅲ．①大学生—公共
安全—安全教育—高等学校—教材 Ⅳ．①G641

中国版本图书馆 CIP 数据核字（2019）第 122721 号

大学生公共安全教育
上海市教育委员会学校后勤保卫处
上海市高等教育学会保卫工作专业委员会　　组编

策划编辑　罗　丹
责任编辑　罗　丹

出版发行　电子科技大学出版社
　　　　　成都市一环路东一段 159 号电子信息产业大厦　邮编：610051
主　　页　www.uestcp.com.cn
服务电话　028-83203399
邮购电话　028-83201495

印　　刷　天津市蓟县宏图印务有限公司
成品尺寸　185mm×260mm
印　　张　13.5
字　　数　333 千字
版　　次　2019 年 6 月第 1 版
印　　次　2021 年 7 月第 3 次印刷
书　　号　ISBN 978-7-5647-7114-0
定　　价　35.00 元

《大学生公共安全教育》
编委会成员

序

  安全伴随着人类历史发展的全过程，是社会发展的前提。无论历史的风云如何变幻，安全都是每个人最基本需求之一；无论处于生命的哪个阶段，都要与安全朝夕相处，不可或缺。

  大学是充满朝气和活力的知识殿堂，但并非是世外桃源。近年来，与高校安全有关的一些情况发生了较大变化：一方面，一些社会矛盾引发的问题在高校有所表现，甚至发生极个别的极端事件；另一方面，随着高等教育事业不断发展，高校办学规模日益扩大、开放程度不断提高、远郊办学逐渐增多，需要大学生去重新适应校园及周边的生活方式。

  生命不保，何谈教育。大学生安全工作应纳入学校教育和管理的基本任务，警钟长鸣，常抓不懈。维护大学生人身和财产安全，事关学生的成才成长，事关家庭的和谐幸福，事关社会的安定与发展。

  安全防范，教育为先。要确保大学生的生命和财产安全，根本在于提高大学生的自身安全意识、提高自我防范和自护自救能力，要让大学生通过系统地安全学习，获取必备的安全知识和技能，这将使其终身受益。

  上海市教委一直高度重视大学生安全教育，关心每一位大学生安全意识的养成和安全能力的提高。近年来，市教委积极强化安全教育在校园安全工作中的基础性作用，大力推进安全教育研究和创新。一是构建大学生安全教育体系。将安全教育贯穿大学生从入学到毕业的全过程，开展大学生安全教育理论与教学研究，构建资源叠加、功能复合的大学生安全教育课程体系，强化大学生安全教育保障机制。二是营造高校安全文化氛围。提高安全教育种类覆盖率，丰富安全宣传教育形式，增强高校师生对安全发展的知行水平，营造人人自觉重视安全、人人主动遵守安全、人人努力维护安全的氛围。三是提高大学生安全教育水平。理顺高校安全教育体制机制，加强大学生安全教育师资队伍建设，完善大学生安全教育内容，创新大学生安全教育教学方式，推进教学计划、教师、教材、课时"四落实"。四是提升大学生安全教育质量。提高大学生安全教育的针对性和实用性，制定、完善大学生安全教育考核评价标准，提高大学生安全防范意识，帮助大学生养成良好的安全习惯。

  授人以鱼，不如授之以渔。事实表明，同样的隐患总会重复出现，同样的悲剧总有可能重复上演！所以做好安全教育，不仅要让大学生"知"，同时应让大学生"会"，更要让大学生"行"。

  《大学生公共安全教育》一书是由高校长期从事安全管理的工作者们，结合多年实际工作经验和大学生群体特点精心策划编辑的安全实用教材，具有较强的指导性和实用性。该书贴近学生，贴近校园，说理透彻，内容丰富，深入浅出，是高校加强安全教育，提高安全防范的好教材。我们相信，通过本书的学习，一定会使同学们从中悟出一些道理，得到一些警示，真正把教训变成财富，把知识变为技能。

　　安全，是杆笔，只要你稳稳地把握，就能描绘出美丽的人生；安全，是座钟，只要你时时敲响警钟，就能感受到生命的多彩。年轻的大学生朋友们，祝愿你们能够平安和谐地度过大学生活，祝愿你们能以健康的身心担负国家建设的重任！

陆靖

2019 年 6 月于上海

目　　录

绪　论

居安思危，思则有备，有备无患

——《左传》

一、安全意识与安全教育

人类从诞生的第一天开始，就必须面对各种各样的安全问题，人类最初的安全意识，是本能形态的安全认识。其表现为人体对外界刺激趋利避害式的生物性反应，其作用机制，是人的大脑皮层之中形成的第一信号系统的条件反射。这种无意识或称为下意识的安全认识，是早期人类为适应生存环境，在进化过程中保留下来的原始祖先生存本能的历史

视频讲解

痕迹。这种自发的安全认识，把自身受到的伤害，看作是一种人类把握不了的外界神秘力量控制和支配着人的结果，只能求助于神灵的保佑，并在现实生活中凭借经验以躲避和防备的方式求得安全。随着社会的发展进步，人们对安全问题的认识也在不断地发展。当今，影响人类安全的因素中除了自然灾害因素外，还有人的自身因素和社会因素等，它们均会对人们的安全带来威胁。

1943 年，美国心理学家马斯洛出版了《人类动机的理论》一书，提出了著名的"马斯洛需求"理论（见图 1-1）。他认为，人类的需求从低到高分为五个层次，最基本的需求是生理需求，即温饱和安全感，在满足了生理需求之后，就会追求被爱、被尊重以及自我价值的实现等高层次的需求，如图 1-1 所示。因此，人们通常把"安全"和"发展"形象地比喻为"1"和"0"的关系，没有"安全"这个"1"的存在，诸多的"发展"都是表象，并最终以"0"的失败而告终。

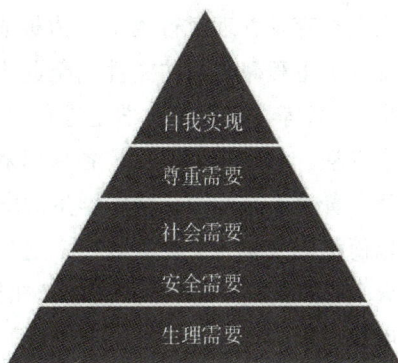

自我实现

尊重需要

社会需要

安全需要

生理需要

图 1-1　马斯洛需求层次

1. 安全教育具有自然性

安全教育"以人的先天赋予为基础"，这种"先天赋予"指的就是自然性。事实上，"安全"是人的一种本能和天性，就如同生物体"趋利避害"的自然性一样，人类个体存在的本身就说明了它是一种相对安全状态的存在，从这个意义上讲，没有安全，就没有人的存在。因此，"安全教育"一词本身就具有"与生俱来"的自然性，或者说是人的一种先天性。离开了人的自然性谈安全教育，毫无疑问就失去了讨论问题的前提和基础，因而必然导致虚无和空洞。

2. 安全教育具有社会性

社会性是人的根本属性。马克思指出："人的本质并不是单个人所固有的抽象性。在其现实性上，它是一切社会关系的总和。"人的社会性决定了安全意识的社会性，因为安全意识是"通过教育和社会实践活动而发展形成的"，是在一定的社会关系中进行和展开的。而人的安全意识一旦形成，客观上又作为人从事社会实践的主体条件，对社会关系产生重大影响。从这个意义上讲，安全教育与社会关系相辅相成，密不可分。

3. 安全教育具有基础性

安全作为一个永恒性话题，无论对于人类群体还是个体都具有极其重要的意义，因为人所从事的所有活动离开安全都无从谈起。在人类实践的一切领域，人们必须控制灾害、减少失误、降低风险，努力使事物趋向本质安全发展。离开这一基础保障，人类的所有实践活动都将成为空谈。

4. 安全教育具有时代性

安全意识是人们在社会生活中应当具备的安全方面的知识、技能与认知。社会生活总是处于不断发展变化的，因而人们在社会生活中应当具备的安全方面的知识、技能也是必然变化的。由于不同时代社会对人的客观要求与条件的不同，因此，不同时代和社会的人们对安全教育的需求必然存在较大差异。

我国高校大学生安全教育可分为四个阶段：第一个阶段属于各高等学校结合自身实际开展的专题式的宣讲阶段。这一阶段的时间划分在 20 世纪 90 年代以前，特点是零散型、重校规教育。第二个阶段主要以 1992 年原国家教委颁布的《普通高等学校学生安全教育及管理暂行规定》为标志，从某种意义上讲，这是高校开展大学生安全教育的一个里程碑性质的文件。至此大学生安全教育工作进入了一个崭新时期。该规定指出，"高等学校应将对学生进行安全教育作为一项经常性工作，列入学校工作的重要议事日程，加强领导。学校各部门和有关群众团体或组织要相互配合，积极开展安全教育，普及安全知识，增强学生的安全意识和法制观念，提高防范能力。"第三个阶段可以简称为大学生安全教育"三进"阶段，即大学生安全教育"进教材、进课堂、进学分"，这也是当前各全国高校正在推进的一项工作。第四个阶段为大学生安全教育转型阶段。以 2015 年 7 月 1 日颁布的《中华人民共和国国家安全法》为标志，新时期国家安全的根本方针政策已向"总体国家安全观"转变。在此背景下，各地对大学生安全教育也做出了新的尝试，如《上海市大学生安全教育三年行动计划（2016—2018）》就提出要结合中央工作精神，从传统安全教育向包含非传统安全教育的公共安全教育拓展，努力打造包括网上课程建设、题库建设、考试系统建设、教材建设、安全知识竞赛等内容的"六个一"工程平台，不断丰富、充实大学生安全教育的手段、形式和评价体系。

二、大学生公共安全教育与思想政治教育

习近平总书记在全国高校思想政治工作会议上发表重要讲话，从实现中华民族伟大复兴、增强国家核心竞争力出发，突出了高等教育的地位和坚持正确办学方向的重

要性，提出了人才培养的明确目标，并站在全局战略高度强调："高校思想政治工作关系高校培养什么样的人、如何培养人以及为谁培养人这个根本问题。要坚持把立德树人作为中心环节，把思想政治工作贯穿教育教学全过程，实现全程育人、全方位育人，努力开创我国高等教育事业发展新局面。"

教育是培养人的一种社会活动，是教育者有目的、有意识地向受教育者传授人类生产斗争经验和社会生活经验的活动。而对公共安全，国际上存在广义和狭义两种理解：广义上的公共安全是指不特定多数人的生命、健康、重大公私财产以及社会生产、工作生活安全，它包括整个国家、整个社会和每个公民一切生活方面的安全（从国防安全、环境安全到社会福利保障等），自然也包括免受犯罪侵害的安全。狭义的公共安全主要包括来自自然灾害、治安事故（如交通事故、技术性事故等）和犯罪侵害三个部分。

现有的大学生安全教育工作由于缺乏系统性和连续性，同时由于各种错综复杂的原因，安全教育的实效性在客观上大打折扣。从某种意义上讲，开展大学生安全教育，一方面是对大学生所缺失的安全素质的"补课"，另一方面也为风险社会大背景下，为大学生在大学这个特殊、关键阶段顺利实现社会化提供重要保障。

国家安全归根到底是人的安全。目前大多高校的安全教育还局限于传统领域里，诸如自然灾害、防火防盗、校纪校规内容。但随着我国政治经济的发展，影响社会安全的问题不仅有传统领域固有的常态问题，影响人的安全的非传统安全因素急剧增多，更需引起注意的是新环境下大量出现的诸如网络安全、极端暴力事件等非传统安全问题。安全教育涉及的内容变得更加广泛，应尽快从安全管理向安全教育、从宏观安全向微观安全、从校园安全向学生安全、从传统安全向非传统安全方面拓展，构建涵盖政治安全、国土安全、军事安全、经济安全、文化安全、社会安全、科技安全、信息安全、生态安全、资源安全、核安全等于一体的大学生安全教育体系。

1. 安全教育是大学生思想政治教育体系的重要组成部分

"教书育人、管理育人、服务育人"是高校开展思想政治教育工作的重要原则，这就要求我们把思想政治教育工作渗透、融合到学校教育的各个环节。大学生安全教育作为社会安全工作的一个重要组成部分，对提高思想政治教育实效性发挥着特殊作用。安全是人的一项基本需求，安全教育本质上是为满足人的基本需求而开展的活动。而思想政治教育工作归根结底是一项对人的工作，对人开展工作，应该从人的基本需求出发，把满足人的基本需求作为一个重要落脚点，而安全知识、安全技能和安全意识的获得，客观上需要通过开展安全教育来完成。

2. 安全教育是大学生树立正确的国家安全观的题中之意

总体国家安全观是习近平根据新时期新阶段国内外形势的变化提出的最新国家安全观，是维护我国国家安全的战略指导思想，具有重大意义。当前我国国家安全内涵和外延比历史上任何时候都要丰富，时空领域比历史上任何时候都要宽广，内外因素比历史上任何时候都要复杂，必须坚持总体国家安全观，要求我们既重视外部安全，又重视内部安全；既重视国土安全，又重视国民安全；既重视传统安全，又重视非传统安全；既重视发展问题，又重视安全问题；既重视自身安全，又重视共同安全。

当代大学生作为我国社会未来发展的主力军、保卫我国国家安全的后备军，他们是否具有正确的安全意识、是否具有正确的安全观，关系到我国的安危和民族的存亡，所以必须重视对大学生进行安全教育。

3. 安全教育是大学生正确应对突发事件的必由之路

突发事件处置中最重要的基础是师生良好的安全素质。如果缺乏常规安全教育，一旦发生重大事件时，学生不但无法自救，甚至可能表现为集体无主见，不仅给个人，还给国家和社会造成极大损害。高校需要建立和完善大学生安全教育规章管理制度，加强宣传力度，逐渐培养安全意识；定期进行安全逃生演习，以免在面对地震或火灾等突发事件时忙里出错，造成不必要的伤亡，同时也可培养学生的应急处理能力；加强基础设施的建设；优化校园环境，让学生们在一个和谐的校园环境中培养正确的安全观念，在潜移默化中渗透安全教育。

4. 安全教育是高校提升人才培养水平的创新模式

习近平总书记强调："我国高等教育肩负着培养德智体美全面发展的社会主义事业建设者和接班人的重大任务，必须坚持正确的政治方向。"高校立身之本在于立德树人。随着时代的快速发展，高校传统安全教育也存在明显的弊端和局限：注重教育形式，缺乏内容创新；注重全面教育，缺乏人文关怀；注重事后总结，缺乏源头预防等。当代大学生安全素质整体不强已经成为一个不争的事实，这不但可以从大量的问卷调查、个案访谈乃至各类文献中得以反映，而且可以在多发、频发的校园安全事故客观现实中得到实证。

一方面，就当代大学生个体而言，独生子女的成长历程和相对安逸舒适的生活环境，使得不少大学生在进入大学后呈现出生活自理能力较差、人际关系处理不好、安全防范意识淡薄、心理素质脆弱等特征，甚至违法犯罪、人身伤害等各类事故也时有发生。因此，提升大学生安全素质成为大学生个体提高应对社会风险能力的必然要求。另一方面，从客观上讲，高校校园安全所面临的社会环境和安全形势日益复杂，大学校园的安全问题日益突出，大学生安全素质由此日益成为一个被广泛关注和亟待提升的问题。因而对风险社会背景下的大学生安全问题进行分析研究，不断提高大学生对社会现状的认识和思考，努力促进大学生增强风险意识，提升安全素质，具有十分重要的现实意义。

5. 开展大学生安全教育有利于整个社会的和谐稳定

创建平安和谐校园是和谐社会建设对高校的要求之一，也是其重要组成部分。大学生作为高校最重要的主体，是高校教育培养的对象，是党和国家事业发展的未来建设者与接班人。他们在校期间的一举一动、一言一行都广受国家、社会、家庭的广泛关注。如果发生涉及大学生的"安全事件"，就必然会牵动社会、家庭、宣传媒体和大学生群体的神经，影响高校安全稳定，甚至在全社会产生强烈的负面影响。因此，重视和加强大学生安全教育，有助于大学生了解我国目前安全现状，防患于未然。这是确保高校安全稳定的重要举措。

三、如何做好大学生安全教育

1. 当前大学生安全教育存在的问题

（1）开展安全教育的渠道和内容比较单一。根据上海高校大学生安全教育协作组2016年对上海60多所高校的调研显示，77.5％的大学生赞成高校开设安全自救课程，82.9％的人认为应当进行突发事件的演练，虽然上海高校已100％地开展了新生集中安全教育活动，但教育的内容大部分停留在"防火、防盗、防诈骗"这种"老三样"上，且手段单一，缺少实践演练操作，教学效果不好。开办安全讲座和班会（48％）、挂海报横幅（50％）等依然是上海高校进行安全教育的主要方式。

（2）大学生安全教育课堂教学主阵地利用不足。根据调研显示，上海地区高校"安全教育"课程总体必修率仅仅为8％。"安全教育"类选修课开课率为20％，且进课堂难度较大，大部分高校尚未建立起系统的安全教育体系。

（3）安全教育师资缺乏，缺少专业培训。根据调研显示，在上海高校安全教育人员结构中，保卫干部占54％，学生辅导员占18％，校外机构人员占14％，思政课教师占13％，专职安全教育教师只占1％。

（4）把安全教育等同于校园安全教育。安全教育离不开校园安全和安全管理。在某种程度上，校园安全有利于安全教育。但安全管理的目的主要是校园安全，而校园的安全毕竟不是学生的安全，也不一定能保障学生的安全。把安全教育等同于校园安全的教育不仅是对安全教育认知上的误区，而且在一定意义上是对学生安全的忽视。随着社会交往和社会实践活动越来越多，大学生安全问题涉及的社会空间越来越广泛，安全教育内容不再局限于校园以及周边范围，而延伸到整个社会公共空间。由此，安全教育的目的不再局限于校园安全，更重要的是关系到学生在校园内外的人身安全。只有将安全教育的对象从校园安全拓展到学生安全，才能保障校园安全以及学生的人身安全。

2. 大学生安全教育创新机制初探

（1）建立和优化大学生安全教育评价机制。大学生安全教育的评价机制是安全教育工作的一个基本环节，积极合理的评价指标机制可以促使评价主体朝着正确的方向发展，最终产生有价值的主体事物。如评价标准不明确，缺乏合理积极的评价标准，那么，评价主体对客体的评价必然产生偏颇，必然产生不良影响。因此，探讨建立模型化的安全教育评估机制，对加强和改进高校安全工作创新具有重要意义。

（2）加强安全教育专兼职队伍建设，完善高校安全教育体系。邓小平曾说过："学校是否能培养社会合格人才，关键在于教师。"教师是教育的一面镜子，教师队伍素质的优劣，是教书育人和提高教学质量的关键。从目前工作载体现状来看，多数高校并未将安全教育纳入教学计划，也没有规范的安全教育课程及相关的教育实践，安全教育主要是通过班会说教和专题讲座等手段向学生灌输安全知识和技能，没有达到"进课堂、进教材、进学分"的层面，更谈不上专兼职的教师队伍建设。专门的教育队伍建设是构建安全教育体系的基础性工作，有了专门的教育工作者才能全方位、不间断地对学生进行引导和协调监管，教育效果才能进一步提高。

（3）丰富安全教育内容和方法，提高针对性和实效性。随着经济社会的发展，社会环境发生了很大变化，给大学生安全教育工作带来了新的机遇和挑战，迫切需要创新大学生安全教育方法和扩展安全教育内容，推进大学生安全教育工作上一个新台阶。

（4）加强安全教育实践。相比其他专业教育，安全教育的实践性更强。然而，由于各方面原因，在大学生安全教育过程中，教育者偏重于知识的直接灌输，而把实践教育抛置于教育方法之后，影响了大学生安全素质能力的提升，因此，有必要利用各类实践基地，构建"安全教育＋技能演练＋自我教育"三位一体的教育模式，研究并发挥虚拟现实等新技术在实践环节中的积极作用。

（5）营造文明有序的安全文化环境。文明有序的校园安全环境是由以人为本的教育理念、诚信友爱的人际关系、安全稳定的指导思想、民主法治的运行机制、公平正义的价值取向、积极向上的精神支柱等要素构成。推进安全文化建设需要在校学生的共同参与，并最大化地尊重大学生的权利、价值和尊严，重视和发挥学生的能动作用，使学生形成良好的精神风貌和价值取向，自觉抵制不良价值观的影响。

第一章 国家安全篇

备豫不虞，为国常道。

——唐·吴兢《贞观政要》

第一节 总体国家安全观与国家安全教育

一、总体国家安全观的基本内容

"于安思危，危则虑安"，忧患意识是中华民族自古以来的精神传统，体现的是历史使命感和社会责任感。习近平总书记曾指出，国家安全是安邦定国的重要基石，维护国家安全是全国各族人民根本利益所在。当前我国国家安全内涵和外延比历史上任何时候都要丰富，时空领域比历史上任何时候都要宽广，内外因素比历史上任何时候都要复杂，

视频讲解

必须坚持总体国家安全观，以人民安全为宗旨，以政治安全为根本，以经济安全为基础，以军事、文化、社会安全为保障，以促进国际安全为依托，走出一条中国特色国家安全道路。越是取得成绩的时候，越是要有如履薄冰的谨慎，越是要有居安思危的忧患。

国家安全一般是指作为社会政治权利组织的国家及其所建立的社会制度的生存和发展的保障。它包括国家独立主权和领土完整以及人民生命财产不被外来势力侵犯；国家政治制度、经济制度不被颠覆；经济发展、民族和睦、社会安定不受威胁；国家秘密不被窃取；国家工作人员不被策反；国家机构不被渗透等。任何境外机构、组织、个人实施或者指使他人实施的，或者境内组织、个人与境外机构组织、个人相勾结实施的危害中华人民共和国国家安全的行为均视为危害国家安全的行为。

进入新世纪以来，中国在经济、军事、科技、文化等方面的快速发展，取得了重大成就，中国的综合国力在全面迅猛地发展，全球都在关注着高速前进的中国，中国面临的情报斗争的形势也随之变得更加严峻。

党的十八届三中全会决定成立国家安全委员会，这是推进国家治理体系和治理能力现代化、实现国家长治久安的迫切要求，是全面建成小康社会、实现中华民族伟大复兴中国梦的重要保障，目的就是更好地适应我国国家安全面临的新形势新任务，建立集中统一、高效权威的国家安全体制，加强对国家安全工作的领导。贯彻落实总体国家安全观，必须既重视外部安全，又重视内部安全，对内求发展、求变革、求稳定、建设平安中国，对外求和平、求合作、求共赢，建设和谐世界；既重视国土安全，又

重视国民安全，坚持以民为本、以人为本，坚持国家安全一切为了人民、一切依靠人民，真正夯实国家安全的群众基础；既重视传统安全，又重视非传统安全，构建集政治安全、国土安全、军事安全、经济安全、文化安全、社会安全、科技安全、信息安全、生态安全、资源安全、核安全等于一体的国家安全体系；既重视发展问题，又重视安全问题，发展是安全的基础，安全是发展的条件，富国才能强兵，强兵才能卫国；既重视自身安全，又重视共同安全，打造命运共同体，推动各方朝着互利互惠、共同安全的目标相向而行。

国家安全是国家的根本所在，国家利益高于一切，维护国家的利益和安全，是每个公民的神圣义务，任何情况下不得做有损国家安全的事情，并自觉与一切损害国家安全的行为做斗争。《中华人民共和宪法》（以下简称《宪法》）第五十四条明确规定："中华人民共和国公民有维护祖国安全、荣誉和利益的义务，不得有危害祖国安全、荣誉和利益的行为。"

维护国家安全是每个公民义不容辞的责任，是党和国家对公民的基本要求。随着对外开放步伐的不断加快，我国在政治、经济、科技、文化等各领域都有了飞越式发展，境外一些间谍情报机关和各种敌对势力把中国作为他们进行颠覆、渗透和破坏的主要目标，从没有停止过危害我国安全的活动。他们一方面打着"人权""民主"等各种各样的旗号，继续对我国进行政治思想渗透；另一方面，他们正在并将继续利用我国扩大对外开放的时机，以公开的、合法的身份，通过各种渠道和途径，广泛收集、窃取、刺探我国经济、科技等情报，从事危害我国国家安全和利益的活动。与此同时，国内极少数敌视社会主义的分子，也极力寻求境外一些间谍情报机关和其他敌对势力的支持，与其相互勾结，进行破坏和捣乱。

二、危害国家安全的行为

（1）阴谋颠覆政府，分裂国家，推翻社会主义制度的行为。

（2）参加境外各种间谍组织，或者接受间谍组织或代理人的任务的行为。无论行为人是否接受了间谍组织的任务，是否进行了窃取、刺探、收买、非法提供情报或其他破坏活动，只要参加了间谍组织，即构成了间谍犯罪。未参加间谍组织，却接受了间谍组织或其代理人的任务，也不管其任务实现与否，不影响间谍犯罪的成立。

（3）窃取、刺探、收买、非法提供国家秘密的行为。一般指在未参加间谍组织，也没接受其代理人任务的情况下，主动为间谍机构窃取、刺探、收买、提供情报。不管情报是否到了间谍手中，都不影响间谍犯罪的成立，就属于危害国家安全的行为。2006年5月，某部计算机系统副组长陈某，因不满足现状，需要更多的金钱，选择做兼职，在某招聘网站上利用自己掌握的涉军情报换取间谍所允诺的高额报酬，将我国某新型武器投放飞行试验的情报经过层层加密电邮给某间谍。从此，他一发不可收拾，通过互联网陆续向该间谍提供了大量军事情报，对我国家军事利益和安全造成严重危害，最终受到了法律的严惩。

（4）策动、勾引、收买国家工作人员叛变或者将防地设施、武器装备交付他国或敌方的行为。

（5）进行危害国家安全的其他破坏活动的行为。

①组织、策划或者实施危害国家安全的恐怖活动的；

②捏造、歪曲事实，发表、散布文字或者言论，或者制作、传播音像制品，危害国家安全的；

③利用设立社会团体或者企业、事业组织，进行危害国家安全活动的；

④利用宗教进行危害国家安全活动的；

⑤制造民族纠纷，煽动民族分裂，危害国家安全的；

⑥境外个人违反有关规定，不听劝阻，擅自会见境内有危害国家安全行为或者有危害国家安全行为重大嫌疑的人员的。

三、正确认识我国当前的安全形势

1. 境外敌对势力亡我之心不死

尤其在苏联解体，东欧剧变之后，境外敌对势力要在全球范围内取消社会主义制度，而把中国作为最后一个要攻击的重要目标。西方国家在发展对华关系的同时，继续推行"西化""分化"中国的战略。他们相互勾结，利用我国政治、经济改革中出现的矛盾和面临的各种困难，伺机在我国进行渗透和破坏活动。

2. 间谍活动严重

隐蔽的间谍情报人员，采取公开掩护秘密，以合法掩护非法等方式，对我国进行煽动、窃密、策反等危害国家安全的活动。一是通过社会活动，广泛接触有关人员，套取我国政治、经济、科技、文化等秘密；二是利用办理出国手续的机会，向我国人员刺探内部秘密；三是利用一些人的不健康心理，以帮助出国定居，提供经济担保，奖重金或施以小恩小惠等手段对我国人员进行收买利用；四是利用参观、旅游、观光等搜集情报；五是策反我国内部人员，然后派遣回来进行间谍情报活动；六是利用亲属关系窃取秘密；七是打着"科技没有国界"的口号，以先进的科研条件，优厚的物质待遇为诱饵，拉拢腐蚀出国留学人员为其卖力。

3. 丧失国格人格

个别人丧失国格和人格与境外敌对势力有联系，受其唆使，进行反对中华人民共和国政府和中国社会主义制度的活动；有的担任非法组织负责人，有的还进行一系列危害国家安全的活动。少数出国人员缺乏国家安全意识和保密观念，经不起各种各样的诱惑，与国外敌对势力勾结，做出有损国格人格的事，自觉不自觉地为敌人帮了忙、服了务。

四、《国家安全法》要求公民应尽的义务

维护国家安全是每个公民的法定义务，公民和组织应当积极履行各项义务，支持、协助和配合国家安全机关依法开展工作，全社会共同承担起维护国家安全的重任。

（1）机关、团体和其他组织应对本单位的人员进行维护国家安全的教育，动员、组织本单位的人员防范、制止危害国家安全的行为。

（2）公民和组织应为国家安全工作提供便利条件或者其他协助。

（3）公民发现危害国家安全的行为，应当直接或者通过所在组织及时向国家安全机关或者公安机关报告。

（4）在国家安全机关调查了解有关危害国家安全情况、收集有关证据时，公民和有关组织应当如实提供，不得拒绝。

（5）任何公民和组织都应当保守所知悉的国家安全工作的国家秘密。

（6）任何人和组织都不得非法持有国家秘密的文件、资料和其他物品。

（7）任何公民和组织都不得非法持有、使用窃听、偷照等专用间谍器材。

同时，《国家安全法》规定公民在履行这些义务时，享有要求保护权、获得奖励权等。

> ## 案例
>
> 1994年3月8日，赣榆县东关村渔轮在黄海近海作业时，起获了一个神秘仪器，渔民们谁也说不清这究竟是什么，村支书张学志敏锐地意识到这个仪器可能与国家安全利益有关，立即将仪器送交连云港市国家安全局。经鉴定，该仪器是某国海军投放的专门收集我国水文资料的测量仪器。张学志为保护国家机密做出了贡献，受到了省政府的表彰。

五、提高警惕注意发现危害国家安全的活动

（1）一些可疑人员未经批准到内部做调查，进行科技、经济、企业等情况搜集。若发现这种情况不能随意提供，并向当地国家安全机关或公安机关报告。

（2）警惕境外电台、电视、网络等传媒的煽动、造谣。

（3）一些境外组织和人员经常出现在我军事、保密单位周边，乘机盗取秘密情报和信息。如遇有可疑人员要立即报告。

（4）一些有境外背景的组织和个人，利用一些群众不满情绪，煽动与政府对抗。遇到这些情况，应立即向国家安全机关或公安机关报告。

第二节　国家秘密与防泄密

一、国家秘密的概念

国家秘密是关系到国家安全和利益，依照法定程序确定在一定时间内，只限一定范围人员知悉的事项。国家秘密按其秘密程度划分为"绝密""机密""秘密"三级。

有国家就有秘密，就需要保密工作，保密工作是国家一项十分重要的工作，上至国家机关，下至单位、个人都有不可推卸的责任。随着改

视频讲解

革开放的深入和经济的飞速发展，国内与国外组织或外籍人士的交流、合作更加广泛，这同时也意味着增加了更多的失密、泄密的机会。因此，保密工作就显得更加重要。

当前，国际形势风云变幻，我国经济社会发生深刻转型，改革进入攻坚期和深水区，各种可以预见和难以预见的安全风险挑战前所未有。值得警惕的是，境外间谍情报机关和各种敌对势力加紧对我核心领域、要害部门和重点目标的情报窃密，以及重要涉密人员的渗透策反活动，一刻也没停止过。据国家安全机关统计，目前被境外间谍机关策反的群众并不罕见，退伍军人、留学生、高校师生、军事发烧友以及军工企业、国防科研单位、政府机关人员等，都是其着重关注的对象。尤其是一些年轻的网友，很可能会在不知不觉中被境外人员利用。根据我国《中华人民共和国反间谍法》的相关规定，如果不明情况，被诱骗落入境外间谍机关的圈套，一定要终止违法行为。如果受到对方威胁，不要害怕，更不要被对方牵着鼻子走，及时向国家安全机关说明情况，并有悔改表现的，可以不予追究刑事责任，如果有重大立功表现，还可以予以奖励。

从实践中看，容易造成失密、泄密的原因有如下几点。

（1）违反保密制度，在不适宜的场所随意公开内部秘密。主要表现在接待外来人员的参观、访问、贸易洽谈之时，违反保密制度，轻易地将宝贵的内部秘密泄露出去。

（2）不正确使用手机、电话、传真或互联网技术造成泄密。一些谍报组织借助科学技术成果，利用先进的间谍工具进行窃听、窃照、截取电子信号、破获电子信件等获取机密，如图1-2所示。

（3）保密观念不强，随身携带秘密载体造成泄密。有些保密观念不强的人，随意将一些秘密资料、文件、记录本、样品等携带出门，遇上丢失、被盗、被抢、被骗，很快就会造成泄密事件。

（4）保密意识淡薄，或无保密意识，有意无意把秘密泄露出去。有些保密意识淡薄，缺乏保密常识的人，不分场合，随意在言谈

图1-2 偷拍军事机密

中或通信中谈及国家秘密或秘密事项，或炫耀自己的见识广博，不料"道者无意，听者有心"，不经意造成泄密。

（5）极少数经不住金钱和物质的诱惑，被境外间谍机关拉拢腐蚀，出卖国家秘密。

案例

军迷帮境外"记者"窃取"新闻素材"

辽宁某企业的韩某是一个"军迷"，因故失业后经济上比较拮据，于是通过互联网发布求职信息。不料，他很快被网上自称"记者"的境外间谍情报机关人员

盯上。对方告诉韩某需要新闻报道素材，让他去某涉军目标附近就业。为了表达诚意，该"记者"很大方地给韩某汇来 1 万多元作为定金。面对金钱诱惑，韩某虽有些疑虑，但一想到自己追求的奢华生活，顾不上考虑就满口答应了。在这名境外谍报人员的直接指令下，韩某顺利进入某单位应聘成功，之后多次利用工作之便，用手机偷拍大量某重大军工项目照片，传到境外给对方。拿到钱款后，韩某又遵照该"记者"的遥控指挥，先赴北京参加国防技术项目推介会，现场搜集了大量录音、照片等资料；接着又专程前往辽西某地拍摄了另一组重要军事目标的照片。短短数月，这份"兼职"为韩某带来近 10 万元的巨额报酬。法网恢恢，疏而不漏，2015 年 1 月 29 日，大连市中级人民法院一审判决被告人韩某犯为境外窃取、非法提供国家秘密罪，判处有期徒刑 8 年，剥夺政治权利 4 年，依法追缴其违法所得。

找兼职落入间谍网络

青岛某企业年轻员工曹某，工作之余常到网上寻找赚钱的机会，在好几家求职网站都投了个人简历。不久，一名自称某军事杂志社的"主编"打来电话，说有现场考察员的工作适合他，并许以高额薪酬。动心的曹某没多想就答应下来。每到周末或节假日，曹某就按照"主编"的指示，到附近的军事基地转悠。一次，曹某扛着新装备偷偷潜入某军用机场，成功拍摄航母基地内的照片传给"主编"。对这一次成果，境外间谍"主编"不仅大加赞许，还立即汇来了一笔丰厚的酬金，以示鼓励。激动的曹某点着厚厚一沓钞票，突然觉得"幸福"来得太突然了，以至于他自己都怀疑对方是不是真的"主编"。远在境外的"主编"似乎也"看"穿了曹某的心思，发来一封电子邮件，几乎让他无路可退："你的照片很有价值，已经发到国外了，如果有人举报你，自己想想后果吧！"深陷其中不能自拔的曹某，不得不继续心惊胆战地为境外组织效力。2014 年 4 月，山东省国家安全机关在曹某的住处将其抓获，当场起获照相机、望远镜、笔记本电脑等涉案工具。工作人员还透露，那位"主编"实际上是国家安全机关关注已久的一个境外间谍人员，他在网上有很多身份，如某新闻杂志社编辑，某咨询公司业务主管等。虽然明知自己的所作所为严重损害国家利益，但曹某在境外谍报人员的利诱和胁迫下没有及时悬崖勒马，结果在犯罪的道路上越走越远。

哈尔滨某高校研究生泄漏涉军课题内部资料

2012 年 10 月，为减轻家庭经济压力，哈尔滨某高校研究生常某某在网上找兼职家教工作，并留下联系方式。有人主动与常某某联系，要他帮助搜集一些半公开的资料，常某某表示同意，每次都是对方先付款，并动辄数千元。几次交往后，对方开始要求他利用学习期间便利条件搜集情报及涉军课题内部资料。常某某明知是犯罪行为，却没抵挡住金钱诱惑。期间，对方曾一次给常某某 20 万元。在对方资助下，常某某还去国外旅游，他还利用到海南旅行的机会，拍摄敏感军事图片传到境外。经查，2012 年 10 月至 2014 年 6 月间，常某某共向境外人员发送情报资料 54 次共计 60 余份，接受境外人员提供的"经费"20 余万元，给国家安全带来严重威胁。2014 年 8 月 5 日，常某某被黑龙江省人民检察院批准逮捕。案发时，常某某已考上博士研究生，他对自己的行为追悔莫及。

小贴士

什么是军事秘密

军事秘密是国家秘密的重要组成部分，和国家秘密一样，军事秘密也分为绝密、机密、秘密三级。"军事秘密"，是指在一定时间内只限于一定范围的人员知悉，不能对外公开并直接关系到国防安全和军事利益的事项。如，国防和战斗力量建设规划及其实施情况；军事部署，作战和其他重要军事行动的计划及其实施情况；战备演习、军事训练计划及其实施情况等。根据《中华人民共和国刑法》第四百三十二条："违反保守国家秘密法规，故意或者过失泄露军事秘密，情节严重的，处五年以下有期徒刑或者拘役；情节特别严重的，处五年以上十年以下有期徒刑。"

二、如何保守国家秘密

泄密和间谍行为一旦发生，对国家和社会造成的危害巨大。大学生具有初步情报搜集能力，上网时间长，发展潜力大；同时，大学生缺乏经济收入，加上防范意识差，缺乏反间谍教育，所以，容易成为间谍组织的重点策反对象。境外情报机构往往选定大陆一些地区和高校，策反特定专业在校生。最初与学生接触时，只提简单要求，但定期酬金支付极易让学生形成依赖。当同学们对这种快速的收益上瘾后，间谍机构会进一步安排更有针对性和机密性的信息搜集任务。如果学生不从，对方会威胁将此前的联系内容和金钱交易报给中国安全部门。

根据《中华人民共和国保守国家秘密法》规定，"国家秘密"既包括军事领域也包括非军事领域，非军事领域的秘密一般是指有关国土资源、重大经济政策、重大行政决定等内容，而我们最熟悉的"民用"秘密可能就是高考试卷了（研究生考试、公务员考试等试卷也属"国家秘密"）。国家秘密的等级分为绝密、机密、秘密三级，并原则上规定了区分三个等级的标准：绝密级国家秘密是最重要的国家秘密，泄露会使国家安全和利益遭受特别严重的损害；机密级国家秘密是重要的国家秘密，泄露会使国家安全和利益遭受严重的损害；秘密级国家秘密是一般的国家秘密，泄露会使国家安全和利益遭受损害。国家秘密的保密期限，除另有规定外，绝密级不超过三十年，机密级不超过二十年，秘密级不超过十年。此外，任何组织和个人不得将涉密计算机、涉密存储设备接入互联网及其他公共信息网络；在未采取防护措施的情况下，在涉密信息系统与互联网及其他公共信息网络之间进行信息交换；使用非涉密计算机、非涉密存储设备存储、处理国家秘密信息；擅自卸载、修改涉密信息系统的安全技术程序、管理程序；将未经安全技术处理的退出使用的涉密计算机、涉密存储设备赠送、出售、丢弃或者改做其他用途。泄露国家秘密，应依法给予处分；构成犯罪的，依法追究刑事责任。

根据《中华人民共和国反间谍法》规定，公民和组织在反间谍工作中应当承担以下义务：机关、团体和其他组织应当对本单位的人员进行维护国家安全的教育，动员、组织本单位的人员防范、制止间谍行为，应当为反间谍工作提供便利或者其他协助；发现间谍行为，应当及时向国家安全机关报告，向公安机关等其他国家机关、组织报告的，相关国家机关、组织应当立即移送国家安全机关处理；在国家安全机关调查了解有关间谍行为的情况、收集有关证据时，有关组织和个人应当如实提供，不得拒绝；任何公民和组织都应当保守所知悉的有关反间谍工作的国家秘密；任何个人和组织都不得非法持有属于国家秘密的文件、资料和其他物品；任何个人和组织都不得非法持有、使用间谍活动特殊需要的专用间谍器材。

　　根据《中华人民共和国国家情报法》规定，国家情报工作机构可以与有关个人和组织建立合作关系，委托开展相关工作；阻碍国家情报工作机构及其工作人员依法开展情报工作的，由国家情报工作机构建议相关单位给予处分或者由国家安全机关、公安机关处警告或者十五日以下拘留；构成犯罪的，依法追究刑事责任。泄露与国家情报工作有关的国家秘密的，由国家情报工作机构建议相关单位给予处分或者由国家安全机关、公安机关处警告或者十五日以下拘留；构成犯罪的，依法追究刑事责任。

　　在日常交往中防范国家秘密泄露需做到以下几点。

　　（1）学习保密常识，接受保密教育，增强保密意识，严格遵守保密制度。做到：不该说的机密，绝对不说；不该问的机密，绝对不问；不该看的机密，绝对不看；不该记录的机密，绝对不记录；不在普通电话、明码电报、普通邮局传达机密事项；不携带机密材料游览、参观、探亲、访友和出入公共场所；不在通信中谈及国家机密，不在普通邮件中夹带任何保密资料。

　　（2）提高安全防范意识，在对外交往中坚持内外有别，在现实生活和网络交往中不要随便涉及重要涉密单位的内部人事组织、科研进展、技术成果和经济建设中各种未公开的数据资料。凡可能涉及国家秘密的内容，应当回避或按上级的对外口径回答。

　　（3）在与境外人员接触时不要携带国家秘密文件、资料和记有秘密事项的记录本。对方索取科技成果、资料、样品或公开询问内部秘密时，要区别情况，灵活予以拒绝。

　　（4）未经主管部门批准，不要带境外人员参观或进入非开放区域、场所；不准境外人员利用学术交流、讲课的机会进行系统的社会调查；不要填写境外人员发放的各种调查表，或替他们撰写社会调查方面的文章。

　　（5）在新闻出版工作中，要注意保密原则，不要随意刊载有关国防、科研等事关国家秘密的事项。参加国际学术会议或在国外刊物上发表文章，要按规定办理审批手续。不要为境外人员提供或代购内部读物和资料。

小 贴 士。

12339 电话

　　2015 年 11 月，全国国家安全机关向社会发出通告，国家安全机关受理公民和组织举报电话 12339 正式开通，以方便公民和组织向国家安全机关举报间谍行为或线索。国家安全机关对举报的情况和线索，经查证属实的，根据其重要程度给予举报人奖励，并为举报人严格保密，提供必要的保护措施。

第三节　恐怖活动及其防范

现代国际恐怖主义兴起于 20 世纪 60 年代末，从 20 世纪 90 年代以来，恐怖主义有在全球范围内迅速蔓延的严峻趋势，对国际安全造成威胁。特别是 9·11 事件后，全球恐怖主义活动频发，对世界政治、经济、文化等产生了巨大影响，已成为影响世界和平与发展的重要因素，是全人类的共同敌人。有人把恐怖主义、政治腐败、环境污染并称为 21 世纪人类面临的三大威胁。

视频讲解

面对恐怖主义的全球化，中国也深受其害。近年来，受宗教极端势力、民族分裂势力、暴力恐怖势力三股势力活动的影响，我国各地发生了多起暴恐事件，给当地人民生产生活造成了巨大损失。在此背景下，根据完善国家法治建设、推进全面依法治国方略的要求，也为了满足依法防范和打击恐怖主义的现实需要，全国人大常委会于 2015 年 12 月 27 日审议通过了《中华人民共和国反恐怖主义法》（以下简称《反恐怖主义法》），自 2016 年 1 月 1 日起施行。该法是我国第一个专门针对反恐工作的法律文件，对恐怖活动、恐怖活动组织、恐怖活动人员做出界定，为反恐立法迈出第一步，为打击恐怖主义提供了有利的法律保障。

一、恐怖主义和恐怖活动

根据《反恐怖主义法》第三条规定，恐怖主义是指通过暴力、破坏、恐吓等手段，制造社会恐慌、危害公共安全、侵犯人身财产，或者胁迫国家机关、国际组织，以实现其政治、意识形态等目的的主张和行为。

恐怖活动是指恐怖主义性质的下列行为。

（1）组织、策划、准备实施、实施造成或者意图造成人员伤亡、重大财产损失、公共设施损坏、社会秩序混乱等严重社会危害的活动的。

（2）宣扬恐怖主义，煽动实施恐怖活动，或者非法持有宣扬恐怖主义的物品，强制他人在公共场所穿戴宣扬恐怖主义的服饰、标志的。

（3）组织、领导、参加恐怖活动组织的。

（4）为恐怖活动组织、恐怖活动人员、实施恐怖活动或者恐怖活动培训提供信息、资金、物资、劳务、技术、场所等支持、协助、便利的。

（5）其他恐怖活动。恐怖活动组织是指三人以上为实施恐怖活动而组成的犯罪组织。恐怖活动人员是指实施恐怖活动的人和恐怖活动组织的成员。恐怖事件是指正在发生或者已经发生的造成或者可能造成重大社会危害的恐怖活动。

宾馆未实名登记遭处罚

2016 年 9 月，深圳公安机关做出了首张针对旅馆业的"反恐罚单"。2016 年 7 月，深圳警方联合相关部门在侦查一起偷渡案件过程中发现，深圳××招待所违反实名登记管理规定，未按规定如实登记涉案人员身份信息。经调查证实，该招待所曾多次不按规定检查登记旅客信息，且不及时整改。此后，深圳警方依据《反恐怖主义法》对该违法招待所处以 10 万元罚款，并对该场所主要负责人路某处以 1000 元人民币的罚款处罚。

二、高校与反恐活动

近几年，高校成了世界各国反极端化的前沿阵地之一。大学生在预防恐怖主义方面扮演着重要的角色，大学生在形成世界观和价值观过程中，面临更多的不确定性，而不确定性容易导致脆弱性。研究表明，要形成自我认同，需要形成个人意义和重要性，也就是要回答，我是谁，我在世界上的价值是什么，未来会给我带来什么等问题。而要找到这些问题的答案，成功建构自我认同，是一个复杂、充满不确定性的过程，而极端化群体因为其答案的简单、粗暴和直接，往往会引起一些年轻人的兴趣，为他们建立自我认同提供方便。

在人口、观念跨国交流空前的时代，反极端化在世界各国将是一场看不到尽头的战斗，而在恐怖袭击者越来越来自"我们当中"的时代，这又是一场没有社会边界的战斗。在这样的背景之下，高校加入反极端化努力成了一种应该和必须。

三、应对恐怖袭击手段

1. 如何辨别恐怖袭击手段

（1）常见恐怖袭击手段如下。

①爆炸。炸弹爆炸、汽车炸弹爆炸、自杀性人体炸弹爆炸等。

②枪击。手枪射击、制式步枪或冲锋枪射击等。

③劫持。劫持人、劫持车、船、飞机等。

④纵火。

（2）恐怖袭击非常规手段如下。

①核与辐射恐怖袭击。通过核爆炸或放射性物质的散布、造成环境污染或使人员受到辐射照射。

②生物恐怖袭击。利用有害生物或有害生物产品侵害人、农作物、家畜等。如发生在美国 9·11 事件以后的炭疽邮件事件。

③化学恐怖袭击。利用有毒、有害化学物质侵害人、城市重要基础设施、食品与

饮用水等。如东京地铁沙林毒气袭击事件。

④网络恐怖袭击活动。利用网络散布恐怖袭击、组织恐怖活动、攻击电脑程序和信息系统等。

2. 如何识别恐怖袭击信息

（1）如何识别恐怖嫌疑人。实施恐怖袭击的嫌疑人脸上不会贴有标记，但是会有一些不同寻常的举止行为可以引起我们的警惕。一般有如下表现。

①神情恐慌、言行异常者。

②着装、携带物品与其身份明显不符，或与季节不协调者。

③冒称熟人、假献殷勤者。

④在检查过程中，催促检查或态度蛮横、不愿接受检查者。

⑤频繁进出大型活动场所。

⑥反复在警戒区附近出现。

⑦疑似公安部门通报的嫌疑人员。

（2）如何识别可疑车辆。

①状态异常。车辆结合部位及边角外部的车漆颜色与车辆颜色是否一致，确定车辆是否改色；车的门锁、后备厢锁、车窗玻璃是否有撬压破损痕迹；如车灯是否破损或有异物填塞，车体表面是否附有异常导线或细绳。

②车辆停留异常。违反规定停留在水、电、气等重要设施附近或人员密集场所。

③车内人员异常。如在检查过程中，神色惊慌、催促检查或态度蛮横、不愿接受检查；发现警察后启动车辆躲避的。

3. 遭遇爆炸袭击

（1）如何识别可疑爆炸物。在不触动可疑物的前提下应采取以下措施。

①看。由表及里、由近及远、由上到下无一遗漏地观察，识别、判断可疑物品或可疑部位有无暗藏的爆炸装置。

②听。在寂静的环境中用耳倾听是否有异常声响。

③嗅。如黑火药含有硫黄，会放出臭鸡蛋（硫化氢）味；自制硝铵炸药的硝酸铵会分解出明显的氨水味等。

（2）爆炸物可能放置的位置。

①标志性建筑物或其他附近的建筑物内外。

②重大活动场合，如大型运动会、检阅、演出、朝拜、展览等场所。

③人口相对聚集的场所，如体育场馆、影剧院、宾馆、运动员村、商场、超市、车站、机场、码头、学校等。

④行李、包裹、食品、手提包及各种日用品之中。

⑤宾馆、饭店、洗浴中心、歌舞厅及其易于隐蔽且闲杂人员容易进出的地点。

⑥各种交通工具上。

⑦易于接近且能够实现其爆炸目的的地点。

（3）发现可疑爆炸物的处置方法。

①不要触动。

②及时报警。

③迅速撤离。疏散时，有序撤离，不要互相拥挤，以免发生踩踏造成伤亡。

④协助警方的调查。目击者应尽量识别可疑物发现的时间、大小、位置、外观，有无人动过等情况，如有可能，用手中的照相机进行照相或录像，为警方提供有价值的线索。

（4）遇有匿名威胁爆炸或扬言爆炸的处置方法。

①信：要"宁可信其有，不可信其无"，不能心存侥幸心理。

②快：尽快从"现场"撤离。

③细：细致观察周围的可疑人、事、物。

④报：迅速报警，让警方了解情况。

⑤记：用照相机或者摄像机等将"现场"记录下来。

（5）在地铁内发生爆炸的处置方法。

①迅速按下列车报警按钮，使司机在监视器上获取报警信号。

②依靠车内的消防器材进行灭火。

③列车在运行期间，不要有拉门、砸窗、跳车等危险行为。

④在隧道内疏散时，听从指挥，沉着冷静、紧张有序地通过车头或车尾疏散门进入隧道，向邻近车站撤离。

⑤寻找简易防护物，如用衣服、纸巾等捂鼻，采用低姿势撤离。视线不清时手摸墙壁撤离。

⑥受到火灾威胁时，不要盲目跟从人流相互拥挤、乱冲乱撞，要注意朝明亮处，迎着新鲜空气跑。

⑦身上着火不要奔跑，就地打滚或用厚重衣物压灭。

⑧注意观察现场可疑人、可疑物，协助警方调查。

⑨在平时乘坐地铁时要注意熟悉环境，留心地铁的消防设施和安全装置。

（6）在大型体育场馆发生爆炸的处置方法。

①迅速、有序远离爆炸现场，避免拥挤、踩踏造成伤亡。

②撤离时要注意观察场馆内的安全疏散指示和标志。

③场内观众应按照场内的疏散指示和标志从看台撤离到疏散口，再撤离到场馆外。

④场馆内部体育馆工作人员以及运动员，应根据沿途的疏散指示和标志通过内部通道疏散。

⑤不要因贪恋财物浪费逃生时间。

⑥实施必要的自救并救助他人。

⑦拨打报警电话，客观详细地描述事件发生、发展经过。

⑧注意观察现场可疑人、可疑物，协助警方调查。

（7）娱乐场所发生爆炸的处置方法。

①迅速就近隐蔽或者卧倒，就近寻找简易遮挡物护住身体重要部位和器官。

②寻找、观察安全出口。

③不要用打火机点火照明，以免形成再次爆炸或燃烧。

④服从工作人员和专门人员的指挥。

⑤迅速有序撤离现场，避免出现踩踏等事件。

⑥不要因顾及贵重物品而浪费宝贵的逃生时间。

⑦迅速报警，客观详细地向警方描述事件发生、发展的经过。

⑧注意观察现场可疑人、可疑物，协助警方调查。

（8）在宾馆饭店发生爆炸的处置方法。

①保持镇静，尽快撤离现场，注意避免进入餐厅等存有易燃易爆物品的危险地点。

②不盲目跟从人群逃离，避免挤成一团相互踩伤、压伤。

③寻找有利地形地物进行隐蔽。

④实施自救和互救。

⑤不要因为顾及贵重物品浪费了宝贵的逃生时间。

⑥迅速报警，客观详细地向警方描述事件发生、发展的经过。

⑦按照警方和有关人员的示意和指挥及时撤离现场。如果现实条件不允许，就应原地卧倒，等待救援。

⑧注意观察现场可疑人、可疑物，协助警方调查。

（9）在商场与集贸市场发生爆炸的处置方法。

①保持镇静，迅速选择最近安全出口有序撤离现场。

②注意避开临时搭建的货架，避免因坍塌可能造成新的伤害。

③注意避开脚下物品，一旦摔倒应设法让身体靠近墙根或其他支撑物。

④实施自救并救助他人。

⑤不要因顾及贵重物品而浪费宝贵的逃生时间。

⑥迅速报警，客观详细地向警方描述事件发生、发展的经过。

⑦注意观察现场可疑人、可疑物，协助警方调查。

4. 被恐怖分子劫持的处置办法

（1）保持冷静，不要反抗，相信政府。

（2）不对视，不对话，趴在地上，动作要缓慢。

（3）尽可能保留和隐藏自己的通信工具，及时把手机改为静音，适时用短信等方式向警方（110）求救，短信主要内容：自己所在位置，人质人数，恐怖分子人数等。

（4）注意观察恐怖分子人数，头领，便于事后提供证言。

（5）在警方发起突击的瞬间，尽可能趴在地上，在警方掩护下脱离现场。

5. 遭遇化学恐怖袭击

（1）在什么情况下可能发生了化学恐怖袭击。

①异常的气味。如大蒜味、辛辣味、苦杏仁味等。

②异常的现象。如大量昆虫死亡、异常的烟雾、植物的异常变化等。

③异常的感觉。一般情况下当人受到化学毒剂或化学毒物的侵害后，会出现不同程度的不适感觉，如恶心、胸闷、惊厥、皮疹等。

④现场出现异常物品。如遗弃的防毒面具，桶、罐或装有液体的塑料袋等。

（2）遇到化学恐怖袭击的处置方法。

①不要惊慌，进一步判明情况。化学恐怖袭击多为利用空气为传播介质，使人在呼吸到有毒空气时中毒。常伴有异常的气味，异常的烟雾等现象。

②尽快掩避。利用环境设施和随身携带的物品遮掩身体和口鼻，避免或减少毒物的分割侵袭和吸入。

③尽快寻找出口，迅速有序地离开污染源或污染区域，尽量逆风撤离。

④及时报警，请求救助。可拨打 110、119、120 报警。

⑤进行必要的自救互救。采取催吐、洗胃等方法，加快毒物的排出。

⑥听从相关人员的指挥。

⑦配合相关部门做好后续工作。

6. 遭遇枪击恐怖袭击

（1）遇到枪击时如何选择掩蔽物。

①掩蔽物最好处于自己与恐怖分子之间。

②选择密度质地不易被穿透的掩蔽物。如墙体、立柱、大树干，汽车前部发动机及轮胎等；但木门、玻璃门、垃圾桶、灌木丛、花篮、柜台、场馆内座椅、汽车门和尾部等不能够挡住子弹，虽不能作为掩蔽体，但能够提供隐蔽作用，使恐怖分子在第一时间不能够发现你，为下一步逃生提供了时间。

③选择能够挡住自己身体的掩蔽物。有些物体质地密度大，但体积过小，不足以完全挡住自己身体，就起不到掩蔽目的，如路灯杆、小树干、消防栓等。

④选择形状易于隐藏身体的物体，如立柱；不规则物体容易产生跳弹，掩蔽其后容易被跳弹伤及，如假山、观赏石等。

（2）在公交车上遇到枪击的处置方法。

①快速掩蔽。在公交车上遇到枪击时，迅速低头隐蔽于前排座椅后或蹲下、趴下，不要站立。

②及时报警。拨打 110 报警：几路车？哪一站？受到哪个方向的枪击，来自车外还是来自车内？是否有人受伤等。

③择机下车。在情况不明时，不要下车；确定枪击方向后，下车沿着枪击相反方向，利用车体做掩护快速撤离。

④自救互救。到达安全区后，及时检查是否受伤，发现受伤，及时实施自救互救。

⑤事后协助。积极向警方提供现场信息，协助警方控制局面。

（3）大型商场遇到枪击的处置方法。

①快速掩蔽。在大型购物中心遇到枪击时，快速降低身体姿势，利用柜台和衣架躲避，迅速向紧急出口撤离；来不及撤离就近趴下、蹲下或隐蔽于掩蔽物后，等待救援。

②及时报警。拨打110报警。

③检查伤情。实施自救和互救。

④事后协助。向警方提供现场信息，协助警方调查。

测 一 测

1. 党的十八届三中全会决定成立（   ），加强对国家安全工作的领导。

   A. 国家安全局　　　　　　　　　　B. 国家安全委员会

   C. 国家安全办公室　　　　　　　　D. 国家军事安全委员会

2. "总体国家安全观"提出要以（   ）为根本，以经济安全为基础，以军事、文化、社会安全为保障，以促进国际安全为依托，走出一条中国特色国家安全道路。

   A. 政治稳定　　　　　　　　　　　B. 四项基本原则

   C. 政治安全　　　　　　　　　　　D. 党的基本路线

3. 在国家安全体系中（   ）居于最高层次，是国家安全的根本和主要标志之一。

   A. 政治安全　　B. 经济安全　　　C. 军事安全　　　D. 人民安全

4. 总体国家安全观提出要以（   ）为宗旨。

   A. 人民安全　　B. 政治安全　　　C. 经济安全　　　D. 军事安全

5. 国家安全从根本上说，就是一个主权国家的（   ）不受侵犯和威胁。

   A. 政治和经济发展　　　　　　　　B. 独立主权

   C. 生存和发展　　　　　　　　　　D. 领土面积

6. "总体国家安全观"是由（   ）首次提出。

   A. 江泽民　　　B. 习近平　　　　C. 胡锦涛　　　　D. 李克强

7. 由于科技发展和经济全球化趋势带来的影响，要保证国家的文化安全，必须特别重视网络安全和（   ）。

   A. 资源安全　　B. 社会公共安全　C. 科技安全　　　D. 信息安全

8. "总体国家安全观"系统阐述了包括国家政治安全、经济安全等在内的（   ）种安全。

   A. 12　　　　　B. 11　　　　　　C. 13　　　　　　D. 10

9. （   ）是一个发展的、动态的国家安全范畴，在总体国家安全中占据着最核心、最基础的地位。

   A. 政治安全　　　　　　　　　　　B. 经济安全

   C. 人民安全　　　　　　　　　　　D. 军事安全

10. （　　）是重要的国家秘密，泄露会使国家安全和利益遭受严重的损害。

A. 机密国家事项

B. 绝密国家事项

C. 秘密国家事项

D. 特密国家事项

参考答案

1. B　2. C　3. A　4. A　5. C　6. B　7. D　8. B　9. D　10. B

第二章　法制教育篇

法律不能使人人平等，但是在法律面前人人是平等的。

——波洛克

犯罪是社会转型过程中产生的变异，已成为现代化最明显和最重要的代价之一。目前，我国正处于急剧的社会转型期，各种矛盾凸显、问题多发。大学生犯罪仿若一把把锋利的手术刀，不仅割裂了当事大学生美好的人生画卷，也在人们的扼腕叹息中触痛了社会敏感的神经，引发了社会对于大学生犯罪问题持续、高度的关注与思考。

第一节　大学生犯罪的成因分析

一、大学生犯罪的含义

根据《中华人民共和国刑法》（以下简称《刑法》）第十三条的规定，犯罪行为具有社会危害性、刑事违法性和应受惩罚性三个基本特征。因而，大学生犯罪首先必须要具备以上三个特征。但相对普遍意义上的犯罪而言，大学生犯罪更加突出了大学生这一犯罪的主体性特征。从犯罪构成的主体要件角度来看，大学生犯罪的犯罪主体是特定的，即

视频讲解

达到刑事责任年龄，具有刑事责任能力的在校大学生。由此，大学生犯罪的含义是指在校大学生实施的、具有一定社会危害性，触犯我国刑事法律，依法应受刑罚处罚的行为。

二、大学生犯罪的现状

大学生被人们誉为"天之骄子""栋梁之材"，然而，少数大学生却因为无视法律，最终坠入犯罪的深渊，断送了自己美好的前程，实在令人扼腕叹息。尽管大学生中犯罪的是极少数，在检察机关办案的总数中比例很少，但其发展趋势应当引起社会各界的密切关注。当前大学生犯罪具有如下特点。

犯罪类型相对集中，有向多类型发展的趋势。在这些案件中，以盗窃、抢劫等侵犯财产型犯罪居多。这些大学生由于追求金钱、贪图享乐，当家庭经济不能满足自己的欲望时，就不择手段进行盗窃、抢劫犯罪。重庆某大学经济系学生胡某在 2014 年 3 月至 2015 年 6 月期间，趁学校寝室无人之机，6 次盗窃同学的手机等价值 3200 余元的物品，销赃后全部用于吃喝玩乐。此外，抢夺、敲诈勒索、故意伤害、寻衅滋事、放火等其他犯罪案件也占一定比例，这反映出大学生犯罪有向多样化发展的趋势。

作案地点和对象较单一。这类案件绝大多数发生在大学校园里，侵犯的对象也多是同班同学或同校学生。嫌疑人由于对学校环境十分熟悉，对学生的作息时间也很了解，选择的作案时机较为准确，因而作案频频得手。某外语学院学生杨某，在 2012 年 11 月至 2013 年 3 月期间，利用大家上课的无人之机，先后 3 次潜入教师和同学宿舍，盗得教师现金 2400 元及同学的 2 部手机等财物。

智慧化犯罪倾向明显。大学生因有较高的智商，作案手段高明。有的采取事先探听同学的信用卡密码或存折密码的方法，趁其不备盗走信用卡或存折，将钱取出后又伪造不在现场的假象；有的则偷配其他宿舍的钥匙进行盗窃。某财经大学女大学生陈某，在 2015 年 12 月至 2016 年 1 月期间，在知悉了同学信用卡密码后，3 次将同学的信用卡偷出，盗刷其卡内 1 万元人民币后又将信用卡还回原处。

暴力犯罪案件时有发生。这些大学生往往以自我为中心，优越感强，受不得丝毫委屈，一旦心理失衡，就用暴力解决问题。江西某大学金融管理学生马某，因与同寝同学发生口角而心怀不满，邀约他人对该同学进行毒打，并敲诈勒索其取出 2300 元供自己挥霍。

女性犯罪逐渐增多。有些女大学生追求物质享受，爱慕虚荣，看见别人用高档手机很时髦，在无钱满足自己欲望的情况下，就铤而走险盗窃同学的手机或财物供自己挥霍。

三、大学生犯罪的成因

德国刑法学者李斯特指出："如果不从犯罪真实、外在的表现形式和内在原因上对犯罪进行科学的研究，那么，有目的地利用刑罚充其量不过是一句空话。"挖掘大学生犯罪背后的深层次原因，可以为预防大学生犯罪提供有价值的研究对策。

1. 社会转型期对大学生犯罪的影响

社会转型期是指在该时期，社会经济结构、文化形态、价值观念、民众生活诸方面发生了全面而深刻的变化。当前，我国正处于社会转型期，各种利益冲突加剧，各种社会问题涌现，成为犯罪多发的社会诱因。比如，收入分配不平等、贫富分化的加剧是引发财产型犯罪和经济犯罪居高不下的症结所在；而失业的扩大和人口流动的频繁交织在一起，导致社会控制力弱化，进而导致城市犯罪率的大幅度上升以及黑社会性质犯罪等集团犯罪的滋生与蔓延。无疑，文化、价值观念的多元和冲突是犯罪形成的更深层次的原因。

总之，社会转型期的负面影响与原有的犯罪因素融为一体，相互联系，相互渗透，并作为一个整体发生作用，使各种违法犯罪现象呈现新的趋势。

2. 学校、家庭教育失当或缺失

学校是向学生传授知识的场所，在对学生教化的过程中担任着极其重要的角色。但是，在当前背景下，大多数学校重视智育，追求高升学率，而忽视了学生的思想道德培育以及心理健康教育。家庭教育是整个教育体系中不可分割的重要组成部分，良好的教育正是从家庭教育开始的。家庭教育的好坏与大学生犯罪存在深刻的关联，这种关联即家庭教育的影响，表现在家庭结构和教育方式两个方面。家庭结构在激烈的社会转型期出现了失衡，失衡的家庭结构往往导致子女性格偏差，他们难以形成健全的人格。在当前背景下，父母对子女的教育也大都重视智力教育，而忽略了对子女健康人格的培养，致使他们进入大学后很难融入集体，甚至难以融入社会。

3. 大学生心理素质培养渠道少

社会转型期的大学生存在心理发展不健全、心理承受能力低、社会适应能力差、自我控制力差等心理问题。这些问题如果不能得到及时排解，容易滋生犯罪心理，而犯罪心理在社会转型期各种矛盾突显的情境下容易外化为犯罪行为。心理素质已成为激情犯罪的主要动因，这在大学生犯罪中表现得尤为明显。激情犯罪是在一定外界刺激下产生的情绪激烈冲动所引起的突发犯罪。比如，药家鑫一案，被害人试图记下车牌的举动导致他产生对被害人纠缠的恐惧，这种恐惧在瞬间变成对被害人强烈的敌视，在强烈的敌视情绪的驱使下药家鑫做出了杀人的疯狂举动。心理素质教育是大学生心理素质培养的主渠道，遗憾的是，这一渠道没有得到足够的重视，大学生心理健康教育仍是一个非常薄弱的环节。

4. 大学生法律意识有待增强

法律意识是人们对于法律和有关法律现象的观点、知识和心理态度的总称。大学生的法律意识直接反映一个国家的法制水平，直接关系到一个国家法制建设的成败。目前，我国大学生法律意识不强，缺乏从法律的角度考虑和处理问题的思维，甚至意识不到自己的行为触犯了法律的禁止性规定。例如，河南郑州职业技术学院大一学生闫某某因掏鸟而获刑十年半的案件，折射出大学生法律意识的缺失，也突显了法律意识的重要性。大学生法律意识培养的主渠道是法制教育。虽然国家规定高校必须开设法律基础课，但不少高校始终没有把法制教育摆在重要位置。多数高校开设的法律基础课，其教学模式存在很大的局限性，教学形式比较单一，仅是任课教师照本宣科式的说教。这种课堂教学不利于大学生形成现代法律意识和对法律的信仰。

第二节　大学生犯罪的常见类型

一、侵犯财产型犯罪

侵犯财产型犯罪是指故意非法地将公私财物据为己有，或者故意毁坏公私财物的行为。抢劫罪、盗窃罪、抢夺罪、诈骗罪等是典型的侵犯财产型犯罪。侵犯财产型犯罪是司法实践中最为常见的犯罪类型，其在大学生各种犯罪类型中亦占据首位，且呈持续上升态势。在大学生侵犯财产型犯罪中，盗窃罪所占的比重最大。

视频讲解

1. 盗窃与盗窃罪

盗窃罪，是指以非法占有为目的，窃取公私财物数额较大或者多次盗窃、入户盗窃、携带凶器盗窃、扒窃公私财物的行为。《刑法》第二百六十五条扩大了盗窃罪的范围：以牟利为目的，盗接他人通信线路、复制他人电话号码或者明知盗接、复制的电信设备、设施而使用的行为，也属于盗窃罪的范围。

想一想

A：盗窃罪不就是趁人不备偷人家东西嘛，这么简单，我们不用学都知道。

B：简单？那我举几个例子你判断一下是不是盗窃罪。

情景一：小明生病了，躺在床上不能动弹，某天中午，小冯公然闯进小明家，当着小明的面，让其眼睁睁地看着自己的电视机、电脑等贵重物品被搬走。

情景二：小李委托小刘的工厂加工衣服，但是却不给小刘工钱，小刘只好把这些衣服扣下。小李却在夜深人静之时，潜入小刘的工厂，把自己委托小刘加工的衣服全搬回家中。

情景三：小范长大后不务正业，经常偷父母的钱去赌博，且数额较大，导致父母生活困难，父母最终报警要求治小范的罪。

情景四：某日，小新向小张借了1万元，并写下了借条。为了不还这笔钱，小新半夜潜入小张家中，把借条偷走。

情景五：张胖子盗掘了一个新墓，发现陪葬品中有钻石戒指、宝石等贵重物品，就将钻石戒指、宝石等拿回去变卖。

解析：

情景一中小冯的行为是公开窃取财物。盗窃的行为不仅仅局限于秘密窃取他人财物，还包括在被害人或他人已经察觉的情况下公开窃取财物，因而小冯构成盗窃罪。

情景二中小李的行为也构成了盗窃罪。小李盗窃的虽然是自己所有的财物，但是此时财物却是由小刘合法占有，因而依然构成盗窃罪。

情景三中小范窃取的是近亲属财物。虽然盗取近亲属的财物，近亲属原谅的，一般可不按犯罪处理，但是小范多次盗窃且数额较大，导致父母生活困难，其父母不肯原谅小范，要求公安机关追究其责任，因而小范构成了盗窃罪。

情景四中小新窃取的是本身没有价值的债权凭证。虽然借条本身是不具有刑法保护的价值，但是借条丢失后会导致债权的丧失，该借条此时应属于财物，因而小新构成了盗窃罪。

情景五中张胖子窃取的钻石戒指、宝石等数额较大，根据《刑法》的相关规定，应以盗窃罪论处。

法条速递

2011年5月1日起施行的《刑法修正案（八）》，把盗窃罪的犯罪行为修改为"盗窃公私财物，数额较大或者多次盗窃、入户盗窃、携带凶器盗窃、扒窃的，处三年以下有期徒刑、拘役或者管制，并处或者单处罚金；数额巨大或者有其他严重情节的，处三年以上十年以下有期徒刑，并处罚金；数额特别巨大或者有其他特别严重情节的，处十年以上有期徒刑或者无期徒刑，并处罚金或者没收财产"。

此次修正案意味着，行为人只要实施了入户盗窃或者携带凶器盗窃、扒窃的行为，无论数额多少，均构成盗窃罪。"多次盗窃"，指一年内其中任何一次都不单独构成犯罪但累计超过三次的盗窃，这里的盗窃是以"次"为标准，而不是以盗窃的数额计算，"多次"在司法实践中一般理解为三次以上，其中包括三次。

2. 抢劫罪与抢夺罪

抢劫罪是以非法占有为目的，对财物的所有人、保管人当场使用暴力、胁迫或其他方法，强行将公私财物抢走的行为。凡年满 14 周岁并具有刑事责任能力的自然人，均可以构成抢劫罪的主体。

抢夺罪是指以非法占有为目的，乘人不备，公开夺取数额较大的公私财物的行为。抢夺数额较大的公私财物是构成抢夺罪的重要条件。

想一想

A：抢劫罪和抢夺罪不就是趁人不备抢了就跑嘛，这太简单了！

B：简单？那我举几个例子你判断一下。

情景一：小刘到瑶池开演唱会。小王买了演唱会的站台票（200 元），却偷偷溜进了该场演唱会的贵宾席（贵宾票为 1 万元）。小王在贵宾席看完演唱会准备离席时，小周发现了小王仅有站台票，遂当场要求小王补票。小王为了不补票，对小周实施暴力，将小周打成重伤。

情景二：小何与小丽是一对情侣。某日，小丽中彩票得了 300 万元大奖，遂将这笔钱存在小何的银行卡中，两人商定日后用此钱购置婚房。但二人后来闹翻，小丽提出分手，并要将这笔存款取走。小何得知后将小丽杀死，还从小丽身上取走了 3000 余元现金，并将小丽抛尸。问：小何的行为该如何定性？

情景三：胖虎到苗圃偷盗松树想送给大丸子同学做家具，刚欲将松木装上车拿走，被森林看护员小康拦住。胖虎为了逃跑，用利器将小康刺成重伤后离去。问：胖虎的行为该如何定性？

情景四：小刚趁在路上行走的小高不注意之际，将小高价值 2 万元的项链一把抓走，然后逃跑。跑了 50 米之后，小刚以为小高的项链根本不值钱，就转身回来，跑到小高跟前，打了小高两耳光，并说："出来混，也不知道戴条好项链"，然后将项链扔给小高。问：对小刚的行为，应当如何定性？

解析：

情景一中小王的行为构成抢劫罪。小周要求小王补票的行为，是在对小王主张主办方应有的债权，小王拒不补票是为了不履行债务。小王为了逃避债务而对小周使用暴力，是抢劫行为，抢劫的对象是主办方的债权。

情景二中小何构成抢劫罪。首先，小何为了免除自己返还小丽债务的义务而将小丽杀死，构成抢劫罪（致人死亡），抢劫的对象是小丽的财产性利益。其次，小何抢劫小丽身上财物的行为，构成抢劫罪，抢劫的对象是被害人小丽的财产。总之，对小何认定为抢劫罪一罪即可，犯罪数额累计计算。

情景三中胖虎的行为构成抢劫罪，系事后抢劫。偷盗松树的行为符合盗窃罪的犯罪构成，故实施盗伐林木行为，为窝藏赃物、抗拒抓捕或者毁灭罪证而当场使用暴力或者以暴力相威胁的，认定为事后抢劫。

情景四中小刚的行为构成抢夺罪，即抢夺罪既遂。因为打耳光不足以压制被害人反抗，不定为抢劫罪，即使返还项链给受害人也不存在犯罪中止，但可以作为量刑情节考虑。

法条速递

抢劫罪是侵犯财产罪中危害性最大、性质最严重的犯罪，犯本罪的，处三年以上十年以下有期徒刑，并处罚金；有下列严重情形之一的，处十年以上有期徒刑、无期徒刑或者死刑，并处罚金或者没收财产：（一）入户抢劫的；（二）在公共交通工具上抢劫的；（三）抢劫金融机构的；（四）多次抢劫或抢劫巨额的；（五）抢劫致人重伤、死亡的；（六）冒充军警抢劫的；（七）持枪抢劫的；（八）抢劫军用物资或者抢险、救灾、救济物资的。

最高人民法院印发《关于抢劫、抢夺刑事案件适用法律若干问题的意见》的通知中规定：刑法第二百六十三条第（四）项中的"多次抢劫"是指抢劫三次以上；抢劫信用卡后使用、消费的，其实际使用、消费的数额为抢劫数额；抢劫信用卡后未实际使用、消费的，不计数额，根据情节轻重量刑；为抢劫其他财物，劫取机动车辆当作犯罪工具或者逃跑工具使用的，被劫取机动车辆的价值计入抢劫数额；为实施抢劫以外的其他犯罪劫取机动车辆的，以抢劫罪和实施的其他犯罪实行数罪并罚。

小贴士

我国《刑法》第二十条第三款规定："对正在进行行凶、杀人、抢劫、强奸、绑架以及其他严重危及人身安全的暴力犯罪，采取防卫行为，造成不法侵害人伤亡的，不属于防卫过当，不负刑事责任。"这是刑法为了鼓励人们同暴力犯罪做斗争，扼制严重犯罪，稳定社会治安，有效保护合法权益而做的无限防卫的规定。

3. 诈骗罪与金融诈骗罪

诈骗罪是指以非法占有为目的，用虚构事实或者隐瞒真相的方法，骗取数额较大的公私财物的行为。

金融诈骗罪是指以非法占有为目的，采用虚构事实或者隐瞒事实真相的方法，骗取公私财物或者金融机构信用，破坏金融管理秩序的行为。

金融诈骗罪是我国《刑法》规定的破坏社会主义市场经济秩序罪中的一个犯罪类别。它区别于普通诈骗罪，但是手法又高于普通诈骗罪。涉案人员通常智商高，精通金融学知识。它包括非法集资诈骗、贷款诈骗、金融票据诈骗、信用证诈骗、信用卡诈骗等，其数额较大的犯罪行为的总称。

当前，高校各类诈骗案件高发，广大同学要认清骗局，谨防上当受骗。

想一想

情景：阿福在购买宜静同学原先使用的"8888"连号手机卡号后，发现该手机号绑定了宜静同学的支付宝和银行卡，遂利用该手机号重置了支付宝账号密码，并利用支付宝与银行卡的绑定关系，通过支付宝进行网上消费、转账，共计 2 万元。

解析：

阿福擅自重置宜静的支付宝密码，利用他人支付宝与银行卡的绑定关系进行网上消费和转账的行为，就是"窃取他人信用卡信息资料，并通过互联网使用"的行为，属于《妨害信用卡管理刑事案件司法解释》规定的"冒用他人信用卡"进行诈骗的行为，且骗取他人财物 2 万元，数额较大，其行为构成信用卡诈骗罪。

法条速递

《中华人民共和国治安管理处罚法》第四十九条：盗窃、诈骗、哄抢、抢夺、敲诈勒索或者故意损毁公私财物的，处五日以上十日以下拘留，可以并处五百元以下罚款；情节较重的，处十日以上十五日以下拘留，可以并处一千元以下罚款。

《刑法》第二百六十六条：诈骗公私财物，数额较大的，处三年以下有期徒刑、拘役或者管制，并处或者单处罚金；数额巨大或者有其他严重情节的，处三年以上十年以下有期徒刑，并处罚金；数额特别巨大或者有其他特别严重情节的，处十年以上有期徒刑或者无期徒刑，并处罚金或者没收财产。本法另有规定的，依照规定。

二、暴力型犯罪

暴力型犯罪泛指采取某种暴力手段实施的犯罪。故意杀人罪、故意伤害罪、强奸罪等严重罪行是常见的暴力型犯罪。暴力型犯罪社会危害性极大。暴力型犯罪这一最危险、最残酷的犯罪，在大学生犯罪类型中所占比重有所增大，成为继盗窃等财产型犯罪外第二高位的犯罪。

1. 寻衅滋事罪

寻衅滋事罪，是指在公共场所无事生非，起哄闹事，殴打伤害无辜，肆意挑衅，横行霸道，破坏公共秩序的行为。

2012 年 10 月 8 日，沈阳某高校的五名大二学生在寝室喝酒庆祝。在喝了 50 多瓶啤酒后，其中一人去卫生间，一些同学正在刷牙洗脸，醉酒者脚一滑险些跌倒，他便恼羞成怒说有人嘲笑他，开始辱骂追打其他同学，同寝室其余四人随后拿着啤酒瓶子挨屋打人，导致其他宿舍两名同学被打伤。后 5 名同学涉嫌寻衅滋事罪，已被检察院批捕。

法条速递

《中华人民共和国侵权责任法》第三十三条规定：完全民事行为能力人对自己的行为暂时没有意识或者失去控制造成他人损害有过错的，应当承担侵权责任；没有过错的，根据行为人的经济状况对受害人适当补偿。完全民事行为能力人因醉酒、滥用麻醉药品或者精神药品对自己的行为暂时没有意识或者失去控制造成他人损害的，应当承担侵权责任。

《刑法》第二百九十三条规定了寻衅滋事罪的四种类型：

（一）随意殴打他人，情节恶劣的。

（二）追逐、拦截、辱骂、恐吓他人，情节恶劣的。

（三）强拿硬要或者任意毁损、占用公私财物，情节严重的。

（四）在公共场所起哄闹事，造成公共场所秩序严重混乱的。

纠集他人多次实施前款行为，严重破坏社会秩序的，处五年以上十年以下有期徒刑，可以并处罚金。

2. 故意伤害罪

故意伤害，是指伤害他人身体健康的行为。严重的故意伤害，有可能会触犯刑法，构成故意伤害罪。凡达到刑事责任年龄并具备刑事责任能力的自然人均能构成本罪，其中，已满 14 周岁未满 16 周岁的自然人有故意伤害致人重伤或死亡行为的，应当负刑事责任。故意伤害罪侵害的是他人的身体权，因此，故意伤害自己的身体，一般不认为是犯罪。只有当自伤行为是为了损害社会利益而触犯有关刑法规范时，才构成犯罪。例如，军人战时自伤。

2012 年，在青岛一所高校上学的小张和小黄从宿舍出来，准备去教学楼上课，路上小黄叫了几声小张的外号引起了小张的不满。走到学校操场南门，两人便扭打在一起，后被同学拉开。到了操场上，小张拿起一个啤酒瓶打了小黄头部一下，啤酒瓶碎后，小张又拿啤酒瓶的断茬捅在小黄的脸上和右脖处，导致小黄右颈总动脉破裂，右侧迷走神经完全断裂，处于严重失血性休克状态，经法医鉴定，小黄的伤情属于重伤。后小张因犯故意伤害罪，被判处有期徒刑 9 年。

法条速递

《刑法》第二百三十四条规定，故意伤害他人身体的，处三年以下有期徒刑、拘役或者管制。犯故意伤害罪，致人重伤的，处三年以上十年以下有期徒刑。故意伤害他人身体，致人死亡或者以特别残忍手段致人重伤造成严重残疾的，处十年以上有期徒刑、无期徒刑或者死刑。

3. 故意杀人罪

故意杀人罪，是指故意非法剥夺他人生命的行为，属于侵犯公民人身民主权利罪的一种，是我国刑法中少数性质最恶劣的犯罪行为之一，必须从重严惩。故意杀人罪是行为犯，只要行为人实施了故意杀人的行为，就构成故意杀人罪。由于生命权利是公民人身权利中最基本、最重要的权利，因此，不管被害人是否实际被杀，不管杀人行为处于故意犯罪的预备、未遂、中止等哪个阶段，都构成犯罪，应当立案追究。

案例

2010 年 10 月 20 日深夜，西安音乐学院大三的学生药家鑫，于驾车撞人后又将伤者刺了八刀致其死亡，此后驾车逃逸至十字路口时再次撞伤行人，逃逸时被附近群众堵截并报警。2011 年 1 月 11 日，西安市检察院以故意杀人罪对药家鑫提起了公诉。2011 年 4 月 22 日在西安市中级人民法院一审宣判，被告人药家鑫犯故意杀人罪，被判处死刑。

法条速递

《刑法》第二百三十二条规定，故意杀人的，处死刑、无期徒刑或者十年以上有期徒刑；情节较轻的，处三年以上十年以下有期徒刑。

《刑法》第二百三十八条规定，非法拘禁他人或者以其他方法非法剥夺他人人身自由的，处三年以下有期徒刑、拘役、管制或者剥夺政治权利。具有殴打、侮辱情节的，从重处罚。

犯前款罪，致人重伤的，处三年以上十年以下有期徒刑；致人死亡的，处十年以上有期徒刑。使用暴力致人伤残、死亡的，依照本法第二百三十四条、第二百三十二条的规定定罪处罚。

最高人民法院《关于审理交通肇事刑事案件具体应用法律若干问题的解释》(2000.11.15 法释〔2000〕33 号) 第六条规定：行为人在交通肇事后为逃避法律追究，将被害人带离事故现场后隐藏或者遗弃，致使被害人无法得到救助而死亡或者严重残疾的，应当分别依照刑法第二百三十二条、第二百三十四条第二款的规定，以故意杀人罪或者故意伤害罪定罪处罚。

什么是刑事自诉案件

我国各级法院审理案件以起诉作为审判前提，"不告不理"。法院审理刑事案件，分公诉和自诉两种。公诉案件，由人民检察院代表国家向人民法院提起诉讼；自诉案件，由被害人自己或其法定代理人向人民法院提起诉讼。刑事自诉案指被害人、被害人的法定代理人、近亲属为了追究被告人的刑事责任而直接向人民法院提起的诉讼。

刑事自诉案件，包括告诉才处理的案件和不需要侦查的轻微刑事案件，具体包括轻伤害案件、侮辱他人诽谤他人案、暴力干涉婚姻自由案、重婚案、破坏现役军人婚姻案、虐待家庭成员案、遗弃案等。

三、高科技犯罪

不同于一般的犯罪，高科技犯罪借助于技术的力量，将技术的创造力化为其巨大的毁灭力，因而其比一般犯罪的危害性更严重。运用现代科技实施的犯罪，其后果具有严重危害性、高度危险性和隐蔽性，犯罪能量巨大，影响范围广泛，造成的后果十分严重，甚至会产生难以挽回的损失。使用高技术手段所做的贪污、盗窃、挪用公款等案件，案值往往十分巨大，与传统犯罪造成的损失形成极大的反差。计算机犯罪的危害性远非一般传统犯罪所能比拟，不仅会造成财产损失，而且可能危及公共安全和国家安全。计算机犯罪能使一个企业倒闭，可使个人隐私被泄露，或是造成一个国家经济瘫痪，这些绝非危言耸听。同时，犯罪危害日趋表现出强烈的隐蔽性。高科技犯罪不同于一般的犯罪，其实施需要相当的技术水平，进而较一般案件更具隐蔽性，导致侦破该类案件的难度加大。

大学生对网络安全相关法律不了解，仅仅为了好玩、新奇、尝试，或证明自己的水平而实施网络犯罪行为的大学生大有人在。在高科技犯罪中，无意识犯罪主要有两类主体：一类是青少年，一类是某些所谓"科学狂人"的成年人。近年来，普及计算机教育成为中小学的必修课，微电脑给青少年带来的神奇诱惑是非常之大的。尤其使他们迷恋的是其自编的程序进入互联网络，他们很少会去关心其研究成果的社会危害性问题，也很少考虑到其研究成果可能为别有用心的人用之于实施犯罪活动的极大可能性。也就是说，高科技给这些少年和"科学狂人"们以实现其梦想的诱惑，同时也增加了他们无意识对社会产生危害的可能性。

1. 破坏计算机信息系统罪

破坏计算机信息系统罪，是指违反国家规定，对计算机信息系统功能或计算机信息系统中存储、处理或者传输的数据和应用程序进行破坏，或者故意制作、传播计算机病毒等破坏性程序，影响计算机系统正常运行，后果严重的行为。本罪的主体为一般主体，即年满16周岁具有刑事责任能力的自然人均可构成本罪。

⚙ **案例**

大学生黑客篡改成绩获利构成犯罪

"修改考试成绩，删除旷课、处分记录……"2015年7月开始，"90后"四川某高校计算机专业大学生闫某在网上多个高校贴吧发布这个广告，以此办法牟利。闫某利用所学的计算机专业技术成功破译教务网管理员账号密码，进而登录网站修改成绩，最终获利1.3万余元。近日，闫某因涉嫌破坏计算机信息系统罪，被检察院批捕。检察机关认为，闫某的行为违反了国家规定，对多所高校计算机信息系统中储存、处理的数据进行删除、修改，其行为涉嫌破坏计算机信息系统罪，将在5年有期徒刑以下量刑。

法条速递

《刑法》第二百八十六条规定，对计算机信息系统功能进行删除、修改、增加、干扰，造成计算机信息系统不能正常运行，后果严重的，处五年以下有期徒刑或者拘役；后果特别严重的，处五年以上有期徒刑。

违反国家规定，对计算机信息系统中存储、处理或者传输的数据和应用程序进行删除、修改、增加的操作，后果严重的，依照前款的规定处罚。

故意制作、传播计算机病毒等破坏性程序，影响计算机系统正常运行，后果严重的，依照第一款的规定处罚。

《最高人民法院、最高人民检察院关于办理危害计算机信息系统安全刑事案件应用法律若干问题的解释》对下列行为认定为"后果严重"的行为：（一）造成十台以上计算机信息系统的主要软件或者硬件不能正常运行的；（二）对二十台以上计算机信息系统中存储、处理或者传输的数据进行删除、修改、增加操作的；（三）违法所得五千元以上或者造成经济损失一万元以上的；（四）造成为一百台以上计算机信息系统提供域名解析、身份认证、计费等基础服务或者为一万以上用户提供服务的计算机信息系统不能正常运行累计一小时以上的；（五）造成其他严重后果的。

2. 传播淫秽物品罪

传播淫秽物品罪，是指不以牟利为目的，在社会上传播淫秽的书刊、影片、录像带、录音带、图片或者其他淫秽物品，情节严重的行为。

法条速递

《刑法》第三百六十三条：以牟利为目的，制作、复制、出版、贩卖、传播淫秽物品的，处三年以下有期徒刑、拘役或者管制，并处罚金；情节严重的，处三年以上十年以下有期徒刑，并处罚金；情节特别严重的，处十年以上有期徒刑或者无期徒刑，并处罚金或者没收财产。

第三百六十四条第一款、第四款：传播淫秽的书刊、影片、音像、图片或者其他淫秽物品，情节严重的，处二年以下有期徒刑、拘役或者管制。向不满十八周岁的未成年人传播淫秽物品的，从重处罚。

根据2004年《最高人民法院、最高人民检察院关于办理利用互联网、移动通信终端、声讯台制作、复制、出版、贩卖、传播淫秽电子信息刑事案件具体应用法律若干问题的解释》规定：以牟利为目的，利用互联网、移动通信终端制作、复制、出版、贩卖、传播淫秽电子信息，具有下列情形之一的，依照刑法第三百六十三条第一款的规定，以制作、复制、出版、贩卖、传播淫秽物品牟利罪定罪处罚。

（一）制作、复制、出版、贩卖、传播淫秽电影、表演、动画等视频文件二十个以上的；

（二）制作、复制、出版、贩卖、传播淫秽音频文件一百个以上的；

（三）制作、复制、出版、贩卖、传播淫秽电子刊物、图片、文章、短信息等二百件以上的；

（四）制作、复制、出版、贩卖、传播的淫秽电子信息，实际被点击数达到一万次以上的；

（五）以会员制方式出版、贩卖、传播淫秽电子信息，注册会员达二百人以上的；

（六）利用淫秽电子信息收取广告费、会员注册费或者其他费用，违法所得一万元以上的；

（七）数量或者数额虽未达到第（一）项至第（六）项规定标准，但分别达到其中两项以上标准一半以上的；

（八）造成严重后果的。

利用聊天室、论坛、即时通信软件、电子邮件等方式，实施第一款规定行为的，依照刑法第三百六十三条第一款的规定，以制作、复制、出版、贩卖、传播淫秽物品牟利罪定罪处罚。

四、替考、作弊型犯罪

替考、作弊型犯罪是指在法律规定的国家考试中，组织他人作弊的、为他人实施或组织作弊提供作弊器材或者其他帮助的、向他人非法出售或者提供试题或答案的、代替他人或者让他人代替自己参加考试的等破坏考试公平竞争规则的犯罪活动。近年来，在国家考试中频发的替考、作弊案件，已经由原先的单个型向聚众型转变，甚至具有产业化链条的特点。替考、作弊型犯罪侵犯了他人公平考试的权利，破坏了社会公正，具有严重的社会危害性。此类犯罪以大学生居多，比如，在2015年高考江西南昌替考案中，多名高校大学生参与其中，社会影响极其恶劣。

案例

2015 年高考前夕，家长董某联系到了一卖答案者，给儿子购买英语答案，同时帮另一名女考生购买答案。董某交给对方定金后，卖答案者给了董某作弊设备。2015 年 6 月 8 日，就在董某准备帮儿子作弊时，巡逻警察发现了无线电发射信号，一路追查将他和另一对帮助孩子作弊的家长控制住。随后，卖答案团伙中的四人落网。该案引起了辽宁省公安厅的重视。6 月 20 日，警方又将卖答案团伙中的其他三人抓捕归案。法院经审理认为，王某等 10 名被告人以谋取非法利益为目的，在高考中实施作弊，违反考试的公平、公正原则，严重侵害了其他考生的合法权益和国家的考试制度，均已构成组织考试作弊罪。为此，判处王某有期徒刑 1 年 2 个月，董某、袁某等其余 9 名被告人也分别被判处有期徒刑。据悉，该案成为《刑法修正案（九）》将组织考试作弊行为入罪以来，辽宁宣判的首例组织考试作弊案。

法条速递

《刑法修正案（九）》第二百八十四条新增规定："在法律规定的国家考试中，组织作弊的，处三年以下有期徒刑或者拘役，并处或者单处罚金；情节严重的，处三年以上七年以下有期徒刑，并处罚金。""代替他人或者让他人代替自己参加第一款规定的考试的，处拘役或者管制，并处或者单处罚金。"此次《刑法》修订案首次明确将考试作弊规定为一种具体的犯罪行为，也就是人们常说的"作弊入刑"。无论是组织他人考试作弊，非法出售、提供试题、答案，还是代替他人或让他人代替考试等作弊方式，都同样会触犯刑法。

五、交通肇事罪

随着经济的发展和生活水平的提高，大学生驾驶车辆的情况逐渐增多。大学生在驾驶车辆时如不遵守相关交通法规，容易引发交通事故，甚至构成犯罪。特别是酒驾入刑以后，提醒大学生们千万别违规驾驶和酒后驾驶，以免酿成大祸。

交通肇事罪，是指违反道路交通管理法规，发生重大交通事故，致人重伤、死亡或者使公私财产遭受重大损失，依法被追究刑事责任的犯罪行为。凡年满 16 周岁、具有刑事责任能力的自然人均可构成交通肇事罪的一般犯罪主体。行为人在违反规章制度上可能是明知故犯，如酒后驾车、强行超车、超速行驶等，但对自己的违章行为可能发生重大事故，造成严重后果，应当预见而因疏忽大意，没有预见，或者虽已预见，但轻信能够避免，以致造成了严重后果。如果故意使用驾车撞人的方法，在公共场所故意撞死撞伤多人的，应定以危险方法危害公共安全罪。另外，故意使用驾车的方式杀害、伤害特定人的，以故意杀人罪、故意伤害罪定罪处罚。

　　2016年5月29日晚上10点多，就读于珠海高新区某高校的大学生小靳约上几名同学去某酒吧喝酒玩乐，因为小靳有驾照，且他有自己的私家车，所以几个年轻人就坐小靳的车前往酒吧。几个年轻人喝完酒后准备回学校，此时喝了大量洋酒的小靳自我感觉"良好"，自告奋勇地表示"开车没问题"。于是他们一行五人"晃晃悠悠"地上路了。当行驶至一公交车站时，因未发现停靠在路边的出租车，而将出租车撞飞，并试图抢夺出租车司机手机阻止其拍照报警，警察到场后小靳竟然拒绝接受酒精测试。大学生小靳醉酒驾驶，其行为已经构成危险驾驶罪，已经被警方刑拘，移送检察机关，并吊销了驾照，五年内不得申领机动车驾驶证。

法条速递

　　《刑法》第一百三十三条规定：违反交通运输管理法规，因而发生重大事故，致人重伤、死亡或者使公私财产遭受重大损失的，处三年以下有期徒刑或者拘役；交通运输肇事后逃逸或者有其他特别恶劣情节的，处三年以上七年以下有期徒刑；因逃逸致人死亡的，处七年以上有期徒刑。

　　《关于办理醉酒驾驶机动车刑事案件适用法律若干问题的意见》中，对醉酒驾驶机动车犯罪从重处罚的具体情形里包括："逃避公安机关依法检查，或者拒绝、阻碍公安机关依法检查尚未构成其他犯罪的"，从重处罚。

　　《最高人民法院关于审理交通肇事刑事案件具体应用法律若干问题的解释》规定交通肇事具有下列情形之一的，处三年以下有期徒刑或者拘役：

　　（一）死亡一人或者重伤三人以上，负事故全部或者主要责任的。

　　（二）死亡三人以上，负事故同等责任的。

　　（三）造成公共财产或者他人财产直接损失，负事故全部或者主要责任，无能力赔偿数额在三十万元以上的。

　　交通肇事致一人以上重伤，负事故全部或者主要责任，并具有下列情形之一的，以交通肇事罪定罪处罚：

　　（一）酒后、吸食毒品后驾驶机动车辆的。

　　（二）无驾驶资格驾驶机动车辆的。

　　（三）明知是安全装置不全或者安全机件失灵的机动车辆而驾驶的。

　　（四）明知是无牌证或者已报废的机动车辆而驾驶的。

　　（五）严重超载驾驶的。

第三节 大学生犯罪预防

大学生犯罪是青少年犯罪和高学历人群犯罪的交集，兼具两类人群犯罪的特点又具有自身的特殊性，因此，在预防方法和措施上也有独特之处。大学生犯罪预防的重点在于以教育、保护为主的事前预防。这不仅是出于大学生特定年龄阶段和心理特点的考虑，也是为了最大限度地减少由于步入歧途而给大学生自身和家庭带来的伤害，某种意义上可避免造成国家和家庭对大学生培养所付出的资源和心血的浪费。

视频讲解

大学生犯罪预防的核心追求应该是在犯罪发生之前利用各种手段和措施抑制、减少导致大学生犯罪的多种主客观因素，从而制止和避免犯罪的发生。所以我们既要培养道德、提高辨别是非的能力，也要引导他们运用自己的认识能力和所学知识去解决问题、了解社会、适应社会生活，还要注重心理的健康发展，帮助他们克服盲目的优越感和自信、正视现实中的困难和挫折。同时，大学生犯罪预防还是一个系统工程，需要家庭、学校、社会的共同参与，形成"三位一体"的整体，合力创造出有利于大学生成长发展的良好环境。

一、大学生自身需要注意的事项

1. 既不能盲目乐观也不能自卑自弃

大学生都是经历过高考选拔的优秀人才，是具有高智商、高素质的新生代，更应树立正确的人身观、价值观、世界观。事实显示，许多大学生进入大学后，往往缺乏新的追求目标，在大学里浑浑噩噩、熬天混日，从而产生了迷茫和失落，甚至走向了犯罪。因此大学生应当在入学之初就给自己订立一个前进的目标，正确地认识自我，认识社会，增强自己的公德意识。

2. 学法、守法、懂法，自觉增强法律意识

从实际情况来看，许多的大学生暴力犯罪是由于大学生法律知识的欠缺、法律意识淡薄所造成的。科学文化的学习是大学学习的主要内容，但法律知识也是大学学习中的重要组成部分。大学生作为社会智慧的代表更应当加强法律知识的学习，做到学法、守法、懂法并积极与各种违法行为做斗争，这样才不会使自己在无知的情况下走上犯罪的道路。

3. 提高自己的道德修养，树立崇高的人生目标

道德是调整人与人之间以及人与社会之间相互关系的行为规范，是一种依靠社会舆论、人们的信念、习惯、传统和教育发挥作用的精神力量，是人们普遍遵守的评价和判断是非的标准。道德是用善与恶、公正与偏私、诚实与虚伪、高尚与卑鄙、正义

与非正义、光荣与耻辱等观念来约束、评价人们的行为，是人们行为规范的向导。从众多大学生暴力犯罪案件的分析中可以看出，很多犯罪的大学生都有不同程度的道德缺陷。大学生作为一代骄子更应该树立崇高的人生目标，接纳社会中积极向上的部分摈弃消极的部分，完善自己的人格品质。

4. 加强心理建设，提高自身心理素质

大学生要克服心理障碍和自闭倾向，学会与人沟通，积极从现实生活中寻找朋友。与人相处应当本着诚实原则，以自己的诚心换取别人的诚心，讲信用、懂谦让，积极关心别人。在处理人际关系上要不拘小节，要学会容忍，不要过于敏感。大学生刚刚进入校园时会感到各种压力的存在，难免在生活中、学习中出现不少困难自己却难以轻易克服，甚至会遇到失败。当失败出现时，大学生要学会自我控制和自我宣泄。对一些经常产生的压抑、痛苦、不满应当采取正当的手段加以释放，如进行快跑、拳击等激烈的体育运动或到一个没人的地方将自己心中的不满大声喊出来，以减轻心理压力增强社会应变能力。大学生还要学会处理现实与愿望的矛盾，以乐观的态度去面对生活，这样可以有效地减少犯罪行为的发生。

二、高校和社会应注意的事项

1. 要通过法制教育提高大学生的法律意识

学校要采取多种途径提高大学生的法律意识。

（1）要加强法制宣传教育。各高校可以利用办展览、发放法律书籍和宣传画等形式，开展以宪法为核心的法制宣传教育活动，广泛深入地宣传与大学生密切相关的法律法规，如《中华人民共和国劳动法》《中华人民共和国劳动合同法》《中华人民共和国合同法》以及涉及大学生的替考作弊入刑的新颁布实施的《刑法修正案（九）》等，为大学生懂法、守法、崇法营造良好的环境。

（2）要有效地发挥课堂教学的主渠道作用。课堂教学是对大学生进行法制教育的基本路径。目前，高校大多通过《思想道德修养与法律基础》这门课程讲授法律知识和法治理念。此外，有条件的高校应该鼓励法学专业教师在全校范围内开设法律选修课或法律辅修课等，将与大学生密切相关的实用性较强的部门法纳入教学计划，丰富教学内容，并引入现代教学评价方式，提高课堂教学成效。

（3）构建多方参与的法制第二课堂。高校要加强与外界的联系，为大学生搭建法制第二课堂。法制第二课堂可以采取"走出去、请进来"的方式进行。比如，带领大学生参与一些法律庭审、评审的活动，让学生参观监狱，邀请公安、检察机关、法院、监狱以及律师事务所等实务部门中有丰富经验的办案人员为大学生开办法律讲座；组织模拟法庭，为大学生开辟生动直观的法制第二课堂。

2. 通过心理健康教育提高大学生的心理素质

心理素质是人生存的资本，是人适应社会和发展自我的资本。为培育大学生良好

的心理素质，建议大力开展心理健康教育活动，建立心理预警机制。高校应开设相关心理课程，使大学生了解、掌握必要的心理知识。通过开展有针对性的活动，如心理健康知识讲座、心理咨询以及心理行为拓展训练和社会实践等，提高大学生自我疏导、自我调节能力，纠正不良心理，排除与犯罪有关的负面因素，防止犯罪案件的发生。高校也可以尝试与社会心理咨询机构联合，建立大学生心理预警网络。从新生入学开始就进行心理测试，并建立心理档案，以尽早发现有心理问题或心理障碍的大学生，并及时给予帮助。对这些大学生实施重点跟踪和监控，及时予以疏导矫治，以免贻误病情，引发恶性案件。

3. 构建家庭、学校及社会的多重联动机制

家庭、学校、社会彼此之间应该互相渗透，互相联系，多重联动，形成合力，以促进大学生健康发展。家庭、学校与社会应该改变过去那种唯分数论的评价机制，应该重视大学生健康的思想品德和健全人格的形成与培育。家庭应完善家庭教育方式，优化家庭教育环境。学校应强化教育管理，广泛开展健康有益的校园文化活动，为预防大学生犯罪构建起良好的校园文化。此外，全社会应该创建和谐稳定的社会大环境，加强社会大环境的治理与改造，扎实推进社会主义文化强国建设，为大学生的健康成长提供良好的社会环境，从根本上遏制、减少大学生违法犯罪现象的发生。

测　一　测

1. 根据我国刑法规定，盗窃罪最高可以被判处（　　）。
   A. 死刑
   B. 无期徒刑
   C. 二十年以下有期徒刑
   D. 十年以上有期徒刑
2. 抢劫罪的主体应为（　　）。
   A. 年满 16 周岁的自然人
   B. 年满 14 周岁的并具有刑事责任能力的自然人
   C. 年满 18 周岁的并具有刑事责任能力的自然人
   D. 已满 14 周岁未满 16 周岁的自然人
3. 以下属于正当防卫的是（　　）。
   A. 假想防卫
   B. 事前防卫
   C. 局外防卫
   D. 无限防卫
4. 故意杀人罪属于（　　）。
   A. 结果犯
   B. 行为犯
   C. 危险犯
   D. 结果加重犯
5. 构成抢夺罪的重要条件是（　　）。
   A. 以非法占有为目的
   B. 趁人不备

C. 公开夺取　　　　　　　　　　　D. 数额较大的公私财物

6. 故意伤害罪的主体中，（　　）的自然人，有故意伤害致人重伤或死亡行为的，应负刑事责任。

　A. 年满 16 周岁

　B. 年满 14 周岁的并具有刑事责任能力

　C. 年满 18 周岁的并具有刑事责任能力

　D. 已满 14 周岁未满 16 周岁

7. 破坏计算机信息系统罪的主观方面为（　　）。

　A. 故意　　　　　　　　　　　　　B. 重大过失

　C. 疏忽大意的过失　　　　　　　　D. 过于自信的过失

8. （　　）是我国的根本大法。

　A. 宪法　　　　　　　　　　　　　B. 行政法

　C. 民法　　　　　　　　　　　　　D. 刑法

9. 甲乙有仇，甲扬言准备了工具要报复乙。乙听说后决定先下手，遂持棍闯入甲家，将甲打成重伤。乙的行为属于（　　）。

　A. 正当防卫　　　　　　　　　　　B. 紧急避险

　C. 防卫过当　　　　　　　　　　　D. 故意犯罪

10. 在以下情况中，防卫人实施防卫行为，造成不法侵害人伤亡，防卫人负刑事责任的是（　　）。

　A. 不法侵害人盗窃被害人的财物

　B. 不法侵害人使用威胁的方法强迫妇女卖淫

　C. 不法侵害人采用暴力的手段强奸妇女

　D. 不法侵害人采用暴力手段杀人

11. 中华人民共和国国务院的各部、委、局可依法制定（　　）

　A. 基本法律　　　　　　　　　　　B. 行政法规

　C. 行政规章　　　　　　　　　　　D. 自治条例

12. 已满（　　）的人犯罪，应当负刑事责任。

　A. 14 周岁　　　　　　　　　　　B. 16 周岁

　C. 18 周岁　　　　　　　　　　　D. 20 周岁

13. 我国公民的民事权利能力始于（　　）周岁。

　A. 14　　　　　　　　　　　　　　B. 16

　C. 18　　　　　　　　　　　　　　D. 20

14. 面对不法侵害发生时，我们应该（　　）。

　A. 慌不择路　　　　　　　　　　　B. 利用别人经验帮助自己

　C. 靠勇敢和智慧将侵害减到最小　　D. 尽量答应歹徒的要求

15. 侵害事实已发生，并造成大学生严重精神损害的，被害人（　　）请求精神损害赔偿。

    A. 应当   B. 可以   C. 不可以   D. 双方调解

参考答案

1. B 2. B 3. D 4. B 5. D 6. D 7. A 8. A

9. D 10. A 11. C 12. B 13. C 14. C 15. B

第三章　人身与财产篇

善不可失，恶不可长。

——《左传·隐公六年》

第一节　大学生财产安全及防范

一、大学校园盗窃案件的主要形式

大学盗窃案件是指以大学生的财物为侵害目标，采取秘密的手段进行窃取并实施占有行为的案件。盗窃犯罪是高校中常见的一种犯罪行为。

视频讲解

1. 内盗

内盗是指盗窃作案分子为学生内部人员及学校内部管理服务人员实施的盗窃行为。在高校发生的盗窃案件中，内盗案件往往就占一半以上。作案分子往往利用自己熟悉盗窃目标的有关情况，寻找作案最佳时机，因而易于得手。

2. 外盗

外盗是相对内盗而言的，是指盗窃作案分子为校外社会人员在学校实施的盗窃行为。他们利用学校管理上的漏洞，冒充学校人员或以找人为名进入校园内，盗取学校资产或师生财物。

3. 内外勾结盗窃

内外勾结盗窃即学校内部人员与校外社会人员相互勾结，在学校内实施的盗窃行为，往往结成团伙，形成盗、运、销一条龙。

二、大学校园盗窃案件的主要特征

一般盗窃案件都有以下共同点：实施盗窃前有预谋准备的窥测过程；盗窃现场通常遗留痕迹、指纹、脚印、物证等；盗窃手段和方法常带有习惯性；有被盗窃的赃款、赃物可查。由于客观场所和作案主体的特殊性，高校盗窃案件还有以下特点。

1. 时间上的选择性

作案人为了减少违法犯罪风险，在作案时间上往往进行了充分的考虑，因而其作案时间大多在作案地点无人的空隙实施盗窃。

（1）上课时间。上课期间，特别是上午一、二节课，学生宿舍里一般无人，盗窃分子一般都深知此规律，并抓紧这一时间作案，因此这一期间是外盗作案的高峰期。

（2）课间时间。课间休息仅 10 分钟，学生在下课后一般都会走出教室轻松，很少有同学回寝室，作案分子特别是内盗作案人员会利用此时机，在盗窃得手后继续回教室上课，给人以没有作案时间的假象。

（3）夜间熟睡后。经过一天的学习、活动，大家都比较疲惫，而且学校一般都有规定的熄灯时间，所以上床后同学们会很快入睡。盗窃分子趁夜深人静，室内人员熟睡之际行窃。特别是学生睡觉时不关寝室门窗，这更是给小偷创造了有利条件。

（4）新生入校时。新生刚入校时，由于彼此之间还不太熟悉，加之防范意识较差，偶尔有陌生人到寝室来也会以为是其同学的老乡或熟人，不加盘问，这给作案分子有可乘之机。

（5）其他还有军训、学校举办大型活动等期间，学生宿舍活动人员少，易被盗；校园发生和处置突发事件时，往往人们注意力集中到某一点上而无暇顾及其他，盗窃分子往往是乘虚而入，浑水摸鱼。

2. 目标上的准确性

高校盗窃案件特别是内盗案件中，作案人的盗窃目标比较准确。由于大家每天都生活、学习在同一个空间，加上同学间互不存在戒备心理，东西随便放置，贵重物品放在柜子里也不上锁，使得作案分子盗窃时极易得手。

3. 技术上的智能性

在高校盗窃案件中，作案主体具有特殊性，高智商的人居多，有的本身就是大学生。在实施盗窃过程中对技术运用的程度较高，自制作案工具效果独特先进，其盗窃技能明显高于一般盗窃作案人员。

4. 作案上的连续性

"首战告捷"以后，作案分子往往产生侥幸心理，加之报案的滞后和破案的延迟，作案分子极易屡屡作案而形成一定的连续性。

5. 手段上的多样性

（1）顺手牵羊是指作案分子趁人不备将放在桌椅上、床铺上等处的钱物信手拈来而占为己有。

（2）乘虚而入是指作案分子趁主人不在、房门抽屉未锁之机行窃。较之"顺手牵羊"，其手段更为毒辣，行窃胃口更大，往往造成的损失更惨重。

（3）窗外钓鱼是指作案分子用竹竿、铁丝等工具，在窗外或阳台处将室内衣物、皮包钩出，有的甚至利用钩到的钥匙开门入室进行盗窃。

（4）翻窗入室是指作案分子利用房屋水管等设施条件翻越窗户入室行窃。作案人窃得钱物后往往是堂而皇之从大门离去。

（5）撬门扭锁是指作案分子利用专用工具将门上的锁具撬开或强行扭开入室行窃，入室后作案人又用同样的方法撬开抽屉、箱柜等。这是外盗分子惯用的主要手段，他们下手毒辣，毫不留情，只要是值钱的东西都不放过。

（6）盗取密码是指作案人有意获取他人存折与信用卡密码并伺机到银行盗取现金。

这类手法常见于内盗案件，并且以关系相好的同室或"朋友"作案较多。

三、发生校园盗窃案件后的应对方法

1. 保护现场，及时报案

一旦发生被盗案件以后，不要惊慌失措，应迅速组织在场人员保护好现场，并及时向学校保卫部门报告，不得先翻动、查看自己掉了什么东西，否则若将现场有关的痕迹物证破坏了，不利于调查取证。

2. 发现可疑，及时控制

如果自己发现可疑人员，一定要沉着冷静，应主动上前询问，一旦发现其回答有疑问，要设法将其稳住，必要时组织学生围堵，及时向有关部门报告，防范盗贼狗急跳墙，伤及学生。在当场无法抓获盗贼的情况下，应记住盗贼的特征，包括年龄、性别、身高、胖瘦、相貌、衣着、口音、动作习惯、佩戴首饰等，以便向公安保卫部门提供破案线索。

3. 及时报失，配合调查

如发现存折被盗，应当尽快到银行挂失。知情人员应当积极配合公安保卫部门的调查取证工作。有的人对身边发案采取事不关己，高高挂起，不愿多讲的态度；有的人在调查人员询问时不敢提供有关情况，怕别人打击报复，怕影响同学的关系等，这些都是错误的，给侦查破案工作带来许多困难，往往也贻误了破案的最好时机，使犯罪分子逍遥法外继续害人。

小 贴 士

使用笔记本电脑应尽量购买笔记本电脑锁

很多朋友在购买笔记本之后也基本就没有关心过机身上的安全锁孔到底有何用处。笔记本的安全锁孔是用来保护笔记本安全的一种装置，每一款笔记本电脑其实是有锁孔的，将笔记本安全锁与机身上的安全锁孔咬住后通过锁上的密码或钥匙进行锁定，同时安全锁的另一头套在附近固定的或难以移动的物体上，从而使笔记本限定在一个小的范围内使用，以此来达到防盗的目的。一般情况下，笔记本的安全锁孔的尺寸规格是相通的，同时这种安全锁孔还见于部分投影机、一体式电脑、台式机。

笔记本电脑锁锁孔和密码式笔记本电脑锁如图 3-1 和图 3-2 所示。

图 3-1　笔记本电脑锁锁孔

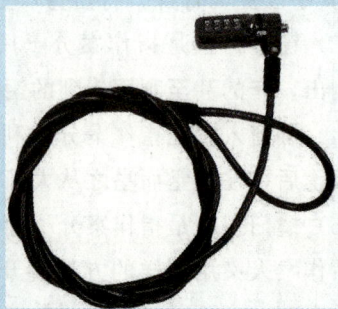

图 3-2　43 密码式笔记本电脑锁

贵重物品不用时最好锁在抽屉、柜子里，以防被顺手牵羊或乘虚而入者盗走。放假离校时应将贵重物品随身带走或托可靠的人保管，不可留在寝室。当发现自己的存折丢失时，要立即去银行挂失，然后到公安部门报案。

第二节　诈骗案件的特征与防范

大学诈骗案件是指以大学生为作案目标、以非法占有为目的、用虚构事实或隐瞒真相的方法骗取数额较大财物行为的案件。生活中的街头骗术五花八门，而且这些骗术也随着人们对其认识程度的发展在不断地进行着花样翻新。不过无论其披着怎样华丽的外衣，只要你坚信一点：世界上就没有不劳而获的事情，天上不会无缘无故地掉下馅饼，这样你就不会掉进骗子们精心设计的陷阱了。

视频讲解

一、大学诈骗案件的主要特征

1. 手段上的智能性

诈骗分子在高校作案行骗时，一般都是利用丰富的知识、技能经验，经过精心的策划，设置诱饵，使受骗者落入圈套，还常常使用科技性高、迷惑性强的手法提高诱骗效果。

（1）科技性高。最具有代表性的是利用互联网进行诈骗。一些远程匿名公司及个人通过互联网购物交易渠道向学生提供计算机设备、信用卡账号等信息，让学生直接汇款或复制信用卡账号进行款项划拨，达到骗取钱财的目的。

（2）迷惑性强。诈骗分子在高校行骗，大都能摸准学生的个人心理，他们有着多次作案的经验，且能分清情势，随机应变，达到以假乱真的程度。

2. 方式上的多样性

高校诈骗案件的方式是多种多样的。作案人会根据不同的情况使用不同的方式进行诈骗。

（1）假冒身份，流窜作案。诈骗作案分子行骗时都会伪装自己的身份，常常假冒老乡、同学、亲戚等关系或其他身份，或利用假身份证、假名片来骗取学生信任而作案。骗子为了既能骗得财物又不暴露马脚，通常采用游击方式作案，得手后立即逃离。还有的以骗到的财物、名片、信誉等为资本，寻机作案，再去诈骗他人，重复作案。

（2）投其所好，引诱上钩。诈骗分子行骗时往往先是套话，利用学生急于就业或出国等心理，应其所急，施展诡计而骗取财物。

（3）真实身份，虚假合同。诈骗分子利用高校学生经验少，急于赚钱补贴生活的心理，常以公司的身份让学生为其推销产品，事后却不兑现酬金而使学生上当受骗。这类案件在高校有所增加，由于没有完备的合同手续，处理起来比较困难，往往得不偿失。

（4）借贷为名，骗钱为实。诈骗分子利用人们贪图便宜的心理，以高利息集资为诱饵，使部分教师和学生上当。

（5）以次充好，连骗带盗。诈骗分子利用学生"识货"经验少又图便宜的特点，上门推销各种产品行骗，一旦发现室内无人，就顺手牵羊，溜之大吉。

（6）招聘为名，设置骗局。诈骗分子利用学生勤工助学的需求设置骗局，骗取介绍费、押金、报名费等，或是利用大众传播工具等到处做虚假广告，骗取培训费、学杂费等，然后又以各种理由拒绝退款。

（7）骗取信任，寻机作案。诈骗分子利用一切机会与大学生拉关系、套近乎，骗取信任，了解情况，寻机作案。

二、为何大学生屡屡成为诈骗分子的目标

一方面，大学生涉世未深，想法单纯，缺乏社会经验和辨别是非的能力，是容易上当受骗的重要原因之一。许多纯真的大学生才刚刚走入象牙塔，未认识到外面世界的复杂，更不知道骗子们层出不穷的花招。他们有的利用大学生的同情心，有的以热心积极的形象示人，致使同学们轻信了骗子的谎言。更有一些因为过于自信而疏忽大意的同学，在不知不觉中就陷入了骗子的圈套。另一方面，是大学生有了一定的独立思想和自主支配的金钱。在刚刚步入大学生活的时候，很多同学对第一次拿到这么厚一沓生活费、学费开心不已，产生了许多想法。

案例

冒充辅导员专骗新生

某高校的计算机系大一新生张某入学第一天报到后，正在寝室收拾物品。这时，一名青年男子敲门进来，自称是辅导员王老师。王老师掏出一沓卡片，称这是上计算机课时要用的卡，里面有充值余额，上课时要用的，每节课10元。张某买了两张，林某与赵某也各买了200元钱的"微机卡"。当天下午，学校派老师走访新生寝室，张某发现来访问的老师与王老师根本就不是一个人。经统计发现，该栋寝室楼内有不少学生被骗。

防范措施：

嫌疑人利用大一新生对学校情况不熟悉的弱点，冒充大学辅导员，对受害人嘘寒问暖，迅速拉近双方距离。接着，便以收班费，购买物品，销售上网卡、校园手机卡，为饭卡充值，代为收缴学杂费，帮助办理助学贷款等名义实施诈骗。新生如果遇到上门收费等情况，要留个心眼，应打电话向辅导员或学校保卫处核实情况。

编造谎言，蒙骗新生家长急需汇钱

很多大学生都是第一次离家求学，家长通常非常关注新生每天的生活状况，骗子通过各种途径掌握了学生家庭电话号码，再用骚扰电话让新生手机被迫关机，

然后冒充学校老师或同学给家长打电话谎称孩子生病或出车祸急需汇钱，家长在无法联系上子女的情况下盲目汇款导致被骗。

防范措施：

学生应当将辅导员和学校保卫处的电话告之家长以备不时之需，并提醒家长如果接到此类电话，应先与学生本人联系，如果联系不到学生，应当与辅导员或保卫部门联系，核实真假，切勿慌乱汇款。

冒充财务处专盯新生学费

入学第一天，新生小林发现学杂费交费处排起了长队，一名自称学校财务处老师的女子称根本不需要排队，只要到学校的银行柜员机把学费打到财务处账户上，凭银行转账凭条就能办理各种手续。小林跟着女子来到了一处柜员机前打款。然而，当他拿着转账凭条办理手续时，却被告知这个账户和学校没有任何关系。

防范措施：

嫌疑人混入学校冒充学校老师、教工、学长等，引导新生不经过排队直接到柜员机转账交学费，实际上钱都打到嫌疑人自己的账户上了。因此，一定要核实学费汇款账户是否是学校对公账户名，一切让你将学费汇款到个人账户的都是诈骗。

法条速递

《中华人民共和国刑法》第二百六十六条规定：诈骗公私财物，数额较大的，处三年以下有期徒刑、拘役或者管制，并处或者单处罚金；数额巨大或者有其他严重情节的，处三年以上十年以下有期徒刑，并处罚金；数额特别巨大或者有其他特别严重情节的，处十年以上有期徒刑或者无期徒刑，并处罚金或者没收财产。本法另有规定的，依照规定。

三、高校诈骗案件的防范措施

1. 保持健康心态，树立防骗意识

大学生在日常生活中要多学习法律法规，掌握一些预防受骗的基本知识及技能，善于辨别真假，对自己要洁身自好，严格要求。

（1）不贪私利，不图虚荣。作为大学生，要树立正确的人生观、价值观，时刻加强自身理想、道德、情操的陶冶，自觉拒绝金钱、名利的诱惑，不贪私利，不图虚荣，增强抵御诱惑的能力。

（2）知心知彼，心明眼亮。大学生在与陌生人的交往中，要认真审查对方的来历，保持清醒的头脑，理智处事，观其行、辨真伪，三思而后行。比如大学生在择业活动中，对意向性单位的基本状况、工作性质要多了解，不能因为工作难找就对已找到的工作岗位轻率相信，必要时可进行实地考察。

2. 克服主观感觉，避免以貌取人

作为大学生，在各种交往活动中必须牢牢把握交往的原则和尺度，克服一些主观上的心理感觉，避免以貌取人。具体来说，不能单凭对方的言谈举止，仪表风度，衣着打扮等第一印象即"首因效应"妄下判断，轻信他人；不能只认头衔，只认身份，只认名气，而不认品德，不认才学，不辨真假，应更多地实质考察和分析，不被表面现象所蒙蔽。

四、诈骗案件的处置方法

诈骗犯罪分子总是心虚的，因此，大学生在与诈骗分子的接触过程中一旦发现对方有疑点，就应当果断采取应对的措施，切不可轻率从事，防止受骗。

1. 观察判断，有效识别

在发现对方疑点时，要保持清醒的头脑，认真仔细地观察对方的神态表情，举止动作的变化，看对方的言谈、所持的证件以及有关材料与其身份是否吻合，以此识别真假。必要时可以找同学或相关人员商量，听取他人的意见和忠告，或者通过对方提供的电话、资料予以查证核实。

2. 巧妙周旋，有效制止

在发现疑点无法确定真假而又不愿意轻易拒绝时，要有礼有节，采取一定的谈话、交往策略，注意在交锋中发现破绽，通过与其周旋印证自己的猜测。必要时，还可以采取一些吓唬的言辞，使对方心存顾忌，不敢贸然行事。

3. 平静心态，及时报案

受害人无论是否因为自己的过错（如贪财、无知、轻信、粗心大意）而受骗，都要保持积极的心态，从受骗的噩梦中回到现实，吸取教训，及时向有关部门报告，切勿"哑巴吃黄连，有苦肚里咽"。

4. 提供线索，配合调查

已经被骗并向有关部门报告的，要注意对作案人员遗留下来的文字资料、身份证件、电话号码等证据予以保留，并积极向学校保卫处和公安机关提供诈骗嫌疑人的体貌特征、与其交往的经过等线索，配合调查，追缴被骗的财物。

第三节 校园暴力及其预防

大学校园本该是文明的殿堂，但近年来高校暴力性突发事件时有发生。大学生正处在成长期，生理和心理不成熟，人生观、价值观和个性还在形成之中，容易受到社会上不良风气的影响，让他们对事物的判断更加鲁莽，可能会做出荒唐的决定甚至酿成惨剧。

校园暴力是指在校园里发生的暴力事件，包括学生之间、师生之间

视频讲解

的暴行以及对学校的破坏行为。暴力行为不仅止于肢体行为所造成的伤害，也包括了其他如语言伤害，被强迫做自己不喜欢的事，被故意陷害造成生理、心理的伤害等。

一、校园暴力产生的原因及特点

研究表明，校园暴力事件的发生主要基于两个因素，一方面是因为处于成长期，有逆反心态，甚至在和家人的相处中也有抵触。另一方面还在于家庭环境的因素，比如家长从小教育孩子的方式较为简单粗暴，"打"的教育方式常常让孩子耳濡目染地学会使用暴力手段来解决问题。心理因素积淀的形成加上成长过程中环境的影响是导致暴力行径的重要来源。

校园暴力的特点，是在一定时间范围内多次反复发生，长期互动，最终达到一个临界点而爆发。我们在网上看到的一些触目惊心的暴力视频一般都经历了长期的形成过程，被害人大多之前都大大小小遭受了一些欺凌，直到最后的爆发式呈现。另外，校园暴力对被害者的加害不仅仅局限于肉体上的，还有心理上的，而后者往往是精神上的加害，对被害人的伤害虽然无形，但非常严重。

二、怎样避免和处置校园暴力

1. 不崇拜暴力文化

首先，我们应该远离那些充斥着暴力文化的影视作品、书籍、报刊及游戏等，不给暴力文化以存留的空间；其次，不要受暴力文化的影响，贸然模仿影视或游戏里的暴力行为。在现实生活中，暴力不会帮助我们解决任何问题，它只会激化矛盾；再次，正确认识影视、书刊中英雄人物的形象和意义，不盲目崇拜影视作品中那些"除暴安良"的英雄人物，不用暴力表现自己的价值；最后，培养健康高尚的审美情操，多接触有益身心的文化。

2. 不参与校园暴力

同学之间应和睦相处，不拉帮结派，宽以待人，互相尊重，相互礼让，相互体谅。遇到问题时，我们需要的是解决问题的办法，而不是制造问题的暴力手段。发生矛盾时，我们应该先正确认识自身存在的问题。我们应树立正确的是非观念，要有最起码的善良、同情心和怜悯感。当有同学"邀请"我们去参与校园暴力时，我们应该断然拒绝，坚决不充当校园暴力行为的帮凶。

3. 注重心理的健康发展

心理因素是引发校园暴力的一个重要因素，有的同学压力大，无法通过正常渠道排解压力。当我们面临心理压力时，一定要做到：不要让压力占据我们的头脑，保持乐观是控制心理压力的关键，我们应将挫折视为鞭策我们前进的动力，不要养成消极的思考习惯，遇事要多往好处想。在平时的生活中，我们应主动努力与他人沟通，应尽量敞开心扉，表达心情，诉说心声，这样我们才能更好地平衡心理，通过外界的帮助来完善思维，解决各种困难和问题。在与他人交往过程中应合理发泄自己的情绪。有的同学遇到矛盾时，不愿意吃亏，认为忍让就是没面子，失去尊严，最终只能使矛盾不断升级、不断激化。我们应该宽宏豁达，不应为一丁点儿小事僵持不下，斤斤计较，甚至以拳脚相加，做出降低人格的事情。

4. 加强自身的法律意识和法制观念

施暴者法律意识淡薄，对法律无知，这是校园暴力产生的另一个主要原因。一些同学考虑问题过于偏激，过于钻牛角尖，做事不多考虑，认准了一点就无法想到其他问题，想不到可能导致的严重后果，甚至需要承担的法律责任，做了以后才会发现问题的严重性，但往往这时候悔已晚矣。我国《刑法》规定，"已满十六周岁的人犯罪，应当负刑事责任。已满十四周岁不满十六周岁的人，犯故意杀人、故意伤害致人重伤或者死亡，强奸、抢劫、贩卖毒品、放火、爆炸、投毒罪的，应当负刑事责任"。

5. 遭受语言暴力时的自救

应对语言暴力，我们通常可以采取以下方式。一是淡然处之。对付语言暴力最好的办法是保持沉默。二是自我反省。遭遇语言暴力的同时，我们还应该积极地分析自身责任，是否是自己的行为或做事的方法本身存在问题。三是无畏回应。如果对方是有意并且是较为恶劣的人身攻击或伤害，就有必要对攻击者郑重地声明自己的立场，或给他一个严厉而意味深长的眼神。四是肯定自己。不要受对方侮辱性语言的影响，要积极肯定自己的价值。五是调整心理。对于外界的打击和辱骂，我们要有一个好的心态，要学会爱惜自己，不要让他人来影响你的情绪和健康，做好心理上的调节。六是法律维权。如果语言施暴者的行为已经构成了诽谤，并对我们造成严重的精神伤害时，我们可以诉诸法律，用法律来维护我们自身的权益。

6. 遭受行为暴力时的自救

如果被攻击者殴打该怎么办？一是找机会逃跑，二是大声呼救，三是如果以上退路被攻击者截断，那么应双手抱头，尽力保护头部，尤其是太阳穴和后脑。

7. 发现苗头及时报告，依法维权

人身安全的重要性永远要摆在第一位，由于校园暴力的随机性，许多同学对其产生了恐惧和焦虑。一些同学不敢把事情告诉辅导员和学校保卫部门，更不敢报警，甚至警方破案后也不敢出面作证，成为"沉默的羔羊"。忍气吞声往往会导致更严重的暴力事件的发生。

第四节　国外留学访学安全

一、重视留学安全，加强自我保护意识

近年来，多起中国留学生海外失踪、遇害等事件接连发生，引起国内外媒体与公众的广泛关注，中国留学生屡屡成为受害者，再次提醒人们要重视留学安全问题，提醒留学生本人要加强自我保护意识。

视频讲解

留学具有一定的危险性，政治环境和地域遗留问题也造成了一定的安全隐患，但如果留学生真正地加强了自己的安全意识，改变自己的生活方式，就能够在学习知识的同时享受自己的生活。留学生应选择上一所治安良好的学校，提前规划好自己的出行并及时报备，无论对自己还是对父母，都是保障自己人身安全的必要行为。

二、国外留学访学如何进行安全防护

1. 第一时间到我国驻外领馆进行登记事宜

留学或访学出国后，尽量在第一时间登陆中国驻外使领馆的教育处进行电子登记，一旦发生学生失踪、遇害等事件，能够方便在第一时间联系其家人。应时刻牢记中国大使馆的紧急求助电话——12308。这是中国外交部的紧急求助电话，无论你在哪里，遇到什么情况，都可以通过拨打"0086－10－12308"电话第一时间求助中国外交部和领事馆。除此之外，要记住目的地所在国的中国大使馆、领事馆电话。在情况危急、语言不通时，大使馆会给你提供最靠谱的建议和帮助，也可以登录"中国领事服务网"了解相关安全信息。

2. 关注所在地犯罪率

从地域安全性入手，无论对于选校还是选择居住地址都很有帮助。不同于中国的城市规划和公共安全体系，国外每个城市都有不安全的区域和相对安全的区域，这个一般是根据房价来划分的。一般来说，城市的危险大于郊区，尤其是大城市犯罪率更高一些。富人纳税比较高的，房产税比较高，地方政府就有更多的资金提供警力及基础安全措施的保护，而且这些地方通常邻居素质非常高，犯罪率就会比较低。在选择住房时尽量选择名声较好，较安全的地方居住。

3. 利用学校资源及时求助学校安保部门

如果留学生在校园遇到了麻烦，在慌乱之余应该保持镇定及时求助。每个学校都会有校园警察（Campus Police Officer），记得把他们的联系方式记到紧急联系人里。许多学校都有完善的安保部门，甚至比打 911 报警能够更快得到帮助。大多数的美国大学十分重视校园安保工作，而且必要的时候，校园警察的回应都是非常迅速的。此外，许多校园都为要晚回家的学生提供特殊安全服务。

加入 School Alert（校园报警）系统。School Alert 是很多国外高校提供的一种官方校园通知系统，个别学校注册 School Alert 需要学生主动注册，并在更换联系方式后主动更新信息。注册之后，学校周围有任何非安全事件，校方都会发出安全预警。留学生入学后应及时咨询学校的国际学生办公室，加入系统从而得到安全警报，以防万一，避开危险。例如加州伯克利分校和其他一些学校都有紧急事件短信发送系统，如果遇到紧急情况，学校就能够及时通知学生。比如燃气泄漏或者是突然取消课程时，官方通知可以很大程度上避免学生上当受骗。

4. 提高警惕，避免露富

由于有些国家枪支合法化，持枪抢劫事件也时有发生，遇到有犯罪意图的人尽量

51

不搭理，言语不激怒，肢体不接触，不要过多分神想他们在说什么，抓紧一切机会跑。身上永远带着少量的现金，如果遇到抢劫马上把现金给他，生命第一。钱财勿露，以免令歹徒起觊觎之念。

出门在外，应谦虚务实，以确保人身安全。不管住在哪里，公寓楼还是民房，进门之前几十米一定要观察周围，提前把钥匙拿出来；停车场是比较危险的地方，尤其是晚上。取车时候注意听周围的动静，走在车道中间，提前几十米就把钥匙拿在手里。随身携带手机以方便联络。即使没有手机，也应该确定身旁最近的公用电话以备不时之需。

5. 了解当地文化与法律

一部分安全问题也和留学生对异国文化的适应以及自身的心理适应程度有关。例如，"是否侵犯私人空间"在东西方文化中的定义的差异就不小。因为不了解而产生的误会，可能演变成仇恨甚至变成伤害案件。例如，美国许多州枪支合法化，这是建立在美国高度保护人身安全和私人财产的法制、历史、文化基础上的。很大一部分持枪的美国人都坚持在自己的产业中"生人勿近、违者开枪"。如果不了解美国"持枪"的文化和传统，一点误会可能会引发擦枪走火的流血事件。

6. 洁身自好，远离毒品

留学生新到一个环境，可能被"新鲜事物"冲昏头脑，什么都想尝试。比如，一些国家和地区存在较多毒品交易。甚至在有些国家和地区，大麻等软性毒品是合法的。身处海外的年轻留学生们，因为种种原因更容易受到毒品的诱惑，成为受害者。出国留学，一方面要远离毒品，另一方面要远离校园里吸毒的人，避免惹上不必要的麻烦，危害到自己的人身安全。

测 — 测

1. 盗窃是以（　　）为目的，秘密窃取国家、集体或他人财物的行为。

    A. 合法获取　　　B. 非法占有　　　C. 占有　　　　　　D. 买卖

2. 抢劫罪侵犯的是复杂客体，即（　　）和（　　），而抢夺罪侵犯的仅是财产所有权。

    A. 公私财产所有权，公民人身权　　　B. 财产权，民主权利

    C. 身体权，健康权　　　　　　　　　D. 财产权，健康权

3. 图书馆自习室学习，临时外出，应该（　　）。

    A. 图书馆很安全，不需要做什么

    B. 钱包手机等贵重物品必须随身携带

    C. 用电脑占座位

    D. 对面的同学虽然不认识，但肯定会帮忙看包的

4. 捡到他人财物不归还（　　）。

　　A. 只是道德层面的问题　　　　　　B. 涉嫌违法，拒不归还的可追究法律责任

　　C. 无所谓　　　　　　　　　　　　D. 捡到的就是我的

5. 小孙刚学会玩微信，以下行为正确的是（　　）。

　　A. 朋友给自己发微信索要验证码，小孙欣然答应

　　B. 看到有链接可以通过朋友圈集赞领取奖品，小孙立刻分享

　　C. 有朋友发文字过来说出了车祸要借钱，小孙给其打电话核实

　　D. 看到朋友圈的运势测试，小孙马上把自己的身份证号码输入来算命

6. 如果你换了一个新的手机和号码，出售旧手机前以下方法不合适的是（　　）。

　　A. 解除支付宝等第三方支付平台与旧手机的绑定

　　B. 解除 U 盾、网银与旧手机的绑定

　　C. 把旧手机上的 QQ、微信等软件退出登录即可，不需要卸载

　　D. 将手机恢复出厂设置

7. 程同学在网上订购了机票，这天他突然收到"航空公司客服"发来的短信，称他订购的航班已取消，如需退票或改签请和短信中所留客服电话联系。程同学应该（　　）。

　　A. 按照短信操作　　　　　　　　　B. 拨打官方订票专线核实情况

　　C. 不理会　　　　　　　　　　　　D. 回短信核实

8. 你的微信突然有你的亲戚申请加入，并在微信中向你借钱或者以其他各种理由咨询你的基本情况时，你该（　　）。

　　A. 电话核实，并向自己父母或老师报告

　　B. 汇款给对方

　　C. 要求对方发送近期照片，确定后汇款

　　D. 拒绝汇款

9. 接到一个自称是你老师的电话，对方说："你明天早上到我办公室。"第二天一早，你又接到那位"老师"来电。"我现在在院里开会，你过来一趟，顺便帮我买两个信封。"当你来到院里致电"老师"时，"老师"却说出去办事了。电话还没挂，"老师"接着说，他现在约了上级领导在谈公关课题申请，需要你先打点钱过去。你应该（　　）。

　　A. 直接把钱汇给提供的账号

　　B. 向辅导员或者院系核实情况

　　C. 取出现金直接送给老师

　　D. 自己是学生，先给 100 元敷衍下

10. 接到一个陌生电话，如"021110"电话，对方自称是公安局的民警，说你涉嫌洗黑钱，要你将银行卡上的钱转到安全的账户里，你应（　　）。

　　A. "110"电话是报警电话，要你转账没什么问题

B. 向同学求助

C. 打电话报告学校保卫处或报警

D. 把银行卡的钱先转给别人

参考答案

1. B 2. A 3. B 4. B 5. C 6. C 7. B 8. A 9. B 10. C

第四章 毒品与禁毒篇

鸦片"流毒于天下，则为害甚巨，法当从严。若犹泄泄视之，是使数十年后，中原几无可以御敌之兵，且无可以充饷之银。"

——林则徐

第一节 毒品的概念及其危害

一、毒品的概念

根据《中华人民共和国刑法》（以下简称《刑法》）第三百五十七条规定，毒品是指鸦片、海洛因、甲基苯丙胺（冰毒）、吗啡、大麻、可卡因以及国家规定管制的其他能够使人形成瘾癖的麻醉药品和精神药品。《麻醉药品及精神药品品种目录》中列明了121种麻醉药品和130种精神药品。毒品通常分为麻醉药品和精神药品两大类。其中最常见的主要是麻醉药品类中的大麻类、鸦片类和可卡因类。

视频讲解

从毒品的来源看，可分为天然毒品、半合成毒品和合成毒品三大类。天然毒品是直接从毒品原植物中提取的毒品，如鸦片。半合成毒品是由天然毒品与化学物质合成而得，如海洛因。合成毒品是完全用有机合成的方法制造，如冰毒，又被称为"新型毒品"和"俱乐部毒品"。合成毒品多以化学合成为主，会直接作用于人体中枢神经系统，兴奋、致幻或中枢抑制作用更强，也更易成瘾。

从毒品流行的时间顺序看，可分为传统毒品和新型毒品。传统毒品一般指鸦片、海洛因等阿片类流行较早的毒品。新型毒品是相对传统毒品而言，主要指冰毒、摇头丸等人工化学合成的致幻剂、兴奋剂类毒品。

从毒品对人中枢神经的作用看，可分为抑制剂、兴奋剂和致幻剂等。抑制剂能抑制中枢神经系统，具有镇静和放松作用，如鸦片类。兴奋剂能刺激中枢神经系统，使人产生兴奋，如苯丙胺类。致幻剂能使人产生幻觉，导致自我歪曲和思维分裂，如麦角酸二乙胺。

二、毒品的危害

因毒品而造成的悲剧每时每刻都在发生，更令人不安的是，毒品已将魔爪伸向了校园，特别是合成毒品的滥用及低龄化现象越来越明显。与传统毒品相比，合成毒品对人体的毒害更加隐蔽，由于合成毒品的使用没有明显的生理依赖性，短时间内可以给吸食者带来轻松、愉悦和迷幻感，并且合成毒品常与时尚、享乐、狂欢等符号联系在一起，因此对年轻人具有很强的迷惑性和欺骗性。根据《2017 年中国毒品形势报告》数据显示，2017 年中国毒品滥用人数仍在增多，但同比增幅下降，现有吸毒人数占全国人口总数的 0.18％。尽管治理毒品滥用取得一定成效，但毒品滥用问题总体仍呈蔓延之势，毒品种类、滥用结构发生新变化。虽然 2017 年全国查获的 35 岁以下青少年吸毒人数同比下降 19％，然而，青少年吸毒问题仍不可小觑，我国吸毒人员呈低龄化发展趋势。广东部分地方查处的青少年违法犯罪案件中，因吸毒诱发的案件比例高达 80％。青少年吸食合成毒品问题已经成为我们必须正视的社会问题。

面对毒品犯罪，我国一直坚持主动进攻战略，采取"打击供应"与"遏制需求"并重的策略来控制毒品蔓延。然而，警方的重拳打击，也遭到了这条黑色产业链上一些亡命之徒的剧烈反扑，制毒、贩毒者的凶残狡诈，已经远远超出了人们的想象。死亡的威胁无时不在考验着公安干警打击犯罪分子的勇气和决心。不少缉毒民警在执行抓捕毒贩任务过程中，被毒贩开枪杀害，令人扼腕。毒品不再只是一个简单的法律问题或是经济问题，还是一个复杂的社会问题。与毒品的博弈，不能只靠政府部门的孤军奋战，还需要全社会的合力。

三、大学生如何抵御毒品侵害

目前对于毒品成瘾尚无有效治疗方法。每一个大学生都应提高警惕，加强自我保护，免遭毒品侵袭。

（1）一定不要相信"吸一口不上瘾"的谎言，任何毒品都会让人上瘾，这一点要切记。

（2）坚决拒绝同伴吸毒的邀请：97％以上的人第一次吸毒都是受朋友"邀请"。为了解决毒资，很多吸毒者会采取各种手段引诱他人吸毒。接到这样的邀请时要保持警觉，借故离开，并考虑中止朋友关系。

（3）在娱乐服务场所要提高警惕：在娱乐场所不接受陌生人提供的香烟和饮料，留意易拉罐等饮料是否有被注射的针眼和开封的迹象，离开座位时最好有人看管饮料和食品，避免因误食毒品而上瘾或遭到性侵犯。怀疑场所内有人吸毒时要稳定自己的情绪，不要因惊慌而加重对方的不正常反应，同时及时抽身报警，避免伤害类事件的发生。

（4）警惕一些言谈中提及吸毒术语，如嗑药、嗨吧、溜冰、吸管、打 K、冰枪、散冰等。

（5）不为他人保管、投递、买卖不明物品。近年来，贩毒集团常常采取诱骗和胁迫的方式，利用怀孕和哺乳期妇女、未成年人、残障人员等人群从事贩毒活动。如果被委托保管、投递、买卖的物品是毒品，在没有证据的条件下，有可能在法律上被认定为贩毒者的同谋。

（6）建立健康的生活方式，不要用毒品来满足某种心理需求。学会有规律的生活、合理安排工作和娱乐时间、正确应对压力、保持良好情绪、建立和谐的家庭和社会关系、平衡营养等。

第二节　毒品类型及其辨识

一、传统毒品

1. 罂粟、鸦片

罂粟指催眠性罂粟科的二年生草本植物，其成熟植株高约 1 米，花色艳丽，落花后约半个月果实成熟，呈球状，直径 3～7 厘米不等，"鸦片"即催眠性罂粟科植物的凝结汁。

常见形态：新鲜的鸦片有弹性，有类似氨味，味苦，长时间放置的鸦片呈棕黑色的硬块。

视频讲解

2. 大麻

大麻是一年生植物，其叶和花都属于传统毒品中的一种，使人成瘾成分为 THC（四氢大麻酚），使用大麻会影响记忆力、注意力和学习能力，25 岁以下使用大麻会影响大脑的发育，而越频繁和持久地使用对脑部伤害越大。长期使用也会伤害肺脏，影响精神健康，会造成身体上的依赖或上瘾。

我国自 1985 年加入《国际禁毒公约》以来，对包括大麻在内的管制药品的政策与国际通行做法一致，也早已通过立法的方式明确规定，大麻是毒品的一个种类。《刑法》第三百五十一条明确规定：非法种植罂粟、大麻等毒品原植物的，一律强制铲除。吸食大麻构成违法行为，严重者构成犯罪。吸食成瘾或被公安机关发现吸食、被群众举报吸食被公安机关查获的，经尿样检验为阳性的，送戒毒所实施强戒。

在世界范围内，虽然极个别国家大麻已经所谓"合法化"，但如果在这些国家登机回国前吸食了大麻或食用了含有大麻成分的食品，即使没有携带，下飞机时如被查出吸毒，等同于在国内吸毒，根据不同情况，适用《中华人民共和国治安管理处罚法》和《戒毒条例》。如果携带、行李夹带大麻入境时被中国海关查获，无论数量多少，都属于是"走私"行为，属刑事犯罪，将被追究刑事责任。

常见形态：烟卷状。

3. 吗啡、海洛因

吗啡是从鸦片中分离出来的主要的菲类生物碱，海洛因是以吗啡生物碱作为合成起点得到的半合成毒品，海洛因的致死量为 0.12～0.15 克。

常见形态：灰白色粉末状或压成块状，有少许醋味。

4. 可卡因

可卡因是一种从古柯树叶中提取出来的生物碱，是一种强效的中枢神经兴奋剂。

常见形态：无色晶体或白色结晶性粉末，味苦。

二、合成毒品

1. 冰毒

冰毒是甲基苯丙胺类化学品的俗称，是目前市场上的主流毒品，极易上瘾，且尚无有效药物治疗成瘾。服用冰毒后，会严重伤害肝脏，同时吸食者也会出现幻觉、无法呼吸、知觉丧失及昏迷的症状，严重的会导致呼吸衰竭和猝死。

常见形态：无色透明结晶体，形似冰，所以又名"冰毒"。主要方式为鼻吸或点火吸食烟雾，因为冰毒燃烧会挥发出刺鼻的气味，吸毒者通常会通过一个烟斗形式的玻璃壶或塑料瓶，利用水过滤一部分气味，因此，如果遇到有人让你通过此类装置尝试"吸一口、闻一下"，千万别尝试，这就是冰毒。

> **案例**
>
> ### 女大学生从吸毒到贩毒
>
> 2016年6月，河南周口警方在南洛高速沈丘出口抓获了一个贩毒团伙。毒贩李某和另一名女子张某被当场控制，民警从两人驾驶的车辆上搜出冰毒一千克。然而，让民警吃惊的是，张某年仅24岁，而且还是一名在校大学生。3年前，张某考上大学，从接触各种娱乐场所到流连忘返，该女生的虚荣心也不断膨胀。为了所谓"混圈子"，她在朋友的怂恿下，第一次尝试了毒品。张某说，毒品的诱惑让她难以自拔。她曾经有过两次戒毒的经历，但是，最终还是无法戒掉，最终走上以贩养吸的不归路。

2. 摇头丸、麻古

（1）摇头丸。人工合成毒品的一种，一般指含有亚甲基二氧甲基苯丙胺、亚甲基二氧基苯丙胺、苯丙胺、甲基苯丙胺等成分的片剂和丸剂。服用后主要表现为活动过度、摇头扭腰、嗜舞、妄想、暴力倾向，故俗称为"摇头丸"。

常见形态：片剂，五颜六色，90％的"摇头丸"上都有不同的花纹图案。

（2）麻古。麻古为甲基苯丙胺的片剂，外观与摇头丸相似，又称麻谷、麻果。主要成分是甲基苯丙胺、咖啡因、乙基香兰素。具有兴奋和致幻双重作用。

常见形态：麻古颜色以暗红色为主，闻起来有浓烈的香味。

3. "神仙水"

"神仙水"的成分为γ－羟基丁酸，俗称"G水"，属于中枢神经抑制剂，它曾被用来当作全身麻醉剂，属于我国第一类精神药品，会令服用者失去意识甚至进入幻视、幻听状态。

常见形态：小瓶装液体。

案例

男大学生服用"神仙水"致幻跳楼

2015 年 11 月，云南昆明某小区有人跳楼，民警接警后立即赶至现场，在小区三楼外平台发现一男子躺在地上，已死亡。经查明：死者崔某是某高校在校学生，11 月 22 日许，死者崔某与同学李某在李某住处共同服用了一种名为"神仙水"的药物。据了解，23 日 3 时许，死者崔某出现精神异常情况，未穿衣服跑进电梯，用刀乱切火龙果，经李某劝说后，死者崔某又突然跑到阳台跳楼，李某制止不及，崔某从 29 楼阳台坠楼后死亡。

三、新精神活性物质

1. K 粉

K 粉是氯胺酮分离性麻醉剂的俗称，服用后遇快节奏音乐便会条件反射般强烈扭动，产生意识和感觉的分离状态，导致神经中毒反应和精神分裂症状。

常见形态：白色结晶粉末。

案例

3 名女子在高铁卫生间吸 K 粉

2018 年 8 月，G1726 次列车上，有乘客反映有人频繁使用卫生间，还伴有打火机的声音，民警上车盘查发现其中 3 名女子神色恍惚，经尿检，3 人均显示"K粉"阳性。经审讯，3 人均为 1998 年出生，想通过吸毒"寻求刺激"。

2. "摇脚丸""邮票"

"摇脚丸"成分多为麦角酰二乙胺（LSD），是一种强烈的半人工致幻剂，LSD 能造成使用者 6 到 12 小时的感官、感觉、记忆和自我意识的强烈化与变化。

常见形态：以黑色砂粒状小颗粒方式呈现或以吸水纸的形式出现，每片呈正方形，约 1 平方厘米，形似"邮票"，外形具有迷惑性。

案例

杭州 20 岁大学生卖新型毒品获刑

2018 年 9 月，杭州警方在滨江区某酒店式公寓抓获一名涉嫌贩卖毒品人员张某，从他身上查获 8 张可疑纸片。经禁毒部门鉴定，从纸片里发现了新型毒品 LSD。张某供述，自己因热爱嘻哈音乐，常在社交媒体上追看国外嘻哈歌手发布的内容，一次偶然间看到偶像在使用"邮票"，就想跟上偶像的步伐，于是张某以 300 元一张的价格购买了 5 张"邮票"，再把每张裁开加价卖给他人。案发后，因涉嫌贩卖毒品罪，张某被杭州某法院判处 1 年零 2 个月有期徒刑。

3. "浴盐""除草剂"

"浴盐"的成分多为卡西酮类化学物质，吸食会产生致幻作用，同时还伴有心动过速、血压升高等反应，严重的会导致大脑损伤。

常见形态：以"浴盐""香草的天空""除草剂""光环"等名称伪装，多是粉末和片剂。

4. "蓝精灵"

"蓝精灵"的成分为"氟硝西泮"，属于国家规定管制的第二类精神药品，属于中枢精神抑制类药物，具有镇静、催眠、抗焦虑、抗惊厥等作用。当氟硝西泮和酒精混合使用时，会产生复杂的化学反应，使人神经兴奋，产生幻觉。

常见形态：蓝色片剂，能溶于水，泡在酒水或饮料中时，呈淡蓝色，微苦；吸食者如若含食，舌头会呈蓝色。

> **案例**
>
> #### 广东三男子贩卖"蓝精灵"获刑
>
> 2018年3月至4月，"90后"男子钟某某分别在网吧、KTV等场所，以每粒30～50元的价格多次贩卖毒品"蓝精灵"。2018年12月，广东省始兴县法院以贩卖毒品罪判处钟某某有期徒刑1年2个月，并处罚金。

5. "小树枝""小金丝"

"小金丝"的成分多为合成大麻素类，毒性强于传统大麻数倍，会对人身心造成严重损害。长期吸食会导致心血管系统疾病以及精神错乱，同时也存在致癌的风险。

常见形态："小树枝"是一种咖啡色树枝状的物体，"小金丝"则是一些亮闪闪的细丝，被加入香烟中吸食。

> **案例**
>
> #### 朋友圈贩卖"小树枝"被逮捕
>
> 2019年3月，江阴市人民检察院以涉嫌贩卖毒品罪依法对25岁的朱某批捕。朱某在明知"小树枝"是一种新型毒品的情况下，仍利用微信朋友圈，经其父亲配送，向顾某等6人贩卖"小树枝"30余根。经公安机关鉴定，"小树枝"中均含有AMB-FUBINACA成分，AMB-FUBINACA被明确列入《非药用类麻醉药品和精神药品管制品种增补目录》。

6. 植物类

植物类新精神活性毒品主要包括恰特草（阿拉伯茶）、卡痛叶、鼠尾草等。恰特草原产于非洲及阿拉伯半岛，主要活性成分为卡西酮，具有兴奋和轻微致幻作用；卡痛叶原产于东南亚，主要活性成分为帽柱木碱和 7-羟基帽柱木碱，具有类似吗啡的麻醉作用；鼠尾草原产于墨西哥，主要活性成分为二萜类物质，具有强烈致幻作用。植物类新精神活性毒品一般是咀嚼新鲜叶子，或是捣碎冲泡饮用，干叶子则以抽烟、咀嚼、沏茶等方式吸食。

第三节 常见毒品犯罪及其处罚

一、走私、贩卖、运输、制造毒品罪

《刑法》规定，走私、贩卖、运输、制造毒品，无论数量多少，都应当追究刑事责任，予以刑事处罚，且毒品的数量以查证属实的走私、贩卖、运输、制造、非法持有毒品的数量计算，不以纯度折算。走私、贩卖、运输、制造毒品的数量与法律后果如表 4-1 所示。

表 4-1　走私、贩卖、运输、制造毒品数量与法律后果

数量	法律后果
鸦片 1 千克以上、海洛因或者甲基苯丙胺 50 克以上或者其他毒品数量大的	处 15 年有期徒刑、无期徒刑或者死刑，并处没收财产
鸦片 200 克以上不满 1 千克、海洛因或者甲基苯丙胺 10 克以上不满 50 克或者其他毒品数量较大	7 年以上有期徒刑，并处罚金
鸦片不满 200 克、海洛因或者甲基苯丙胺不满 10 克或者其他少量毒品	处 3 年以下有期徒刑、拘役或者管制，并处罚金；情节严重的，处 3 年以上 7 年以下有期徒刑，并处罚金

此外，根据最高人民法院《关于审理毒品案件定罪、量刑标准有关问题的解释》"其他毒品数量大"指：苯丙胺类毒品（甲基苯丙胺除外）100 克以上；大麻油 5000 克、大麻脂 10 000 克、大麻叶及大麻烟 150 000 克以上；可卡因 50 克以上；吗啡 100 克以上；哌替啶 50 克以上；盐酸二氢埃托啡 10 毫克以上；咖啡因 200 000 克以上；罂粟壳 200 000 克

视频讲解

以上；上述毒品以外的其他毒品数量大的，都有可能被判处十五年有期徒刑、无期徒刑或者死刑。

《全国部分法院审理毒品犯罪案件工作座谈会纪要》规定，制造毒品不仅包括非法用毒品原植物直接提炼和用化学方法加工、配制毒品的行为，也包括以改变毒品成分和效用为目的，用混合等物理方法加工、配制毒品的行为。分装毒品也是毒品制造的一个环节，司法实践中被认为也是制造毒品。

居间介绍者受贩毒者委托，为其介绍联络购毒者的，与贩毒者构成贩卖毒品罪的共同犯罪。此外，只要在运输中发现毒品，达到"数量较大"的标准，不论吸毒者还

是不吸毒者，一般都以运输毒品罪论处。

二、非法持有毒品罪

非法持有毒品罪，是指非法持有毒品的行为，非法持有鸦片 200 克以上、海洛因或者甲基苯丙胺 10 克以上或者其他毒品数量较大的，应当负刑事责任，最高可处七年以上有期徒刑或者无期徒刑。为他人代购仅用于吸食的毒品，毒品数量超过《刑法》规定的上述最低数量标准的，对托购者、代购者应以非法持有毒品罪定罪。收取"介绍费""劳务费"，视为从中牟利，属于变相加价贩卖毒品，以贩卖毒品罪定罪处罚。

三、包庇毒品犯罪分子罪；窝藏、转移、隐瞒毒品、毒赃罪

这是为犯罪分子窝藏、转移、隐瞒毒品或者犯罪所得的财物的，处三年以下有期徒刑、拘役或者管制；情节严重的，处三年以上十年以下有期徒刑。被包庇的毒品犯罪分子如果依法应当判处十五年有期徒刑以上刑罚的，包庇者即属"情节严重"。

三、引诱、教唆、欺骗他人吸毒罪

这是指以引诱、教唆、欺骗的方法，促使他人吸食、注射毒品的行为。犯本罪的，处三年以下有期徒刑、拘役或者管制，并处罚金；情节严重的，处三年以上七年以下有期徒刑，并处罚金。引诱、教唆、欺骗未成年人吸食、注射毒品的，从重处罚。此外，根据司法实践，在食品中掺入罂粟壳的，以欺骗他人吸毒罪处理。

测一测

1. 1987 年，第 42 届联合国大会通过决议，将每年的（　　）定为国际禁毒日。
   A. 6 月 26 日　　　　B. 5 月 26 日　　　　C. 4 月 26 日　　　　D. 3 月 15 日

2. 冰毒，即（　　），外观为纯白结晶体，被吸、贩毒人员俗称为"冰"。
   A. 甲基苯丙胺　　　　　　　　　　B. 二乙酰吗啡
   C. 用冰制造的毒品　　　　　　　　D. 冰状的毒药

3. "摇头丸"是苯丙胺类的衍生物，是亚甲基二氧甲基苯丙胺的片剂，属中枢神经（　　），是我国规定管制的精神药品。
   A. 麻醉剂　　　B. 兴奋剂　　　C. 抑制剂　　　D. 以上答案都不正确

4. 鸦片，又叫阿片，俗称大烟，源于（　　）蒴果，其所含主要生物碱是吗啡。
   A. 罂粟植物　　　B. 大麻植物　　　C. 古柯植物　　　D. 麻黄草

5. 以下不属于天然类毒品的是（　　）。
   A. 鸦片　　　B. 大麻　　　C. 古柯　　　D. 甲基苯丙胺

6. "罂粟壳中吗啡含量较鸦片小，目前没有被列入麻醉药品管理的范围予以管制，

可以当火锅调料"，这句话是（　　）。

    A. 对的　　　　　　B. 错的

7. 毒瘾，是指人的心理和生理对毒品产生的强烈（　　）。

    A. 刺激感　　　　B. 依赖性　　　　C. 致幻感　　　　D. 麻醉感

8. 凡走私、贩卖、运输、制造毒品，无论数量多少，都应追究（　　）责任。

    A. 刑事　　　　　B. 行政　　　　　C. 民事　　　　　D. 经济

9. 《刑法》规定，对已满 14 周岁不满 16 周岁的人，犯贩卖毒品罪的，应当（　　）。

    A. 负刑事责任　　　　　　　　B. 从轻或减轻处罚

    C. 不予刑事处罚　　　　　　　D. 必要时，可以由政府收容教养

10. 关于毒品犯罪，下列选项不正确的有（　　）。

    A. 甲容留未成年人吸食、注射毒品，构成容留他人吸毒罪

    B. 乙随身携带藏有毒品的行李入关，被现场查获，构成走私毒品罪既遂

    C. 丙乘广州至北京的火车运输毒品，快到武汉时被查获，构成运输毒品罪既遂

    D. 向他人出售摇头丸并不构成犯罪，因为这类毒品不容易上瘾。

参考答案

1. A　2. A　3. B　4. A　5. D　6. B　7. B　8. A　9. A　10. D

第五章　网络安全篇

没有网络安全就没有国家安全，没有信息化就没有现代化。

——习近平

第一节　网络安全的概念与基本原则

过去 20 年来，互联网和更广泛意义上的网络空间已经对社会的各个环节产生了重大影响。我们的日常生活、基本权利、社会交往和经济活动都依赖于无缝连接的信息和通信技术。开放和自由的网络空间促进了全球政治和社会的参与度；它打破了国家、社区和公民之间的樊篱，使全球范围内的信息、思路的互动和分享成为可能；它提供了一个自由表达和行使基本权利的平台，提高了人们对于民主和更公正社会的要求能力。

视频讲解

近年来，数字革命在带来巨大好处的同时，也带来了诸多问题。网络罪犯使用更加复杂的技术侵入信息系统，盗取关键数据或劫持公司网站进行勒索。网络空间经济间谍活动和国家支持活动的增加对各国政府、公司、个人构成了新的安全威胁。

2007 年春，一场规模空前的黑客攻击重创了爱沙尼亚的互联网系统，甚至对其国家安全构成了现实威胁，被视为第一场国家层次的网络战争。2007 年 5 月 8 日晚 11 点，爱沙尼亚网络的数据包流量突然飙增 200 倍，全球 100 万部计算机突然开始登入爱沙尼亚不同的网站，令其整个国家的带宽出现沉重负荷。在这一连串的攻击浪潮中，先是各大新闻媒体网站遭到攻击，之后是学校，最后蔓延至银行系统，该国外交部和司法部等部门网站也相继瘫痪。爱沙尼亚政府为了终结这次网络攻击，不得不采取了切断互联网这样的极端做法。而这次事件也敲响了网络安全的警钟，世界各国此后纷纷发布了国家网络安全战略，大幅加强了网络安全措施。

具体到国内，网络安全形势也依然不容乐观。根据 2017 年 5 月上海社会科学院互联网研究中心发布的《大数据安全风险与对策研究报告》显示，随着数据资源商业价值凸显，针对数据的攻击、窃取、滥用和劫持等活动持续泛滥，并呈现出产业化、高科技化和跨国化等特性，这对国家和数据生态治理水平，以及组织的数据安全能力都提出了全新挑战。

近年来，针对我国公民个人信息的窃取和交易已经形成了庞大黑色产业链，遭遇泄露的个人数据致使电信诈骗、金融盗窃等一系列犯罪活动日益"精准化""智能化"，对社会公众的财产和人身安全构成严峻威胁。

一、网络安全的概念

网络安全是指网络系统的硬件、软件及数据能够受到保护，不会由于故意或过失的原因而遭到破坏、更改、泄露等意外的发生，保证系统能够连续、可靠、正常地运行，网络服务不中断。网络安全主要包括网络实体安全、软件安全、数据安全和运行安全四个方面。

1. 网络实体安全

实体安全包括硬件、存储介质和外部环境的安全。硬件主要是指网络中的各种设备和通信线路，如电缆、主机、工作站、服务器、交换机、路由器等；存储介质包括磁盘、光盘等；外部环境则主要指计算机设备的安装场地、供电系统及设施的安全标准。保障网络实体安全，就是要保护这些硬件设施能够正常工作而不被损害。

2. 网络软件安全

软件安全是指网络软件以及各个主机、服务器、工作站等设备所运行的软件安全。保障软件安全，就是保护网络系统不被非法侵入，系统软件与应用软件不被非法复制、篡改，不受病毒的侵害等。

3. 网络数据安全

数据安全是指网络中所存储和传输数据的安全，主要体现在数据的隐蔽性和防篡改的能力上。保障网络数据安全，就是保护网络中的数据不被非法存取，保证其完整一致等。它是保障网络安全的最根本目的。

4. 网络运行安全

运行安全指网络中的各个信息系统能够正常运行并能正常地通过网络交流信息。保障运行安全，就是通过对网络系统中的各种设备运行状况进行监测，发现不安全因素时，及时报警，通过采取计算机安全技术，建立安全管理制度，开展安全审计，进行风险分析等措施，消除不安全状态以保障网络系统的正常运行。

二、网络安全的基本原则

在爱沙尼亚事件之前，各类机构通常都以较独立的方式来应对各种风险。网络安全仅仅是单独的应急方案的统称，同更系统化的风险没有任何关系。现有的防御协调包含开发统一标准的解决方式，而不是协调行动的能力。自 2007 年起，联合国、北约、欧盟和其他国际组织纷纷引入了新的网络安全政策，内容涉及数据保护、电子商务、电子通信和信息准入、刑事责任等方面，并逐步形成了若干网络安全基本原则。

1. 领土原则

领土原则即一国领土内的信息基础设施应受该国领土主权管辖。各国政府都可以对坐落在其境内的信息设施行使有效的控制，比如保证记录的有效和质量，保持对电子交换服务提供商的监控，理解管辖范围内存在的威胁以及自身应对各类事件的能力，平衡信息社会发展和国家安全利益等。

2. 责任原则

网络攻击发起自一国境内的信息系统即为该事件归属的证据。

3. 信息保护原则

网络数据的信息基础设施应被视为是个人的，除非法律另有规定。

4. 授权原则

一个机构对数据和信息进行管理的能力来自于用户对它的授权。

5. 合作原则

网络空间安全仅仅依靠政府单一主体是无法实现的，需要政府、企业、社会组织、技术社群和公民等网络利益相关者的共同参与。

6. 犯罪行为原则

各国都有责任将最常见的网络攻击行为纳入刑法。在《刑法》中，根据罪刑法定原则，网络攻击已经被定义为只有在这些行为构成刑事犯罪时才能被调查和起诉。

7. 信息披露原则

公众有权了解自身在生活、安全和福利方面遭遇的网络威胁。信息的持有者有义务向生活、健康和财产受到威胁的个人披露已掌握的信息。

8. 预警原则

互联网服务商有义务通知潜在受害者关于已知的、将会发生的网络攻击。

9. 注意责任原则

人人都有责任对自己的信息基础设施采取合理的安全措施。注意责任的概念在法律中的很多方面都沿用已久：个人有义务保护自己处理的信息、来自信息保护法律框架的尽责义务、信息—社会服务、客户保护等等。

10. 自我防卫原则

人人都有权利自我防卫。自我防卫的概念在刑法和国际法中均有涉及。原则上来说，根据行动的合适性和必要性，每个人都有自我防卫的权利。在《刑法》中，如果受害人有理由相信自己将会遭受非法势力的侵犯，则其在自我防卫中采取的在正常情况属于违法的行动将不用承担任何法律责任。这并不是说每次网络"还击"都是合法的，这应该是最后的选择。

第二节　网络安全法律体系

当今世界，信息技术革命日新月异，对国际政治、经济、文化、社会、军事等领域发展产生了深刻影响。信息化和经济全球化相互促进，互联网已经融入社会生活方方面面，深刻改变了人们的生产和生活方式。我国正处在这个大潮之中，受到的影响越来越深。我国互联网和信息化工作取得了显著发展成就，网络走入千家万户，网民数量世界第一，我国已成为网络大国，但整体社会的网络安全意识不强。通过国家顶层设计，有法可依，依法治理网络；企业依法经营网络，按序管理网络；个人依法上网，加强自我防范意识。国家、企业和个人应共同努力来构建良好的网络安全生态环境。

视频讲解

2014 年，习近平在中央网络安全和信息化领导小组会议上曾强调，"没有网络安全就没有国家安全，没有信息化就没有现代化"。2015 年 6 月，第十二届全国人民代表大会常务委员会第十五次会议初次审议了《中华人民共和国网络安全法（草案）》（以下简称《网络安全法》），并于 2016 年 11 月 7 日第十二届全国人民代表大会常务委员会第二十四次会议通过，已于 2017 年 6 月 1 日起施行。

《网络安全法》是我国第一部网络安全领域的法律，是保障网络安全的基本法。《网络安全法》不是网络安全立法的终点，相反，是网络安全立法的起点。与《网络安全法》相关的法律有《中华人民共和国国家安全法》《中华人民共和国保密法》《中华人民共和国反恐怖主义法》《中华人民共和国反间谍法》《中华人民共和国刑法修正案》（九）《中华人民共和国治安管理处罚法》《中华人民共和国电子签名法》等。这些法律与网络安全法不是上位法和下位法的关系，同属同一法律位阶。《网络安全法》是我国网络安全管理的基础法律，与其他相关法律在相关条款和规定上互相衔接，互为呼应，共同构成了我国网络安全管理的综合法律体系。

一、明确网络空间主权

《网络安全法》第一条"立法目的"开宗明义，明确规定要维护我国网络空间主权。网络空间主权是一国国家主权在网络空间中的自然延伸和表现。《联合国宪章》确立的主权平等原则是当代国际关系的基本准则，覆盖国与国交往各个领域，其原则和精神也应该适用于网络空间。各国自主选择网络发展道路、网络管理模式、互联网公共政策和平等参与国际网络空间治理的权利应当得到尊重。《网络安全法》适用于我国境内网络以及网络安全的监督管理。这是我国网络空间主权对内最高管辖权的具体体现。

二、个人信息安全保护

根据中国互联网协会发布的《2016 中国网民权益保护调查报告》，84％的网民曾亲身感受到由于个人信息泄露带来的不良影响。从 2015 年下半年到 2016 年上半年的一年间，我国网民因垃圾信息、诈骗信息、个人信息泄露等遭受的经济损失高达 915 亿元。

《网络安全法》规定：网络产品、服务具有收集用户信息功能的，其提供者应当向用户明示并取得同意；网络运营者不得泄露、篡改、毁损其收集的个人信息；任何个人和组织不得窃取或者以其他非法方式获取个人信息，不得非法出售或者非法向他人提供个人信息，并规定了相应的法律责任。

三、打击网络诈骗

个人信息的泄露是网络诈骗泛滥的重要原因。诈骗分子通过非法手段获取个人信息，包括姓名、电话、家庭住址等详细信息后，再实施精准诈骗，令人防不胜防。2017 年 1 月 16 日，由公安机关与专业统计数据网站联合发布《2016 年网络诈骗趋势研究报告》显示，2016 年网络诈骗对受害者造成的人均损失达到 9471 元。

《网络安全法》规定：任何个人和组织不得设立用于实施诈骗，传授犯罪方法，制作或者销售违禁物品、管制物品等违法犯罪活动的网站、通信群组，不得利用网络发布与实施诈骗，制作或者销售违禁物品、管制物品以及其他违法犯罪活动的信息。

四、以法律形式明确"网络实名制"

"垃圾评论"充斥论坛，"一言不合"就恶意辱骂，更有甚者"唯恐天下不乱"传播制造谣言……一段时间以来，这些乱象充斥着虚拟的网络空间。

《网络安全法》规定：网络运营者为用户办理网络接入、域名注册服务，办理固定电话、移动电话等入网手续，或者为用户提供信息发布、即时通信等服务，应当要求用户提供真实身份信息。用户不提供真实身份信息的，网络运营者不得为其提供相关服务。

五、净化网络环境，剔除不良信息

中国互联网络信息中心（CNNIC）的调查显示，未成年人主要访问的大型商业综合性网站，访问权限、浏览内容与成年人毫无差别。几乎所有人都接触过网络暴力信息、不雅图片、广告等不良信息的骚扰。55％的人在遇到这些信息时会选择退出网页、不告诉任何人，初中和小学学生会向父母求助。96％的未成年人认同对网络暴力等不良信息采取预防措施。

《网络安全法》规定：任何个人和组织使用网络应当遵守宪法法律，遵守公共秩序，尊重社会公德，不得危害网络安全，不得利用网络从事危害国家安全、荣誉和利益，煽动颠覆国家政权、推翻社会主义制度，煽动分裂国家、破坏国家统一，宣扬恐怖主义、极端主义，宣扬民族仇恨、民族歧视，传播暴力、淫秽色情信息，编造、传播虚假信息扰乱经济秩序和社会秩序，以及侵害他人名誉、隐私、知识产权和其他合法权益等活动。

六、个人和组织有权对危害网络安全的行为进行举报

《网络安全法》规定：任何个人和组织有权对危害网络安全的行为向网信、电信、公安等部门举报。收到举报的部门应当及时依法做出处理；不属于本部门职责的，应当及时移送有权处理的部门。《网络安全法》明确了公民对危害网络安全行为的举报权利，政府部门受理、处置公民举报的责任，保障了公民通过网络举报参与网络空间治理的有效性。

七、培养更多网络安全人才

随着互联网的快速发展，网络安全人才供不应求，据估计，全国网络安全人才缺口在 100 万人左右。

《网络安全法》规定：国家支持企业和高等学校、职业学校等教育培训机构开展网络安全相关教育与培训，采取多种方式培养网络安全人才，促进网络安全人才交流。

八、重大突发事件可采取"网络通信管制"

现实社会中，出现重大突发事件，为确保应急处置、维护国家和公众安全，有关部门往往会采取交通管制等措施，网络空间也不例外。

《网络安全法》规定：因维护国家安全和社会公共秩序，处置重大突发社会安全事件的需要，经国务院决定或者批准，可以在特定区域对网络通信采取限制等临时措施。例如在暴恐事件中，恐怖分子越来越多地通过网络进行组织、策划、勾连活动，这个时候可能就要对网络通信进行管制。但是这种管制影响是比较大的，因此《网络安全法》规定实施临时网络管制要经过国务院决定或者批准。

第三节　网络安全个人防护

保护个人信息安全任重道远，在政府、企业合力强化管理、技术的同时，用户也要提升保护个人隐私的意识，加强个人信息安全防护。

一、大学生上网聊天交友应注意的问题

在网络这个虚拟世界里，一个现实的人可以以多种身份出现，也可

视频讲解

以多种不同的面貌出现，善良与丑恶往往结伴而行。由于受到沟通方式的限制，人与人之间缺乏真切的交流，唯一交流的方式就是电子文字，而这些往往会掩盖了一个人原本应显现出来的素质，为一些居心叵测者提供了可乘之机。因此，大学生在互联网上聊天交友时，必须把握慎重的原则，不要轻易相信他人。

（1）在网络上交友时，尽量避免使用真实的姓名，不轻易告诉对方自己的电话号码、住址等有关个人的真实信息。

（2）不轻易与网友见面，许多大学生与网友沟通一段时间后，感情迅速升温，不但交换真实姓名、电话号码，而且还有一种强烈见面的欲望。

（3）与网友见面时，要有自己信任的同学或朋友陪伴，尽量不要一个人赴约。约会的地点尽量选择在公共场所等人员较多的地方，尽量选择在白天，不要选择偏僻、隐蔽的场所，否则一旦发生危险情况时得不到他人的帮助。

（4）在使用即时通信工具聊天时，不要轻易点击来历不明的网址链接或来历不明的文件，往往这些链接或文件会携带聊天室炸弹、逻辑炸弹，或带有攻击性质的黑客软件，造成强行关闭软件、系统崩溃或被植入木马程式。

（5）警惕网络色情聊天，反动宣传。网络里汇聚了各类人群，其中不乏好色之徒。他们一般言语间充满挑逗，或在聊天群散布色情网站的链接，换取高频点击率，会对大学生的身心造成伤害。也有一些组织或个人利用聊天群进行反动宣传、拉拢、腐蚀，这些都应引起大学生们的警惕。

二、大学生在浏览网页时应注意的问题

浏览网页是上网时做得最多的一件事，通过对各个网站的浏览，可以掌握大量的信息，丰富自己的知识，但同时也会遇到一些尴尬的情况。

（1）在浏览网页时，尽量选择合法网站。互联网上的各种网站数以亿计，网页的内容五花八门，绝大部分内容是健康的，但许多非法网站为达到其自身的目的，不择手段，利用人们好奇、歪曲的心理，放置一些不健康，甚至是反动的内容。合法网站则在内容的安排和设置上大都是健康的、有益的。

（2）不要浏览色情网站。大多数的国家都把色情网站列为非法网站。这类网站是我国扫黄打非的对象。浏览色情网站会给自己的身心健康造成伤害，长此以往还会导致走向性犯罪的道路。

（3）浏览 BBS 等虚拟社区时，有些人喜欢在网上发表言论。有的人喜欢发表一些带有攻击性的言论，或者反动、迷信的内容；有的人会在网上替人打抱不平，这些行为都容易造成自己 IP 地址的泄露，受到他人的攻击，更主要的是稍不注意会触犯法律。

三、大学生在进行网络购物时应注意的问题

随着信息技术的发展，电子商务进入人们的日常生活，人们对网络的依赖性正在逐渐增强。网络购物已成为一种时尚，但也有人在网上购买的刻录机收到的却是乌龙茶。因此在进行网上购物时应注意如下五个方面的问题。

（1）选择合法的、信誉度较高的网站交易。网上购物时必须对该网站的信誉度、安全性、付款方式，特别是以信用卡付费的保密性进行核查，防止个人账号、密码遗失或被盗，给自己造成不必要的损失。

（2）一些虚拟社区、BBS 里面的销售广告，只能作为一个参考。特别是进行二手货物交易时更要谨慎，不可贪图小便宜。

（3）避免与未提供足以辨识和确认身份资料（缺少登记名称、负责人名称、地址、电话）之电子商店进行交易。

（4）若网上商店所提供的商品与市价相距甚远或明显不合理时，要小心求证，切勿贸然购买，谨防上当受骗。

（5）消费者进行网上交易时，应打印出交易内容与订单号码，或将其存入电脑妥善保存。

四、避免遭遇网络陷阱的方法

在网络这个虚拟世界里，一些网站或个人为达到某种目的，往往会不择手段，套取网民的个人资料，甚至是银行账号、密码以达到个人目的。

（1）不要轻易相信互联网上中奖之类的信息，某些不法网站或个人利用一些人贪图小便宜的心理，常常通过向网民公布一些诸如 QQ 号码中奖、手机号码中奖等方式，然后通过要求中奖人邮寄汇费、提供信用卡号或个人资料等方式，套取个人钱物、资料等。

（2）不要轻易相信互联网上来历不明的测试个人情商、智商、交友之类的测试软件，这类软件大多要求提供个人真实的资料，往往这就是一个网络陷阱。

（3）不要轻易将自己的电话号码、手机号码在网上注册，一些网民在注册成功后，不但要缴纳高额的电话费，而且会受到一些来历不明的电话、信息的骚扰。

（4）不要轻易相信网上公布的快速致富的窍门，"天下没有免费的午餐"，一旦相信这些信息，绝大部分都会赔钱，甚至血本无归。

五、增强法律意识，预防网络犯罪和利用网络犯罪的方法

网络在为人们带来巨大便利的同时，一些不法分子也看准了这一点，利用网络频频作案，近些年来，网上犯罪不断增长。一位精通网络的社会学家说："互联网是一个自由且身份隐蔽的地方，网络犯罪的隐秘性非一般犯罪可比，而人类一旦冲破了某种束缚，其行为可能近乎疯狂，潜伏于人心深处的邪恶念头便会无拘无束地发泄。"一些大学生朋友学习一些计算机知识后，急于寻找显示自己才华的场所，会在互联网上显一显身手，寻找一些网站的安全漏洞进行攻击，肆意浏览网站内部资料、删改网页内容，在有意无意之间触犯了法律，追悔莫及。也有的同学依仗自己技术水平高人一等，利用高科技的互联网络从事违法活动，最终走上一条不归路。

（1）正确使用互联网技术，不要随意攻击各类网站，一则这样会触犯相关的法律，二则可能会引火上身，被他人反跟踪、恶意破坏、报复、得不偿失。

（2）不要存在侥幸心理，自以为技术手段如何高明。互联网技术博大精深，作为一名大学生更要时刻保持谦虚的态度，不在互联网上炫耀自己或利用互联网实施犯罪活动。

六、预防"黑客"攻击的常见办法

（1）要使用正版防病毒软件并且定期将其升级更新，这样可以防"黑客"程序侵入电脑系统。

（2）如果你使用数字用户专线或是电缆调制解调器连接因特网，就要安装防火墙软件，监视数据流动。要尽量选用最先进的防火墙软件。

（3）别按常规思维设置网络密码，要使用由数字、字母和汉字混排而成，令"黑客"难以破译的口令密码。另外，要经常性地变换自己的口令密码。

（4）对不同的网站和程序，要使用不同的口令密码，不要图省事使用统一密码，

以防止被"黑客"破译后产生"多米诺骨牌"效应。

（5）对来路不明的电子邮件或亲友电子邮件的附件或邮件列表要保持警惕，不要一收到就马上打开。要首先用杀病毒软件查杀，确定无病毒和"黑客"程序后再打开。

（6）要尽量使用最新版本的互联网浏览器软件、电子邮件软件和其他相关软件。

（7）下载软件要去声誉好的专业网站，既安全又能保证较快速度，不要去资质不清楚的网站下载软件。

（8）少蹭公共 Wi-Fi，尽量不要使用陌生 Wi-Fi。

（9）只向有安全保证的网站发送个人信用卡资料，注意寻找浏览器底部显示的挂锁图标或钥匙形图标。

（10）要注意确认你要登录的网站地址，注意输入的字母和标点符号的绝对正确，防止误入网上歧途，落入网络陷阱。

（11）云端储存要注意隐私，不要将带有个人敏感的照片传上去，以免泄露被他人利用。

测 一 测

1. 计算机病毒是一种破坏计算机功能或者毁坏计算机中所存储数据的（　　）。
   A. 程序代码　　　　　B. 微生物病菌　　　　　C. 计算机专家
2. 通常意义上的网络黑客是指通过互联网利用非正常手段（　　）。
   A. 上网的人
   B. 入侵他人计算机系统的人
   C. 在网络上行骗的人
3. 木马程序一般是指潜藏在用户电脑中带有恶意性质的，利用（　　）可以在用户不知情的情况下窃取用户联网电脑上的重要数据信息。
   A. 远程控制软件
   B. 计算机操作系统
   C. 木头做的马
4. 网络蠕虫一般指利用计算机系统漏洞，通过互联网传播扩散的一类病毒程序，为了防止受到网络蠕虫的侵害，应当注意对（　　）进行升级更新。
   A. 计算机操作系统
   B. 计算机硬件
   C. 文字处理软件
5. 为了有效抵御网络黑客攻击，可以采用（　　）作为安全防御措施。
   A. 绿色上网软件
   B. 防病毒软件
   C. 防火墙

6. 为了防止各种各样的病毒对计算机系统造成危害,可以在计算机上安装防病毒软件,并注意及时（　　　）,以保证能防止和查杀新近出现的病毒。

   A. 升级　　　　　　　B. 分析　　　　　　　C. 检查

7. 《中华人民共和国电信条例》规定,在公共信息服务中,电信业务经营者发现电信网络中传输的信息明显包含违法内容时,应当立即保存有关记录并（　　　）,并向国家有关机关报告。

   A. 停止传输　　　　　B. 中断网络　　　　　C. 跟踪调查

8. 《互联网信息服务管理办法》规定,互联网信息服务提供者（网站）不得制作、复制、发布、传播迷信、赌博、暴力、恐怖（　　　）等违法有害信息。

   A. 淫秽色情　　　　　B. 商业广告　　　　　C. 新闻信息

9. 按照《互联网信息服务管理办法》,从事经营性互联网信息服务,除应当符合《中华人民共和国电信条例》规定的要求外,还应当有健全的（　　　）保障措施。

   A. 防火安全　　　　　B. 保安　　　　　　　C. 网络与信息安全

10. 《非经营性互联网信息服务备案管理办法》规定,互联网接入服务提供者（ISP）不得为未经备案的组织或个人从事非经营性互联网信息服务提供（　　　）。

    A. 电子邮件服务　　　B. 互联网接入服务　　C. 代为备案服务

参考答案

1. A　2. B　3. A　4. A　5. C　6. A　7. A　8. A　9. C　10. B

第六章　心理安全篇

向外看的人是在梦中；向内看的人是清醒的人。
——（瑞士）心理学家：卡尔荣格

大学阶段是青年人生发展的关键时期，大学生作为我国文化层次较高的年轻群体，他们富于理性、激情，更富于创造性和挑战性。但是面对瞬息万变的社会、日趋激烈的竞争以及来自学习、专业、就业、经济和情感等诸多方面的问题，他们往往不知所措，容易产生各种不定的心理反应。大学生的心理健康状况直接影响着个人的成长、成才和家庭的幸福，也关联着校园的安全、稳定与和谐。近年来，许多学者采取各种方法对大学生的心理健康状况进行调查研究，结果表明，我国当代大学生的心理健康状况并不尽如人意，而且有相当数量的在校学生存在不同程度的心理健康问题，有的甚至已经出现了非常严重的心理障碍。

第一节　认识心理健康

一、心理健康的概念和标准

心理学提出，心理健康是指一种持续且积极发展的心理状态，在这种状态下，主体能做出良好的适应，并且充分发挥其身心潜能。通俗地讲，心理健康就是精神、活动正常，心理素质好，既能过着平平淡淡的日子，也能经受各种打击。其实心理健康也有属于自己的一套准则。很多人都觉得，心理这个东西太玄妙，没有什么可以参照的物体，其实美

视频讲解

国心理学家马斯洛和米特尔曼已经提出了心理健康十条标准，被公认为是"最经典的标准"。

1. 充分的安全感

安全感需要多层次的环境条件，如社会环境、自然环境、工作环境、家庭环境等，其中家庭环境对安全感的影响最为重要。家是躲避风浪的港湾，有了家才会有安全感。

2. 充分地了解自己

就是指能够客观分析自己的能力，并做出恰如其分的判断。能否对自己的能力做出客观正确的判断，对自身的情绪有很大的影响。如过高地估计自己的能力，勉强去做超过自己能力的事情，常常会得不到想象中的预期结果，而使自己的精神遭受失败的打击；过低地估计自己的能力，自我评价过低，缺乏自信心，常常会产生抑郁情绪。

3. 生活目标切合实际

根据自己的经济能力、家庭条件及相应的社会环境来制定生活目标。生活目标的制定既要符合实际，还要留有余地，不要超出自己及家庭经济能力的范围。道家的创始人老子曰："乐莫大于无忧，富莫大于知足。"

4. 与外界环境保持接触

这样一方面可以丰富自己的精神生活，另一方面可以及时调整自己的行为，以便更好地适应环境。与外界环境保持接触包括三个方面，即与自然、社会和人的接触。

5. 保持个性的完整与和谐

个性中的能力、兴趣、性格与气质等各个心理特征必须和谐而统一，生活中才能体验出幸福感和满足感。例如一个人的能力很强，但对其所从事的工作无兴趣，也不适合他的性格，所以他未必能够体验成功感和满足感；如果他对自己的工作感兴趣，但能力很差，力不从心，也会感到很烦恼。

6. 具有一定的学习能力

在现代社会中，为了适应新的生活方式，就必须不断学习。比如，不学习电脑就体会不到上网的乐趣；不学健康新观念就会使生活仍停留在吃饱穿暖的水平上。

7. 保持良好的人际关系

人际关系的形成包括认知、情感、行为三个方面的心理因素。情感方面的联系是人际关系的主要特征。在人际关系中，有正性积极的关系，也有负性消极的关系，而人际关系的协调与否，对人的心理健康有很大的影响。

8. 能适度地表达与控制自己的情绪

对不愉快的情绪必须给予释放或宣泄，但不能发泄过分，否则，既影响自己的生活又加剧了人际矛盾。另外，客观事物不是决定情绪的主要因素，情绪是通过人们对事物的评价而产生的，不同的评价结果会引起不同的情绪反应。

9. 有限度地发挥自己的才能与兴趣爱好

一个人的才能与兴趣爱好应该对自己有利，对家庭有利，对社会有利。否则若只顾发挥自己的才能和兴趣，而损害了他人或团体的利益，就会引起人际纠纷，而增添不必要的烦恼。

10. 基本需求得到满足

在不违背社会道德规范的情况下，个人的基本需要应得到一定程度的满足。当个人的需求能够得到满足时，就会产生愉快感和幸福感。但人的需求往往是无止境的，在法律与道德的规范下，满足个人适当的需求为最佳的选择。

二、心理健康的表现特征

在实践中，大学生心理健康应从以下几个方面把握。

1. 智力正常

这是大学生学习、生活与工作的基本心理条件，也是适应周围环境变化所必需的心理保证，因此衡量时，关键在于是否正常地、充分地发挥了效能：即有强烈的求知欲，乐于学习，能够积极参与学习活动。

2. 情绪健康

其标志是情绪稳定和心情愉快。包括的内容有，愉快情绪多于负性情绪，乐观开朗，富有朝气，对生活充满希望；情绪较稳定，善于控制与调节自己的情绪，既能克制又能合理宣泄；情绪反应与环境相适应。

3. 意志健全

意志是人在完成一种有目的的活动时，所进行的选择、决定与执行的心理过程。意志健全者在行动的自觉性、果断性、顽强性和自制力等方面都表现出较高的水平。意志健全的大学生在各种活动中都有自觉的目的性，能适时地做出决定并运用有准备的方式解决所遇到的问题。在困难和挫折面前，能采取合理的反应方式，能在行动中控制情绪，而不是盲目行动、畏惧困难。

4. 人格完整

人格指的是个体比较稳定的心理特征的总和。人格完善就是指有健全统一的人格，即个人的所想、所说、所做都是协调一致的；是人格结构的各要素完整统一；具有正确的自我意识，不产生自我同一性混乱，以积极进取的人生观作为人格的核心，并以此为中心把自己的需要、目标和行动统一起来。

5. 自我评价正确

正确的自我评价乃是大学生心理健康的重要条件，大学生应自我观察、自我认定、自我判断和自我评价，做到自知，恰如其分地认识自己，摆正自己的位置，既不以自己在某些方面高于别人而自傲，也不以某些方面低于别人而自惭。人应能够自我悦纳，喜欢自己，接受自己，自尊、自强、自制、自爱，正视现实，积极进取。

6. 人际关系和谐

良好而深厚的人际关系，是事业成功与生活幸福的前提。其表现为：乐于与人交往，既有广泛而深厚的人际关系，又有知心朋友；在交往中保持独立而完整的人格，有自知之明，不卑不亢；能客观评价别人和自己，善取人之长补己之短，宽以待人，乐于助人。

三、心理健康的常见误区

1. 身体健康就是心理健康

这是对心理健康的典型误解之一，国际卫生组织早在 1981 年就指出健康不仅指身体健康，还包括心理健康和良好的社会适应能力。所以身体健康不等于健康，也不等于心理健康，它们是相互独立又相互依赖的。只有两者都具备，一个人才算是健康。

2. 心理不变态就算心理健康

心理不健康有多种形式，心理变态只是其极端形式而已。根据状态，人的心理可用三区来表示：白色区、灰色区、黑色区。人处于心理白色区就是心理健康，处于黑色区则属心理变态，而处于灰色区则介于上述两者之间。它们之间是可以相互转换的，灰色心理调节得当就会恢复为白色心理，调节不当则会发展为黑色心理。所以仅仅心理不变态的人不一定心理健康。

3. 心理健康与心理问题是静态的，不可变化的

许多人认为心理健康就永远不会有问题，心理有问题就永远心理不健康了。这是一个误区，其实心理健康与心理问题是相对而言的，这两者是动态的、可逆的，有变化的。

4. 心理问题只发生在少数人身上

在人一生中的不同时期都可能产生心理问题。其实，几乎人人都有心理问题，只是程度有轻有重，或是自己并没有意识到；有人能自我调节解决，有人却不能及时自我疏导。

5. 纪律、道德、思想问题与心理健康问题毫无关系

实际上，纪律、道德、思想问题与心理健康问题之间是有密切联系的。例如，学生一到上课时就咳嗽不止或喜欢东张西望，老师往往以为是纪律或品德问题。事实上，这也可能是过重的学业负担产生的心理压力引起的躯体反应或心理逆反。

第二节 健康自我意识的培养方法

正确的自我意识是人们依据周围环境发展而形成的有关自己的正确认识，以及积极的情感和态度，自我意识作为个性心理的核心内容，对大学生的成长和发展有重要作用。自我意识的培养是一个不断的自我认知、自我评价、自我改造、自我完善的过程。从某种意义上说，一个大学生有什么样的自我意识，他的人格就会向什么方向发展。

视频讲解

一、正确认识自我

认识自我就是要全面地了解自己，既包括自己的身体、相貌等生理特点，也包括自己的气质、性格、能力、兴趣、爱好、意志、品质等心理方面的特质，还包括自己在群体中的位置、在人际交往环境中的形象，以及自己的职业理想等。一般来讲，自我意识的形成和发展是通过认识他人、分析自己活动的结果和自我观察三条途径来实现的。因此，大学生应该逐步学会通过提高元认知水平了解自我，通过社会反映了解自我，通过社会比较了解自我，通过自我效能感了解自我，通过对自我评价的反思了解自我。认识自我是为了客观地评价自我，自我评价是自我认识的核心。大学生如果

能够对自己的言行进行客观的评价，就能够扬长避短、控制自我、接纳自我、发展和完善自我，就能够处理好自己与他人和社会的关系。学习自我评价的途径，简单地说有两个：一是通过与他人、社会的交往，在外部环境中学习。他人和社会都是"镜子"，"镜子"是获得自我观念、了解自我评价的一个媒介，尤其是父母、教师和同学的评价。大学生们要用多面镜子，学会观察和分析大多数人的态度，客观地认识自我、评价自我。二是通过自我分析反省，进行自省评价。大学生的自省评价往往是通过自己的活动和行为结果来评价自我的能力和品质的。因此，大学生要积极参与社会交往和社会实践活动，在活动中发现和展示自己的能力和才华，从不同领域、不同层次、不同角度寻找认识自我、评价自我的机会，从而能够较全面地进行自我评价。

二、积极悦纳自我

大学生悦纳自我的前提是接受自我。所谓接受自我就是要面对现实，接受现实自我，包括自己的相貌、身高、家庭背景和就读的高等院校等。悦纳自我就是在接受自我的基础上喜欢自己，相信"天生我材必有用"，相信只要勤奋努力，为人正直，生活一定充满愉快感、满足感和成就感。学会悦纳自我可以从以下几方面着手。

1. 创造机会获得成功体验

自信出水平，自信源于一点一滴的成功体验。成功的体验可以消除自卑，使人树立自尊从而奋发向上。成功的喜悦将成为个人强大的内在动力，推动个人去争取更大的成功。大学校园生活丰富多彩，每个大学生都有自己的长处和不足，必须在各项活动中发展自我。要使自尊心较弱的学生树立自信心，成功的体验是至关重要的。因此，大学生在参加活动前，要注意有所选择，不要盲目参加，以避免给自己带来不必要的失败体验、烦恼和痛苦，要有意识地选择适合自己，自己有兴趣且擅长的项目参加，扬长避短，以自己的优势来证明自己的能力，享受成功体验。

2. 及时调整自己的期望值

自我期望是指个人在进行某项实际工作之前估计所能取得的成绩目标，通俗的说法是"抱负"。自我期望值是自我成功感和自我失败感的个人标准。自我期望值与实际成就之间的差距产生成功和失败两种情绪体验。

自我期望值小于实际成就能体验成功的喜悦，自我期望值大于实际成就会体验失败的痛苦。大学生充满幻想，为自己的未来规划了美好的蓝图，其中一些人对自己的期望过高，以至于脱离现实。大学生既不要过分追求完美，也不能期望太低，只有学会调整并控制自己的期望值，建立适度及合理的目标，包括长期目标和短期目标，把自我期望和自己的实际情况紧密结合起来，才能符合现状、适应社会和发展自己，最终实现自己的理想。

3. 积极、理智、乐观地对待自己

理智、冷静地对待自我是要求大学生用全面、发展的眼光来分析自我，平静而又理智地看待自己的长处和短处，辩证地看待生活中的矛盾，冷静地对待自己的得与失。大学生们应既不以虚幻的自我补偿内心空虚，也不以消极回避的态度漠视现实，更不

以无休止的怨恨、自责以致厌恶来否定自我、畏缩不前；要做到胜不骄、败不馁，荣辱皆忘；积极的心态要求大学生树立远大的理想和志向，培养开朗的性格和乐观的生活态度，在困难面前不低头，对未来充满美好的憧憬；要知晓道路是曲折的，相信前途是光明的。另外，在消极不利的情况下，大学生们不妨进行积极的自我暗示，这会起到遏制愤怒、平静心情的作用。

三、有效控制自我

1. 建立科学、正确的理想自我观

大学生一般都富于幻想，希望自己成为生活的强者，干出一番事业。不少学生将理想自我设计得很完美，对于理想中的自我要求很高，甚至过于苛刻。理想与现实总是存在差距的，这种落差太大往往使学生在理想与现实的矛盾中走向失望和消沉。因此，设计理想自我的时候要面对现实，以现实为基础，不要把目标定得太高，最多是"跳起来摘果子"。要把长远目标分成一个个具体的，远近高低各异的短期目标和子目标，每一个子目标都要合理，可以经过努力达到，从而增强自信心。总之，建立科学、正确的理想自我，不可为虚荣心所诱惑，做力所能及的事情，不要单纯从自己的愿望出发，要从自己面临的实际出发，再根据当时的社会环境条件，把理想和现实结合起来，进行自我设计、规划未来。

2. 参加实践活动，锻炼自我、展示自我

在社会实践活动中，个人通过自我判断、自我选择、自我提升获得对人生和世界的正确看法。因为自我评价、自我激励和自我教育需要一个实践过程。因此，大学生要多参加社会实践活动，参加勤工助学、志愿服务、社会调查、参观考察、教学实习等各种形式的社会实践活动，逐步提高自我认识能力和自我教育能力。目前，不少学生在父母和老师的精心呵护下长大，生活在蜜罐里，习惯于我行我素、为所欲为，缺乏自我控制和调节的能力，缺少应对困难和挫折的锻炼和考验。表现在学习上，就是学习目标明确，学习计划科学，但缺乏坚忍的意志和坚强的品格，计划还是不能完成。对大学生来说，在社会实践中吃苦锻炼意志品质尤其重要。

自我展示是指个人善于把自己的思想与他人交流，并同他人一道投入集体活动中去，展示自己的才华，并得到集体认同的过程。大学生的潜能很大，只有通过各种社会实践活动，才能发掘自己的潜能，从而开发自我、展示自我、激励自我、超越自我。总之，大学生只有在积极参加社会实践活动的过程中，脚踏实地，从点滴做起，培养顽强的意志和坚强的品格，发挥自己的聪明才智，才能实现自己的远大理想，为社会做出应有的贡献。

3. 不断超越自我

认识自我，接纳自我，都是为了塑造自我和超越自我。对于大学生而言，超越自我更是终身努力的目标。在行动上，无论对人对事均应全力以赴，最大限度地发挥自己的能力品行。超越是一种境界，更是一个过程，一个"新我、独特的我、最好的我"形成的过程，这个过程不是一帆风顺的，需要付出艰辛的努力和沉重的代价。大学生

成就自我的过程既是自我不断更新，走向完善自我的过程，也是从个体"小我"不断走向社会"大我"的过程；既是注重自我又不固守自我，也是根据社会要求不断改造自我的过程；既注重自我价值的实现，又要鼓励和帮助他人实现自我价值，还要与众人共同实现社会价值。总之，超越是一种过程，更是一种境界。

只有坚持正确的方向，本着科学的态度，积极投身于社会实践中去，才能在实践中学会学习、创造和反思。只有这样，才能辩证地看待社会，分析自我，把握自我，全面认识自我，不断超越自我，逐渐成为成熟和完善的自我。

第三节　大学生的情绪管理

一、情绪的产生

处于成长期的大学生，心理上正经历变化波动较大的时期，反应在情绪和情感方面，表现为情绪的不稳定性与冲动性，情感体验开放、丰富，却容易陷入情绪困扰，导致其心理健康、学习生活和未来事业受到不同程度的影响。作为具有独立性的大学生应认识认知情绪，并学会应对不良情绪，成为自己情绪的主人。

视频讲解

谈情绪管理之前，需要先说说情绪是怎么产生的。在生活中，有很多事情都会引起我们情绪的变化，那么真的是那些事情引起了我们的情绪反应吗？答案是：不全是。因为当我们面对一件事情时，我们会站在自己的角度，根据自己的态度，结合自己的经验，依靠自己的能力来分析、评价这件事对自己来说意味着什么。然后，我们会根据这个评价、分析、判断的结果来给自己"选择"一种情绪。这就是心理学家阿尔伯特·艾利斯提出的情绪反应的 A、B、C 模式。

A（Activating Event）——事件或情境。

B（Beliefs）——你对这个事情或情境抱有的信念（即你的态度、想法、评价、解释）。

C（Consequences）——结果：情绪结果（比如焦虑）、行为结果（比如攻击）、生理结果（如心悸、手脚冰凉）。

正是因为我们的情绪并不完全是由所面对的事情所决定的，所以这就使情绪管理成为可能，否则遇到什么事情就必须有什么情绪反应，那就无法管理了。也许有同学会有疑问，为什么自己常常会经历非常极端的情绪，是自己遇人不淑，还是运气不好，问题到底出在哪里？需要说明的是，情绪反应本身没有问题，如果觉得自己事事不如人，当然会觉得抑郁自卑，如果你觉得他就是个十恶不赦的人渣，自己当然会火冒三丈。那么，问题出在哪儿呢？问题出在你对事情的判断上。

一些常见的思维习惯/思维模式会使你对情况出现误判，从而导致坏心情，并再接再厉地影响你解决问题的能力。那么，找到并处理这些错误的想法，重新修订你的判断与结论，就可以帮助我们从自己给自己设下的圈套中走出来。所以，我们在 A、B、

C 的基础上，再加（Disputing）和 E（Effective Rational Beliefs）两个步骤，即

D（Disputing）——找出你通常使用的那些有可能会误导你，使你得出不准确结论或判断的错误思维模式。

E（Effective Rational Beliefs）——找到新的有效办法，来帮助我们解决我们面对的问题。

二、常见的错误情绪思维

（1）非黑即白式思维：看事情绝对化，走极端。如，我的工作必须要做得非常出色，我安排好的事情绝对不能节外生枝。

（2）贴标签思维：对自己、别人或事情下笼统的结论，而不是具体而准确地指出问题或描述问题。如，考试没考好，我真是个笨蛋。我的老师又批评我了，他就是看我不顺眼。

（3）只关注负面因素思维：不能全面而合理地看待事情，只看到其不好的一面。如，我的工作总是出错，他总是给人惹麻烦。

（4）怀疑和忽视积极因素思维：把正面的事情视为无关紧要。如，虽然老师说我的作业做得还不错，可他只不过是敷衍我罢了。

（5）妄加揣测思维：从别人的行为中推测他们的想法或行动会对自己不利。如，我觉得我的导师认为我不能完成这个项目；她看见我了，可她没理我，我哪里惹到她了？

（6）运气型思维：经常用不充分的证据来预测最坏的结果。如，一大早就出错，今天的考试恐怕会糟糕透顶。

（7）片面夸大或灾难化思维：把事情的重要性看得非常大，把事情可能给自己带来的影响过度化。如，如果他离开我，我就活不下去了。

（8）情绪化推理思维：根据自己的感觉而不是事实来评判事情。如，我很担心，这次的工作一定做不好。

（9）外因化思维：如，这都是那个同学的错，她根本就不该给我安排任务。

（10）内因化思维：把错误全都归于自身。如他离开我，是因为我不够好。

（11）绝对化要求思维：对自己、别人或事情的期望不切实际，或过于死板、僵化。如，我们绝对不能吵架；不管怎么样，我必须完成这项任务。

（12）挫折型思维：面对挫折和困境时，把自己的承受能力看得很低，认为自己无法承受。如，在高峰时间去食堂排队打饭，我可受不了；这项课程太枯燥了，我不想学了。

我们需要修正这些容易导致坏心情的思维方式，才能保护我们免于糟糕情绪的困扰。

三、如何修正错误思维

1. 应当具备相对型的思考方式

如果你习惯用"特别好"或"特别糟"这样的极端态度来看待事情的话，试试用一些中性的词来帮助你更为准确地看待问题。如，把"我的考试必须不能有一点错

误。"替换成"我会努力考好"。

2. 接纳自己

当你的家人或朋友犯了错误之后,你会怎么做?通常我们都会支持他们。因为我们知道谁都不是超人,谁都可能有犯错的时候。那么,你也会这样对自己吗?如,把"我的论文搞砸了,我真是个蠢货"替换成"我的论文里有几个错误,但这并不能说明这份论文一无是处。现在我已发现问题出在哪里,下一次我会避免这些错误的。"

3. 不贴标签

当你准备说自己或别人是一个"白痴""蠢货""一点用都没有"等时,你可以再稍等一下,想一想你的这个"标签"是否真的准确,是否全面地概括或评价了自己或别人。因为人是多面的、复杂的,绝不可能用一个或几个词就可以把一个人准确地概括出来。所以,把"我这次考试考砸了,我真是个干什么都不行的失败者"替换成"虽然我这次考试不及格,给我带来一些麻烦和困扰,但我想我还是能找到些方法来解决这个问题的。"另外,当你对自己或别人的做法感到生气、失望时,记得只评价行为,而不要涉及对人本身的评价。比如"虽然我的舍友人际交往能力不行,但他还不至于是个十足的白痴"。

4. 把视野放宽

不要只关注某一方面(特别是不好的那一面)而忽视整体,应全面地看待问题,把好的、不好的都列出来,以帮助自己理清思路,更好地解决问题,而不是一味地停留在自责或愤怒的情绪困扰中。

5. 寻找事实证据

我们应学习福尔摩斯,用事实(而不是自己的想象)来做出结论。"我觉得他讨厌我"或"我想他可能故意给我找麻烦"之类统统属于主观想象,而不是事实,所以在下结论时,要记得看一看自己的论据是否属实。另外,对自己的某些想法,你也可以试着通过实际行动来证明其正确与否。比如,如果你认为"我绝对受不了排队",那么当你必须要排队时,你可以选择最长的队伍,同时记得不要急着生气,而是看一看自己是否真的会因排队而精神崩溃。

6. 灵活地判断问题

那些教条的、绝对的、苛刻的想法是高度压力的来源,试着把这些僵化的想法用灵活的观念来替代。比如,把"我的论文必须做得非常出色,否则我就完蛋了"替换成"虽然我很希望能在大家面前出色地完成我的论文,但总会有人对其中的某些方面有不同的看法或不满意我的工作,我没法让每个人都满意,我也不能让每一个我想达到的愿望都成为现实。如果我没能做好论文,那可能表明我在某些方面的工作有所欠缺,但那并不代表我一无是处,一事无成。"

7. 别把自己吓坏

无论什么事情,将其不利之处过度夸大,都会使人很容易被"自编自导"的"恐怖片"吓坏。我们应合理看待事情的不利之处,将其不良后果、影响放在应有的范围之内,而不是过度夸张。比如,把"离开他我就活不下去了"替换成"虽然分手是很令人伤感的，但这并不代表我是个失败的人，也并不说明我一无是处，我还会寻找到适合我的人，我的生活不会因此而永远悲惨下去。"

小贴士

可以帮助我们重新审视自己的小问题

可以试着反问自己这些问题的想法，找到自己想法中存在的错误并加以修正，从而对问题或事情做出更为合理的判断，帮助自己从"坏"情绪中走出来。

(1) 有什么证据支持我的这种观点吗？

(2) 我的想法符合逻辑吗？

(3) 我的想法能帮助我解决问题吗？

情绪管理不是让自己从此一帆风顺，再也不遇到任何问题与麻烦，再也不会有任何不开心，不高兴。而是让我们在遇到问题时，可以通过对自己想法的反思、重新评价、重新修正，帮助我们以一种更为合理的，与实际情况更为相符的方式来看待问题，从而摆脱"坏"情绪对自己的影响与干扰。

第四节　人际关系与人际交往

大学生正处在学习知识、了解社会、探索人生的重要时期，思想活跃、精力充沛、兴趣广泛，人际交往的需要极为强烈。人际关系的适应已经成为心理健康的一个重要组成部分，良好的人际关系可以帮助青少年更好地适应身体和心理变化。大学生要想适应不断变化的时代和现实社会，要想有所作为，就必须不断地努力培养自己的交往能力。大学生人际交往能力的培养应注重人际认知、人际交往技巧和实践参与。

视频讲解

一、分清问题的主次，出现了问题要先解决，少一些抱怨和不满

大学又是一个集体生活的开始，同学们来自不同的省份，大家有着不同的家庭背景，同学们在思想观念、价值观、生活方式和习惯等方面都存在着很大的不同。同学之间发生矛盾的可能性就会增大，抱怨也会变多，但是一味地抱怨别人、盯着别人的过失和缺点是不可能解决问题的，这不仅不能改善同学之间的人际关系，反而会减少自己积极改善关系的动力。因此我们应该把时间花在如何积极解决问题矛盾和改善关系上，少一些抱怨和不满。

二、及时调整心态，做好自我的心理调适

大学生来自五湖四海，每个人的生活习惯和价值观不尽相同，既然有缘成为同学、成为舍友，共同地生活在一起，就要理解他（她）的生活方式和习惯。当别人的生活方式对你的生活有影响时，你可以提出你自己的意见或建议，但更重要的是适当地进

行自我调整。要注意的是在给同学提意见或建议的时候，要讲究方法和技巧。自己要有一种良好的心态，保持正面的观点。绝大多数同学都不是故意要和同学发生矛盾冲突的，给别人提意见一定不能当着众人的面，以免使对方难堪、丢面子。在处理人际关系时，要学会尊重、宽容、忍让、关心，不以个人的好恶为评价标准，更不能把自己的标准强加于人，要更多地站在他人的角度上换位思考。

三、善于倾听，少些指责，多些赞美

与同学交谈时，要善于倾听别人的讲话，这是一种尊重别人的表现。对他人的尊重，无形中就会满足对方自尊心的需求，赢得对方的好感，加深彼此的感情。每个人都希望被人欣赏和赞美，害怕别人的指责。交往中不要总是批评、指责和抱怨别人，多给予对方真诚的欣赏和赞美；如果一定要批评人，也应先表扬后批评或者巧妙地暗示对方注意自己的错误，这才可以赢得友谊。善于请求同学、朋友们的帮助，建立自己的社会支持系统，会使你的人际关系更为和谐。

四、注意交往的"度"，把握好交往的方向、深度、广度

大学期间更多接触的是自己的老师、同班同学和师哥师姐们，大学生们应多多向他们请教生活和学习方面的问题，可以让自己更快更好地融入大学生活。保持良好的人际关系，还要把握好方向、深度、广度等。大学生交友一定要有原则和标准，要做到心中有数，同时广度也应适当，自己一定要把握好。

测 一 测

大学生人际关系行为诊断量表

这是一份大学生人际关系行为困扰的诊断量表，请你根据自己的实际情况，用纸笔记下答案"是"或"否"。本测试共 28 个小题，计分标准为：选择"是"得 1 分；选择"否"得 0 分。

（　　）1. 关于自己的烦恼有口难开。

（　　）2. 和陌生人见面感觉不自然。

（　　）3. 过分地羡慕和忌妒别人。

（　　）4. 与异性交往太少。

（　　）5. 对连续不断的会谈感到困难。

（　　）6. 在社交场合感到紧张。

（　　）7. 时常伤害别人。

（　　）8. 与异性来往感觉不自然。

（　　）9. 与一大群朋友在一起，常感到孤寂或失落。

（　　）10. 极易受窘和感觉尴尬。

（　　）11. 与别人不能和睦相处。

（　　）12. 不知道与异性如何适可而止。

（　　）13. 当不熟悉的人对自己倾诉他（她）的生平遭遇以求同情时，自己常感到不自在。

（　　）14. 担心别人对自己有什么坏印象。

（　　）15. 总是尽力使别人赏识自己。

（　　）16. 暗自思慕异性。

（　　）17. 时常避免表达自己的感受。

（　　）18. 对自己的仪表（容貌）缺乏信心。

（　　）19. 讨厌某人或被某人所讨厌。

（　　）20. 瞧不起异性。

（　　）21. 不能专注地倾听。

（　　）22. 自己的烦恼无人可申诉。

（　　）23. 受别人排斥，感到冷漠。

（　　）24. 被异性瞧不起。

（　　）25. 不能广泛地听取各种意见和看法。

（　　）26. 自己常因受伤害而暗自伤心。

（　　）27. 感觉常被别人谈论、愚弄。

（　　）28. 与异性交往不知如何更好地相处。

查看结果

如果你的总分在 0～8 分，那么说明你在与朋友相处上的困扰较少。你善于交谈，性格比较开朗、主动，懂得关心别人。你对周围的朋友都比较好，愿意和他们在一起，他们也都喜欢你，你们相处得不错。而且，你能从与朋友的相处中得到许多乐趣。你的生活是比较充实而且丰富多彩的，你与异性朋友也相处得很好。一句话，你不存在或较少存在交友方面的困扰，你善于与朋友相处，人缘很好，能获得许多人的好感与赞同。

如果你的总分在 9～14 分，那么，你与朋友相处存在一定程度的困扰。你的人缘一般，换句话说，你和朋友的关系并不牢固，时好时坏，经常处在一种起伏之中。

如果你的总分在 15～28 分，那就表明你同朋友相处的行为困扰比较严重。分数超过 20 分，则表明你的人际关系行为困扰程度很严重，而且在心理上出现较为明显的障碍。你可能不善于交谈，也可能是一个性格孤僻的人，不开朗，或者有明显的自高自大、讨人嫌的行为。

第七章　消防安全篇

> 摩擦生火第一次使人支配了一种自然力，从而最终把人类同动物分开。
>
> ——恩格斯

第一节　火灾的危害

火灾的危害有的是短时的，有的是长期的；有的是直接的，有的是间接的；有的有明显性，有的有潜在性；有物质上的，也有精神上的。火的危害表现在以下几个方面。

视频讲解

一、毁坏物质财富

一把火可以使人民辛勤劳动创造的物质财富顷刻之间化为灰烬；一把火可以吞噬掉整个村庄、街区、工厂和大量设备物资；博物馆和古建筑的火灾会使珍贵的历史文物和无价之宝毁于一旦。2003 年 1 月 19 日，有"世界文化遗产"之称的武当山风景区内遇真宫古建筑群化为灰烬；2014 年 1 月，云南省香格里拉县独克宗古城发生火灾，有 1300 年历史的古城核心区变成废墟；2014 年 1 月，贵州省镇远县报京侗寨发生大火，有 300 年历史的侗族村寨 100 余栋房屋被烧毁，当地侗文化遭毁；2016 年 11 月，无锡灵山景区发生大火，过火面积大约 600 平方米，导致梵宫关闭。

二、残害人类生命

火灾中，受困人员被烟熏或火烧而致残甚至丧失性命。1999 年 12 月 19 日凌晨，俄罗斯莫斯科国立大学一幢学生宿舍楼发生火灾，导致 6 名中国留学生遇难。据公安部统计，2016 年全国火灾共发生 31.2 万起，导致 1582 人遇难，1065 人受伤。国际消防技术委员会对全球火灾调查统计表明，近几年全球每年发生 600 万～700 万起火灾，有 6 万～7 万人在火灾中丧命，全球每年在火灾中死亡人数最多的 6 个国家分别是：①印度，年均 20000 人；②俄罗斯，年均 13500 人；③美国，年均 5000 人；④中国，年均 2100 人；⑤日本，年均 2000 人；⑥乌克兰，年均 1700 人。

三、造成环境灾难

1987 年 5 月 6 日到 6 月 2 日几乎长达一个月的大兴安岭森林特大火灾，起火直接原因是林场工人在野外吸烟引起，间接原因是气候条件有利燃烧，可燃物多。人民解放军、森林警察、公安消防人员、广大职工近 10 万军民经过近一个月的殊死搏斗，才将大火扑灭。这场大火致 193 人丧生、226 人受伤，火灾破坏了 1000 多万亩林业资源，大火殃及 1 个县城 3 个镇，破坏的生态平衡需 80 年才能恢复。

四、经济损失严重

现代社会各行各业密切联系，牵一发而动全身。一旦发生重特大火灾，造成的间接财产损失之大，往往是直接财产损失的数十倍。2015 年 8 月 12 日 23：30 左右，位于天津市滨海新区天津港的瑞海公司危险品仓库发生火灾爆炸事故，造成 165 人遇难、8 人失踪，798 人受伤，还造成了 304 幢建筑物、12428 辆商品汽车、7533 个集装箱受损，直接经济损失达 68.66 亿元，并对周边大气环境、水环境、土壤造成较严重的污染。

五、造成不良的社会影响

一些伤亡惨重、影响巨大的火灾，往往牵动着许多人的心，使得人心惶惶，使人们正常的生活、生产、工作秩序被打乱。1994 年 11 月 15 日，吉林市银都夜总会因纵火发生火灾，殃及在同一建筑物内的市博物馆，烧毁建筑面积 6800 平方米，不仅造成直接财产损失约 671 万元，而且将无法用金钱计算的博物馆内藏文物 7000 余件和黑龙江在该馆巡展的 1 具 7000 多万年以前的恐龙化石（长 11 米，高 6.5 米）烧毁，堪称世界级瑰宝、被列入《吉尼斯世界大全》的吉林陨石雨中最大的 1 号陨石也在大火中被分为两半，还有 2 人被烧死，既造成了难以计算的经济损失，更造成了不良的政治影响。2017 年 4 月 4 日，北京邮电大学网络数据中心发生火灾，导致北京地区多所高校教育网网络中断和瘫痪。

由此可见，火灾危害性是相当惨重的。我们必须认真贯彻执行"预防为主，防消结合"的消防工作方针，在做好防火工作的同时，在思想上、组织上和物质上积极做好各项灭火准备，以便一旦发生火灾，能够迅速有效地扑灭火灾，最大限度地减少火灾损失和人员伤亡。

第二节　燃烧与火灾

一、燃烧和火灾

1. 燃烧的概念

燃烧是可燃物与氧化剂作用发生的放热反应，通常伴有火焰、发光和（或）发烟现象。燃烧具有三个特征，即化学反应、放热和发光。通电的电炉和灯泡虽有发光和放热现象，但没有进行化学反应，只是进行了能量的转化，故不是燃烧；生石灰遇水发生了化学反应，并且放出大量的热，但它没有发光现象，它也不是燃烧。这些现象虽不是燃烧，但在一定条件下，可作为着火源引起燃烧或引发火灾。

2. 燃烧的基本条件

任何物质发生燃烧，必须具备以下三个必要条件，即可燃物、氧化剂（助燃物）、温度（火源），缺少了其中任何一个，都不会引起燃烧。

视频讲解

（1）可燃物。凡是能与空气中的氧或其他氧化剂起化学反应的物质称为可燃物，如木材、氢气、汽油、煤炭、纸张、硫等。可燃物按其化学组成，可分为无机可燃物和有机可燃物两大类。从数量上讲，绝大部分可燃物为有机物，少部分为无机物。按其所处的状态，又可分为可燃固体、可燃液体和可燃气体三大类。对于这三种状态的可燃物来说，其燃烧难易程度是不同的，一般是气体比较容易燃烧，其次是液体，最后是固体。

可燃物是燃烧不可缺少的一个首要条件，是燃烧的内因，没有可燃物，燃烧就根本不能发生。

（2）氧化剂（助燃物）。能帮助和支持可燃物燃烧的物质，即能与可燃物发生氧化反应的物质称为氧化剂。氧化剂具有较强的氧化性能。通常我们所讲的氧化剂（助燃物）是指广泛存在于空气中的氧气。此外，还有能够提供氧气的含氧化合物和氯气等。

（3）温度（火源）。火源是指供给可燃物与助燃物发生燃烧反应的能量来源。一般分直接火源和间接火源两大类。了解火源的种类和形式，对有效预防火灾事故的发生具有十分重要的意义。

①直接火源。

· 明火：指生产、生活中的炉火、烛火、焊接火、吸烟火、撞击、摩擦打火、机动车辆排气管火星、飞火等。

· 电弧、电火花：指电气设备、电气线路、电气开关及漏电打火；电话、手机等通信工具火花；静电火花（物体静电放电、人体衣物静电打火、人体积聚静电对物体放电打火）等。

· 雷击：瞬间高压放电的雷击能引燃任何可燃物。

②间接火源。

· 高温：指高温加热、烘烤、积热不散、机械设备故障发热、摩擦发热、聚焦发热等。

· 自燃起火：是指在既无明火又无外来热源的情况下，物质本身自行发热、燃烧起火，如白磷、烷基铝在空气中会自行起火；钾、钠等金属遇水着火；易燃、可燃物质与氧化剂、过氧化物接触起火等。

3. 燃烧的充分条件

需要说明的是，具备了燃烧的必要条件并不等于燃烧必然发生，在各必要条件中，还有一个量的概念，这就是发生燃烧或持续燃烧的充分条件。燃烧的充分条件如下。

（1）一定的可燃物浓度。可燃气体或可燃液体的蒸汽与空气混合只有达到一定浓度，才会发生燃烧或爆炸。如，车用汽油在 $-38℃$ 以下、灯用煤油在 $40℃$ 以下、甲醇在 $7℃$ 时，均不能达到燃烧所需的浓度。在这种条件下，虽有充足的氧气和明火，但仍不能发生燃烧。

（2）一定的氧化剂浓度（氧气含量）。各种不同的可燃物发生燃烧，均有本身固定的最低含氧量要求。低于这一浓度，虽然燃烧的其他必要条件已经具备，燃烧仍不会发生。如，汽油的最低氧含量要求为 14.4%，煤油为 15%，乙醚为 12%。

（3）一定的点火能量。各种不同可燃物发生燃烧，均有本身固定的最小点火能量要求。达到这一能量才能引起燃烧反应，否则燃烧便不会发生。如，汽油的最小点火能量为 0.2mJ，乙醚（5.1%）为 0.19mJ，甲醇（2.24%）为 0.215mJ。

4. 火灾的定义和类别

国家标准《消防基本术语》（GB 5907）第一部分规定：在时间上或空间上失去控制的燃烧所造成的灾害，就是火灾。

火灾可以按不同的方式进行分类。

（1）根据燃烧物质不同划分，按照国家标准《火灾分类》（GB/T 4968－2008）的规定，把火灾分为 A、B、C、D、E、F 六类。

A 类火灾：固体物质火灾。这种物质通常具有有机物性质，一般在燃烧时能产生灼热的余烬。

B 类火灾：液体或可熔化的固体物质火灾。

C 类火灾：气体火灾。

D 类火灾：金属火灾。

E 类火灾：带电火灾，即物体带电燃烧的火灾。

F 类火灾：烹饪器具内的烹饪物（如动植物油脂）火灾。

（2）按一次火灾造成的人员伤亡、受灾户数、财产损失划分，依据国务院颁布的《生产安全事故报告和调查处理条例》（国务院令 493 号，自 2007 年 6 月 1 日起施行，以下简称《条例》）的有关规定，火灾等级标准如下：

特别重大火灾：是指造成 30 人以上死亡，或者 100 人以上重伤，或者 1 亿元以上直接财产损失的火灾。

重大火灾：是指造成 10 人以上 30 人以下死亡，或者 50 人以上 100 人以下重伤，或者 5000 万元以上 1 亿元以下直接财产损失的火灾。

较大火灾：是指造成 3 人以上 10 人以下死亡，或者 10 人以上 50 人以下重伤，或者 1000 万元以上 5000 万元以下直接财产损失的火灾。

一般火灾：是指造成 3 人以下死亡，或者 10 人以下重伤，或者 1000 万元以下直接财产损失的火灾。

注："以上"包括本数，"以下"不包括本数。

二、防火灭火基本原理

1. 防火原理

一切防火措施，都是为了防止火灾发生和（或）限制燃烧条件互相结合、互相利用。根据物质燃烧的原理和同火灾做斗争的实践经验，防火的基本原理分为以下三个方面。

（1）控制可燃物和助燃物。在消防工作中，可根据不同情况采取不同措施，破坏燃烧的基础和助燃条件，防止形成燃爆介质。

例如，用难燃或不燃材料代替易燃或可燃材料；用水泥代替木材建造房屋；用防火涂料浸涂可燃材料以提高其耐火极限；在材料中掺入阻燃剂，进行阻燃处理，使易燃材料变成难燃或不燃材料；加强通风，降低可燃气体、蒸汽和粉尘在空间的浓度，使其低于爆炸浓度下限；凡是性质上能相互作用的物品，分开储运；对易燃易爆物质的生产，在密闭设备中进行；对有易燃物料的设备系统，停产后或检修前，用惰性气体吹洗置换；对乙炔生产、甲醇氧化、梯恩梯球磨等特别危险的生产，可充装氮气保护等。

（2）控制和消除点火源。在人们生活、生产中，可燃物和空气是客观存在的，绝大多数可燃物即使暴露在空气中，若没有点火源作用，也是不能着火（爆炸）的。从这个意义上说，控制和消除点火源是防止火灾的关键。

一般来说，实际生产、生活中经常出现的火源大致有以下十种。

①生产用火。如加热用火、维修用火、电（气）焊、喷灯、烘炉等。

②生活用火。如暖炉、炉灶、火柴、焚烧、吸烟、煮饭等。

③炉火。锅炉、焙烧炉、加热炉、电炉等炉火。

④干燥装置。用直接火或电加热干燥的装置，温度失控。

⑤烟筒、烟道。由于烟筒或烟道的过热、喷出火星或火焰。

⑥电器设备。如配电盘、开关、电路、电动机、电灯、变压器、电热毯、电烘箱、电熨斗等电气设备，由于短路、接触不良或过负荷和长时间通电等原因产生高温、电弧或电火花。

⑦机械设备。由于发动机的发热、机械的冲击、摩擦等发热。如内燃机的排气管、胶带的打滑及梳棉机、搅拌机中混入钉子、石头等。

⑧高温表面。如易燃物质与高温的设备、管道的表面接触。

⑨自燃。由于物质本身所进行的生物、物理和化学反应产生的热。

⑩静电火花、雷击和其他火源。

根据不同情况，控制这些火源的产生和使用范围，采取严密的防范措施，严格动火用火制度，对防火防爆十分重要。

（3）防止火势扩散蔓延。一旦发生火灾，应千方百计地迅速将火灾或爆炸限制在较小的范围内，不使新的燃烧条件形成，防止火势蔓延扩大。

限制火灾爆炸扩散的措施，应在城乡建筑、生产工艺设计开始时就要加以统筹考虑。对于建筑的布局、结构，以及防火防烟分区、工艺装置和各种消防设施的布局与配置等，不仅要考虑节省土地和投资，有利于生产、方便生活，而且更要确保安全。根据不同情况，可采取下列措施。

①在建筑物之间设置防火防烟分区、筑防火墙、留防火间距。

②对危险性较大的设备和装置，采取分区隔离、露天布置和远距离操作的方法。

③在能形成可爆介质的厂房、库房、工段，设泄压门窗、轻质屋盖。

④安装安全可靠的安全液封、水封井、阻火器、单向阀、阻火闸门、火星熄灭器等阻火设备。

⑤装置一定的火灾自动报警、自动灭火设备或固定、半固定的灭火设施，以便及时发现和扑救初起火灾等。

2. 灭火原理

任何可燃物产生燃烧或持续燃烧都必须具备燃烧的必要条件和充足条件。因此在火灾发生后，灭火就是破坏燃烧条件，使燃烧反应终止的过程。

灭火的基本方法有冷却、窒息、隔离和化学抑制几种。冷却、窒息和隔离属于物理方法，化学抑制是化学方法。具体灭火过程就是采用四种方法中的一种或几种方法来达到灭火的目的。

（1）冷却灭火。可燃物一旦达到着火点，即会燃烧或持续燃烧。将可燃物的温度降到一定温度以下，燃烧即会停止。对于可燃固体，将其冷却在燃点以下；对于可燃气体，将其冷却在闪点以下，燃烧反应就会中止。用水扑灭一般固体物质的火灾，主要是通过冷却作用来实现的，水具有较大的热容量和很高的汽化潜热，冷却性能很好。在用水灭火的过程中，水大量地吸收热量，使燃烧物的温度迅速降低，致使火焰熄灭、火势得到控制、火灾终止。水喷雾灭火系统的水雾，其水滴直径细小，比表面积大，和空气接触范围大，极易吸收热气流的热量，也能很快地降低温度，效果更为明显。

（2）窒息灭火。可燃物的燃烧是氧化作用，需要在最低氧浓度以上才能进行，低于最低氧浓度，燃烧不能进行，火灾即被扑灭。一般氧浓度低于15％时，就不能维持燃烧。降低氧浓度有两种方法。

①用其他气体来降低空间的氧浓度，可用于降低氧浓度的气体有二氧化碳、氮气、蒸汽等。水喷雾灭火系统在水滴吸收热气流热量而转化成蒸汽后，当空气中蒸汽浓度达到35％时，燃烧即停止。

②用稀释方法来降低氧浓度，这一般用于密闭或半密闭空间。在条件许可时，亦可用水淹窒息法灭火。

（3）隔离灭火。在燃烧三要素中，可燃物是燃烧的主要因素。将可燃物与其他方面（氧气、火焰）隔离，就可以中止燃烧、扑灭火灾。隔离有以下两种方式。

①将可燃物与氧和热隔离。自动喷水泡沫联用系统在喷水的同时，喷出泡沫，泡沫覆盖于燃烧液体或固体的表面，在冷却作用的同时，将可燃物与空气隔开，从而可以灭火。

②将可燃物与火焰和氧隔离。如可燃液体或可燃气体火灾，在灭火时，迅速关闭输送可燃液体和可燃气体的管道上的阀门，切断流向着火区的可燃液体和可燃气体的输送，同时也打开可燃液体或可燃气体的管道通向安全区域的阀门，使已经燃烧或即将燃烧或受到火势威胁的容器中的可燃液体、可燃气体转移。

（4）化学抑制灭火。由于物质燃烧是通过链式反应进行的，如果能有效地抑制自由基的产生或降低火焰中的自由基浓度，即可使燃烧中止。

抑制法灭火对于有焰燃烧火灾效果好，但对深度火灾，由于渗透性较差，灭火效果不理想。在条件许可的情况下，采用抑制法灭火的灭火剂应与水、泡沫等灭火剂联用能取得满意效果。化学抑制灭火的灭火剂有卤代烷和干粉。化学抑制法灭火，灭火速度快，使用得当可有效地扑灭初期火灾，可有效减少人员伤亡和财产损失。

第三节　灭火基础知识

火灾发展一般要经历初起、发展、下降三个阶段，而扑救火灾最有利的时机是在火灾的初起阶段。因为初起阶段燃烧范围小、火焰温度不高，扑救较容易，只需用简单的方法和小剂量的灭火器，甚至可以用简易灭火器材就能扑灭火灾。

视频讲解

火灾发生后，火势变化是很快的，火灾初起时如果在5～6分钟内不能扑灭，就会进入发展阶段，而进入发展阶段后火灾就较难扑救，此时需要投入的人力、物力较大。因此，发生火灾后强调快，要以正确有效的灭火方法，最快的速度扼制火灾的发展，进而快速将其扑灭。我们应针对不同对象的火灾，采取不同的方法以达到最佳的灭火效果。

一、常见灭火器的使用

灭火器有多种类型，适宜扑灭不同种类的初起火灾，使用方法也不尽相同，常见的有如下几种。

1. 手提式二氧化碳灭火器

二氧化碳灭火器适宜扑灭精密仪器、电子设备以及 $600V$ 以下的电器初起火灾。

手提式二氧化碳灭火器有两种使用方式，即手轮式和压嘴式。

手轮式：一手握住喷筒把手，另一手撕掉铅封，将手轮按逆时针方向旋转，打开开关，二氧化碳气体即会喷出。

压嘴式：一手握住喷筒把手，另一手拔去保险销，将扶把上的压嘴压下，即可灭火。如图 7-1 所示。

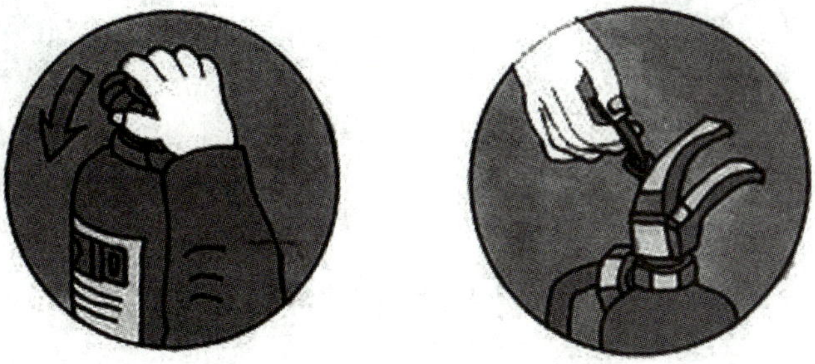

图 7-1　压嘴式灭火器的使用方法

注意：灭火时，人员应站在上风处。持喷筒的手应握在胶质喷管处，防止冻伤。室内使用后，应加强通风。

2. 手提式干粉灭火器

干粉灭火器适宜扑灭油类、可燃气体、电器设备等初起火灾。

使用时，先打开保险销，一手握住喷管对准火源，另一手按下压嘴，即可扑灭火源。如图 7-2 所示。

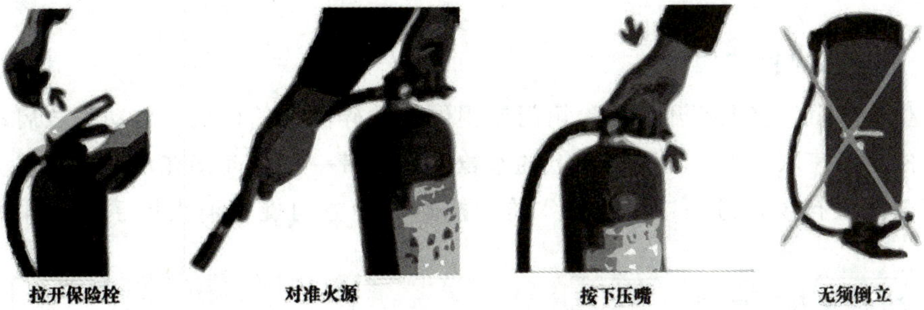

拉开保险栓　　　　对准火源　　　　按下压嘴　　　　无须倒立

图 7-2　手提式干粉灭火器的使用方法

3. 手提式水基型灭火器

水基型灭火器在喷射后，成水雾状，瞬间蒸发火场大量的热量，能迅速降低火场温度，抑制热辐射，表面活性剂在可燃物表面迅速形成一层水膜，隔离氧气，起降温、隔离双重作用，同时参与灭火，从而达到快速灭火的目的。除可燃金属起火外，水基型灭火器全部可以扑救，并可绝缘 36 千伏电压以下的电路，是扑救电器火灾的最佳选择。

水基型灭火器瓶身除了红色以外，还有黄、绿、银色等，操作方式与干粉灭火器类似。

4. 投掷型灭火器

投掷型灭火器是一种迷你型简捷灭火具，只需用力将其投掷于火中，容器破碎，即可达到灭火目的。还可以将灭火剂用水稀释后泼洒在火焰上进行灭火。此外，不要直接投掷灭火弹到燃烧的油中，防止燃油飞溅。如图 7-3 所示。

图 7-3　投掷型灭火器

5. 灭火毯

灭火毯是用玻璃纤维等其他特殊的材料编织成的灭火器材，使用时将灭火毯抽出展开后迅速覆盖在火焰上面，即可达到灭火目的。在家中或是公共场所发生火灾的时候，灭火毯还是很好的逃生工具。把灭火毯盖在身上，可以有效地防止身体被火焰灼伤。

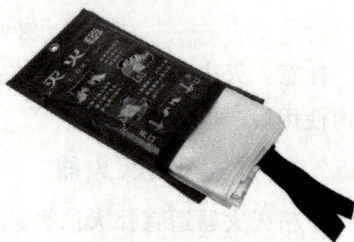

图 7-4　灭火毯

二、室内消火栓的使用

1. 室内消火栓的使用

发生火灾后，首先打开消火栓箱门或用硬物击碎门上的玻璃，按动紧急启动水泵按钮，然后迅速取下水带和弹簧架上的水枪，将水带一接口连接在消火栓接口上，铺设水带，防止打绞，另一接口接好水枪，按逆时针方向旋转消火栓手轮，即可出水灭火。

2. 消防水喉的使用

使用消防水喉时，首先打开箱门把卷盘旋出，拉出胶管和小口径水枪，开启供水闸即可进行灭火。消防卷盘除绕自身轴旋转外，还随箱门旋转，比较灵活，不需将胶管全部拉出即能开启阀门供水。使用完毕后，先关闭供水闸阀，待胶管排除积水后卷回卷盘，将卷盘转回消火栓箱即可。

三、不同类型火灾的扑救

1. 电气火灾

电气设备发生火灾，首先应关闭电源开关，然后用干粉灭火器、二氧化碳灭火器等进行扑救，切不可直接用水扑救，以防止触电伤亡事故。如用水、泡沫灭火，应先切断电源，然后再灭火。电脑着火时应从侧面扑救，以防显像管爆裂伤人。

2. 可燃气体泄漏或火灾

目前使用的可燃气有煤气、液化石油气、天然气、乙炔气及其他工业和民用气体。发生事故主要有两种情况：一是泄漏，二是火灾或爆炸。

一旦发生泄漏应迅速设法关阀，控制气源流散，控制泄漏区域的一切火源（电源开关不能动，明火、火星、手机、静电等火源要立即熄灭、关闭、消除），关阀后应设法驱散气体，消除爆炸危险。使用工具关阀时要用不发火工具。泄漏量较大或不能及时关阀控制气源的，应迅速发出警报，组织人员疏散和现场警戒，控制警戒区域内一切火源，有条件的可用水雾稀释和降低可燃气体浓度，减缓扩散速度，尽力阻止爆炸，等待消防队来救援。

一旦发生火灾或爆炸，首先关闭阀门，切断气源，然后用灭火器或湿布等灭火器材进行灭火；如果阀门不能关闭的，又堵漏无效的，则不能将火焰扑灭，用水雾稀释和降低可燃气体浓度，冷却降低可燃气体管道、容器温度，尽量控制火势让其稳定燃烧；如果是液化、气、乙炔气钢瓶等压力容器着火，在灭火时还应防止钢瓶等压力容器过热发生爆炸。同时还应防止钢瓶横倒，以免造成液体燃烧。

3. 厨房火灾

厨房着火，最常见的是油锅起火。起火时，要立即用锅盖盖住油锅，关掉点火开关，使火窒息，切不可用水扑救或用手去端锅，以防止造成热油爆溅、灼烫伤人和扩大火势。如果油火撒在灶具上或地面上，可使用手提式灭火器扑救，或用湿布等捂盖灭火。

4. 易燃液体火灾

易燃液体（如汽油、酒精、香蕉水、甲苯等）着火，发展迅速而猛烈，有时甚至发生爆炸，且不易扑救，所以平时要做好准备，一旦发生应立即运用干粉、卤代烷、二氧化碳、泡沫灭火器灭火，或用细沙、湿毛毯等扑救，尽量控制液体的流散。切勿用水扑救，以免造成流淌火灾，如火势扩大，无法灭火时，应迅速逃离现场，离去时应将门顺手关上，以便在一定时间内控制火势蔓延。

5. 室内火灾

室内发生火灾应沉着冷静，分清情况，采取相应对策，如一般衣服、织物及小件家具着火，在火势不大时，可迅速将着火物拿到室外或卫生间等较为安全的部位用水浇灭。不要在家里乱扑乱打，以免将其他可燃物引燃。

家具着火，先用水盆接水扑救。如火势得不到控制，则利用楼梯间或走道上的消火栓进行扑救，同时迅速挪开家具旁边的可燃物质。

工业原料（成品）、生产设备、危险物品等火灾，要根据燃烧物品的性质特点，选用恰当的灭火剂扑救。如精密仪器设备、图书档案资料、遇湿燃烧物品、较大量高浓度的强酸等不能直接用水扑救，以免造成水渍损失或爆炸；糖粉、面粉、木屑等可燃粉尘不能用直流水柱冲击，以免引起粉尘爆炸，扩大灾害损失。

如果火势一时难以控制扑灭，要先将室内的液化气罐和汽油等易燃易爆危险品抢出。如时间允许，可将室内贵重物品一并抢出。如果室内火已烧大，不可以因为寻钱救物而贻误疏散良机，更不能重新返回着火房间去抢救物品。

当发现封闭的房间着火，不要随便打开门窗，防止新鲜空气进入而扩大燃烧，要先在外部察看火势，如果火势很小或只有烟雾不见火光，可以用水桶、脸盆等准备好灭火用水，迅速进入室内将火灾扑灭。如果火已烧大，就要呼喊邻居，共同做好灭火准备工作后，再打开门窗，进入室内灭火。开门时，先打开一条门缝，感觉一下室内的温度；如果室内温度不高，可带水迅速进入室内灭火；如果室内温度很高，有轰燃的可能，此时开门进入室内很有可能因补充新鲜空气，而发生轰燃（爆燃），导致人员伤亡和燃烧面积突然扩大成灾。因此，如果室内烟雾浓、温度高，应在备足消防用水（最好利用室内消火栓）的情况下，先开一条门缝，伸进水枪，上下左右迅速射水降温，尔后进入室内灭火。注意开门时人应站在门的一侧，防止轰燃将人烧伤。

第四节　火场逃生

一、烟的危害

绝大多数火灾都会产生烟气，据统计，火灾中死亡的人员中，烟气窒息、中毒导致死亡的占80％以上。2002 年 6 月，北京蓝极速网吧发生火灾，火灾过程中燃烧产生了大量高浓度的有毒烟气，导致 25 人死于窒息。烟气妨碍人员的逃生主要表现为以下几个方面：烟气的毒害性、烟气的减光性、烟气的恐怖性、烟粒子窒息、烟气使人热伤。据公安部消

视频讲解

防局统计，2016 年全国火场死亡人数中，因窒息致亡的占总数的 49.8％，烧灼致亡的占 29.8％，中毒致亡的占 3.4％，摔伤致亡的占 1％，爆炸致亡的占 0.4％，砸伤致亡的占 0.2％，其他原因致亡的占 15.4％。具体各种有毒气体的致死危险浓度，如表 7-1 所示。

表 7-1　各种有毒气体的致死危险浓度

有毒气体	产生方式	人体感觉	致死危险浓度（空气中含量）
一氧化碳（CO）	含碳物质不完全燃烧	无色无味，不易判断	1％时，呼吸 1 到 3 分钟引起死亡
硫化氢（H_2S）	含硫有机物不完全燃烧（毛织品、橡胶等）	臭鸡蛋味	0.07％以上时，可造成神经系统紊乱，呼吸急迫
二氧化硫	硫化物燃烧	强烈刺激眼睛、呼吸道	0.05％时，短时间可以引起死亡
氨	含氮物燃烧（丙烯塑料）	刺激眼睛、呼吸道	0.63％时，1.5 小时引起死亡

（续表）

有毒气体	产生方式	人体感觉	致死危险浓度（空气中含量）
氰化氢	含氮物不完全燃烧（晶体胺、聚酰胺、丙烯酸）	苦杏仁味，气喘、恶心、呕吐	0.3％时，呼吸几口即可引起死亡
光气	氯化物（如聚氯乙烯塑料）的燃烧产物	干咳	千万分之一时，即会引起中毒甚至死亡

97

二、火场逃生

每个人都在祈求平安，但天有不测风云，一旦火灾降临，在浓烟毒气和烈焰包围下，不少人葬身火海，也有人死里逃生幸免于难。"只有绝望的人，没有绝望的处境"，面对滚滚浓烟和熊熊烈焰，只要冷静机智运用火场自救与逃生知识，就有极大可能拯救自己。因此，掌握多一些火场自救的要诀，困境中也许就能获得第二次生命。

1. 熟悉环境，暗记出口

当你处在陌生的环境时，为了自身安全，务必留心疏散通道、安全出口及楼梯方位等，以便关键时候能尽快逃离现场。请记住：在安全无事时，一定要居安思危，给自己预留一条通路。

2. 消防通道，畅通无阻

楼梯、通道、安全出口等是火灾发生时最重要的逃生之路，应保证畅通无阻，切不可堆放杂物或设闸上锁，以便紧急时能安全迅速地通过。

3. 扑灭小火，防微杜渐

当发生火灾时，如果发现火势并不大，且尚未对人造成很大威胁时，当周围有足够的消防器材，如灭火器、消防栓等，应奋力将小火控制、扑灭；千万不要惊慌失措地乱叫乱窜，置小火于不顾而酿成大灾。请记住：争分夺秒，扑灭"初起火灾"。

4. 辨明方向，有序撤离

突遇火灾，面对浓烟和烈火，首先要强令自己保持镇静，迅速判断危险地点和安全地点，决定逃生的办法，尽快撤离险地。千万不要盲目地跟从人流和相互拥挤、乱冲乱窜。撤离时要注意，朝明亮处或外面空旷地方跑，要尽量往楼层下面跑，若通道已被烟火封阻，则应背向烟火方向离开，通过阳台、气窗、天台等往室外逃生。请记住：人只有沉着镇静，才能想出好办法。

5. 尽快撤离，不贪钱财

身处险境应尽快撤离，不要因害羞或顾及贵重物品，而把逃生时间浪费在寻找、搬离贵重物品上。已经逃离险境的人员，切莫重返险地，自投罗网。

6. 简单防护，蒙鼻地行

逃生时经过充满烟雾的路线，要防止烟雾中毒、预防窒息。为了防止火场浓烟呛入，可采用毛巾、口罩蒙鼻，匍匐撤离的办法。烟气较空气轻而飘于上部，贴近地面撤离是避免烟气吸入、滤去毒气的最佳方法。穿过烟火封锁区应戴防毒面具、头盔、阻燃隔热服等护具，如果没有这些护具，那么可向头部、身上浇冷水或用湿毛巾、湿棉被、湿毯子等将头身裹好，再冲出去。请记住：多件防护工具在手，总比赤手空拳好。

7. 善用通道，莫入电梯

按规范标准设计建造的建筑物，都会有两条以上逃生楼梯、通道或安全出口。发生火灾时，要根据情况选择进入相对较为安全的楼梯通道。除可以利用楼梯外，还可以利用建筑物的阳台、窗台、屋顶等攀到周围的安全地点，沿着落水管、避雷线等建筑结构中凸出物滑下楼也可脱险。在高层建筑中，电梯的供电系统在火灾时随时会断电或因热的作用电梯变形而使人被困在电梯内，同时由于电梯井犹如贯通的烟囱般直通各楼层，有毒的烟雾直接威胁被困人员的生命。请记住：逃生的时候，乘电梯极危险。

三、高层和超高层建筑火灾自救

现代城市，高层建筑林立。高层建筑是指高度在 24～100 米的建筑，其中 50 米以上称为一类高层，100 米以上的则称为超高层。

2017 年 6 月 14 日，英国伦敦"格伦菲尔塔"公寓楼大火导致 79 人死亡。据当地媒体报道，起火点在 4 楼，因一住户屋内老旧电冰箱爆炸引起，短短 15 分钟大火通过外墙隔热层窜上楼顶。

近年来，随着我国经济社会的快速发展，高层及超高层建筑急剧增多，建筑高度不断攀升，体量跨度越来越大，功能更趋多元化。特别是一些高层大型城市综合体，经营业态多、人员密集，消防安全问题突出。据不完全统计，目前我国有高层民用建筑 36 万余栋，其中有超高层民用建筑 8500 多栋，类似英国伦敦"6·14"高层建筑火灾时有发生：2009 年中央电视台新址"2·9"事故、2010 年上海静安公寓"11·15"、2011 年辽宁沈阳皇朝王鑫酒店"2·3"等高层建筑火灾，造成重大损失和影响。仅 2017 年前半年，全国就接报高层建筑火灾 2517 起、亡 61 人、伤 61 人、直接财产损失 4082 万元。2017 年 2 月 25 日，江西省南昌市一高层建筑内的 KTV 发生火灾，亡 10 人、伤 13 人；2017 年 6 月 14 日，陕西省西安市一高层居民住宅楼电缆井发生火灾，亡 3 人。超高层建筑火灾救援一直是世界性难题，一旦发生火灾，自救很关键。

（1）扑灭"初起火灾"。扑灭小火惠及他人，当发生火灾时，如果火势不大，应奋力将小火控制、扑灭；千万不要惊慌失措，置小火于不顾而酿成大灾。

（2）快速向下逃生。如果所处楼层已经着火，楼梯尚未封死，火势不十分猛烈，可以披上用水浸湿的衣被，从楼上快速冲下楼或进入疏散楼梯再撤到安全地带。从消防通道里逃生，要猫着腰，紧贴墙壁，低姿前进。逃生时要用湿毛巾捂住口鼻，以降低浓烟的侵害，千万不要跳楼，也不能乘坐电梯逃生。此外，一般救生气垫，救援高度极限是 15～20 米，若所在楼层高度超过六层，一定不能盲目跳气垫逃生，否则和跳楼相差无几。

（3）寻找避难层。超高层公共建筑（100 米以上）每隔 15 层左右设有避难层，避难层墙壁采用特制防火材料，设有专门的排烟、送风设施、消防专线电话和应急广播，并配有消火栓、消防卷盘、应急照明等必要的消防设备。避难层相当于一个火灾无法侵入的独立"防火空间"。错层楼梯设计是为了避免火灾中的"烟囱效应"，防止烟雾直接通过楼梯进入避难层。火灾发生时，对于那些由于疏散路线远或疏散通道被烟火封堵或因伤残、体弱无法及时疏散到室外的人员，避难层是最佳的躲避烟、火侵袭暂时保证安全的场所。因此，如果在超高层写字楼工作或实习，请务必花一点时间找找身边的避难层，熟悉它的方位、路线，这在关键时刻可救你一命。

（4）无法突破着火点，寻找合适房间避难。如果你下到 10 楼的时候，发现起火点在 9 楼，且无法突破下楼，该怎么办？此时应当迅速转身上到 12 或者 13 层以上后找一个合适的房间。你必须找一间最靠主干道的房间（这样你将成为消防员们最先施救的对象），这个房间必须有窗户，没有防盗网。你进入这个房间之后，第一个动作是关闭房门堵住门缝，第二个动作是封闭你能看见的所有空调出风口，第三个动作是打烂这个房间的窗户，向窗外发送求救信号。在白天，可以向窗外晃动鲜艳衣物；在夜晚，即可以用手电筒等在窗口闪动或者敲击窗口，发出求救信号。

（5）日常积极查改身边火灾隐患。重点清理楼梯、走道、阳台等区域可燃杂物，清理楼院电动自行车等违规存放、充电情况；高层建筑常闭式防火门严禁敞开；请勿从高层建筑阳台或窗口丢弃未熄灭的烟头，请勿将烟头丢入阳台的下水道。

（6）居住在高层建筑的居民应当配备家庭灭火器、灭火毯、防烟面罩、逃生绳索等简易灭火逃生器材。

小贴士

火场逃生口诀

熟悉环境，记清方位，明确路线，迅速撤离。

通道不堵，出口不封，门不上锁，确保畅通。

听从指挥，不拥不挤，相互照应，有序撤离。

发生意外，呼唤他人，不拖时间，不贪财物。

自我防护，低姿匍匐，湿巾捂鼻，防止毒气。

直奔通道，顺序疏散，不入电梯，以防被关。

保持镇静，就地取材，自制绳索，安全逃生。

烟火封道，关紧门窗，湿布塞缝，防烟侵入。

火已烧身，切勿惊跑，就地打滚，压灭火苗。

无法自逃，向外招呼，让人救援，脱离困境。

测 一 测

1. 干粉灭火器扑救可燃、易燃液体火灾时，应对准（　　）扫射，并迅速向前推进，直至火焰全部扑灭。

    A. 火焰根部   B. 火焰顶部   C. 火焰中部   D. 朝天喷射

2. 干粉扑救固体可燃物的火灾时，应对准（　　）喷射。

    A. 燃烧最猛烈处，并上下、左右扫射   B. 随便喷射就行

    C. 朝火焰根部喷射   D. 朝火苗喷射

3. 火灾现场不正确的逃生方法是（　　）。

    A. 用湿毛巾捂住口鼻

    B. 披上用水浸湿的衣物向安全出口逃离

    C. 慌不择路，从高楼上翻窗跳下

    D. 关闭门窗、阻隔火源、等待救援

4. 以下对火警电话描述不正确的是（　　）。

    A. 119 报警电话是免费的

    B. 发生火灾时任何人都可以无偿拨打 119

    C. 为了演练，平时可以拨打 119

    D. 任何电话均可拨打 119

5. 下列（　　）灭火剂，是扑救精密仪器火灾的最佳选择。

    A. 二氧化碳   B. 干粉   C. 泡沫   D. 清水

6. 使用燃气灶具时（　　）。

    A. 应先开气阀后点火，即"气等火"

    B. 应先点火后再开气阀，即"火等气"

    C. 先点火还是先开气阀都无所谓

    D. 点火、开气阀同时进行

7. 在火灾现场，未成年人要坚持的原则是（　　）。

    A. 先救火再逃生   B. 先逃生

    C. 边救火边逃生   D. 立即逃生并呼救

8. 当身上衣服着火时，可立即（　　）。

    A. 离开火场，灭掉身上明火   B. 用手或物品扑打身上明火

    C. 就地打滚，压灭身上明火   D. 请他人灭火

9. 当宿舍内发生火灾时，正确的逃生方法是（　　）。

    A. 不管楼层高低，立即跳楼

    B. 立即利用电梯快速逃离火灾现场

    C. 迅速披上浸湿的衣服、被褥等，向安全出口方向逃离

    D. 寻找通道，逃离现场

10. 在火灾中死亡的人，大部分人是因为（　　）。

    A. 被火直接烧死   B. 被烟气窒息致死

    C. 跳楼或惊吓致死   D. 被建筑物砸死

参考答案

1. A　2. C　3. C　4. C　5. A　6. B　7. D　8. C　9. C　10. B

大学生公共安全教育

第八章　实验室安全篇

实验室和发明是两个有密切关系的名词，没有实验室，自然科学就
会枯萎；科学家一经离开了实验室，就变成战场上缴了械的战士。

——法国微生物学家巴斯德

　　实验室是高校进行教学和研究的重要基地，是现代化大学的心脏，然而在大学实验室里，却常常潜藏着诸如发生爆炸、着火、中毒、灼伤、割伤、触电等事故的危险性。实验室不仅使用种类繁多的易燃、易爆、有毒化学药品，而且有些实验需要在高温、高压、超低温、强磁、辐射、微波或高转速等特殊条件下进行操作，稍有不慎或疏忽，就可能发生着火、爆炸、化学灼伤和中毒事故，是"不折不扣的事故高压锅"。实验室一旦发生事故，不仅会带来巨大的财产损失和人员伤亡，同时也有可能会造成严重的环境污染。

　　根据统计，58%的实验室事故系人为原因造成，人为原因造成的伤亡人数占到事故总伤亡人数的87.6%。其中，由危险化学气体引发的事故伤亡人数占事故总伤亡人数的90.5%，易燃液体事故占事故总伤亡人数的6.1%，这两类事故的伤亡人数占事故总伤亡人数的96.6%。

第一节　实验室危险源及安全管理

案例

实验室爆炸事故，后果严重

　　2009年10月23日下午，北京理工大学某微生物实验室，两名学生正在跟两名调试工程师学习刚买回来不久的实验仪器——厌氧培养箱——的操作技巧。突然一声巨响，厌氧培养箱在调试过程中发生爆炸，约40平方米的实验室内几乎所有的玻璃器皿均被震碎，满地玻璃碎片。实验室内5人被飞溅的玻璃碎片划破，鲜血直流。万幸的是，5人均无生命危险。

师生实验中感染病菌，遗留后患

　　2010年12月，东北某大学一次羊活体动物实验中，16人感染布鲁氏杆菌传染病，导致全年级共28人感染。原因是师生们在无防护状态下进行试验，而试验用的羊也未进行检疫。布鲁氏杆菌病是与甲型H1N1流感、传染性非典型肺炎、人感染高致病性禽流感、炭疽病等20余种"大名鼎鼎"的传染病并列的乙类传染病。此病菌可以侵犯中枢神经系统，以及引起脑膜炎等并发症。

一、机械类实验室安全

机械设备由驱动装置、变速装置、传动装置、工作装置、制动装置、防护装置、润滑系统、冷却系统等部分组成，包含有数控设备、金工加工设备、特种设备等。

1. 数控设备使用安全

（1）数控设备（见图 8-1）属于贵重设备，使用者必须经过专门的培训，并得到指导教师的同意后方可使用。进入数控实训场地后，应服从安排，不得擅自启动或操作数控机床系统。参加实验或实训的学生必须在指导教师的指导下使用数控设备。

（2）使用数控机床前必须先检查电源线、控制线及电源电压，还应检查数控机床各轴有无回到机床零点；装夹、测量工件时要停

图 8-1　数控设备

机进行。禁止穿高跟鞋、拖鞋上岗，不允许戴手套和围巾进行操作。

（3）开机床前，应该仔细检查机床各部分机构是否完好，各传动手柄、变速手柄的位置是否正确，并按要求对数控机床进行开机前的润滑保养；数控设备运行时，操作者不得离开岗位，如有异常情况应立即按复位键、急停开关或关掉电源，并报告指导教师。

（4）操作数控系统面板时，对各按键及开关的操作不得用力过猛，不允许用扳手或其他工具进行操作。

（5）手动对刀时，应注意选择合适的进给速度；手动换刀或自动换刀时，刀架距工件要有足够的转位距离，不至于发生碰撞；完成对刀后，要做模拟换刀试验或模拟校对加工试验，防止正式操作时发生撞坏刀具、工件或设备等事故。

（6）在数控加工过程中，因观察加工过程的时间多于操作时间，所以一定要选择好操作者的观察位置，不允许随意离开实训岗位，确保安全。

（7）操作数控系统面板及操作数控机床时，严禁两人同时操作。

（8）机床在正常运行时禁止打开电气柜的门。

（9）数控加工程序必须经过严格检验方可进行运行操作。

（10）自动运行加工时，操作者必须思想集中，左手手指应放在程序停止按钮上，眼睛观察刀尖运动情况，右手控制修调及补修调开关，控制机床拖板运行速度。发现问题时及时按下程序停止按钮，确保刀具和数控机床安全，防止各类事故发生。

（11）若数控机床发生事故，操作者要注意保留现场，并向指导教师或技术人员如实说明事故发生前后的情况，以利于分析问题，查找事故原因。

（12）实训结束后，数控机床应复位，使各驱动轴回到机床零点，按规定打扫、保养数控机床，做好文字记录。

2. 金工加工设备（见图 8-2）使用安全

（1）实验前准备规范如下。

大学生公共安全教育

①检查穿戴、套上袖套，不穿拖鞋、高跟鞋，不穿裙子，不着含有带状或易脱落饰物的服装。长发同学必须戴工作帽。严禁戴手套操作，以免被机床运转机构铰住，造成事故。

②检查安全防护、制动、限位和换向等装置，应齐全完好。

③检查机械、液压、气动等操作手柄、开关是否处于非工作的位置上，以免上电时机床突然启动，引发事故。

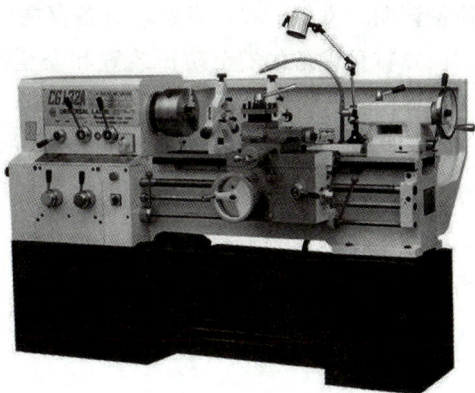

图 8-2　金工加工设备

④检查电器配电箱，应关闭牢固，电气开关处于关停状态。

（2）实验中操作规范如下。

①坚守岗位，单人操作；待岗人不得窜、溜出本岗区外，不得影响他人操作。因故离开机床时要停车，并关闭电源、气源、水源。

②按工艺规定进行加工，禁止随意加大进刀量、磨削量和切削速度，以免因进刀过大导致道具崩裂甚至工件飞出伤人。

③传动及进给机构的机械变速，刀具与工件的装夹、调正以及工件的工序间的人工测量等均应在切削、磨削终止，刀具、磨具退离工件后，并停车进行。

④机床上的导轨面、工作台面和卡盘上，禁止直接放置工具、工件及其他杂物。

⑤机床发生事故时应立即按总停按钮，保持事故现场，报告有关部门分析处理。

（3）实验后规范如下。

①将机械、液压、气动等操作手柄、开关扳到非工作位置上。数控机床应复位，使各驱动轴回到机床零点。

②停止机床运转，切断电源、气源、水源。

③清除废屑，清扫工作现场，认真擦净机床。导轨面、转动及滑动面、定位基准面、工作台面等处加油保养。

④认真记录机械的运行情况。

3. 特种设备使用安全

特种设备是指涉及生命安全、危险性较大的锅炉、压力容器（含气瓶）、压力管道、电梯、起重机械、客运索道、大型游乐设施和场（厂）内专用机动车辆。其中锅炉、压力容器（含气瓶）、压力管道为承压类特种设备；电梯、起重机械、客运索道、大型游乐设施为机电类特种设备。

（1）实验室特种设备包括电火花、线切割、高温电炉、光学冷加工设备等。对这类设备要加强管理，防止操作和管理不善而造成操作者和周围人员受到伤害。

（2）对特种设备管理应贯彻执行国家和上级有关部门的各项规定。

（3）实验室对特种设备应建立专门的技术资料档案，包括全部随机原始资料和运行记录资料（设备登记卡，使用登记证，安装、检验、修理、鉴定记录，设备改造时

103

的质量证明、文件、技术资料，设备存在问题记录和评价资料）。

（4）特种设备的安全防护装置和安全控制装置必须符合国家规定的要求，严禁拆卸和损坏。

（5）特种设备的运行必须建立并执行安全技术操作规程、交接班制度、维护保养制度、定期检验和检修制度、事故登记和报告制度。

（6）操作人员必须经过培训取得合格证。操作时应严格遵守安全操作规程，不得擅离职守和违章作业。

小贴士

高压气瓶安全使用措施

为了便于运输和使用，人们将氢气、乙炔、天然气、氯气等易燃气体用加压的方法压缩后储存于钢瓶内。压缩气瓶该怎么放？放在哪儿？都需要哪些安全措施呢？

（1）使用的气瓶必须在显著位置标识气体成分等相关信息。

（2）高压气瓶必须分类保管，直立要固定，远离热源，避免暴晒及强烈振动，氧气瓶、可燃性气体气瓶与明火的距离应不小于10米。气瓶存放点必须通风、隔热、安全——特别是剧毒、易燃易爆气体钢瓶；气瓶分类摆放、不得混放——主要指可燃性气体与氧气等助燃气体混放。

（3）开启高压气瓶时，操作者须站在侧面，操作时严禁敲打，发现漏气须立即停用并修理。高压气瓶应定期检验，一般气瓶为每3年检验一次，腐蚀性气瓶每2年检验一次，如发现有严重腐蚀或损伤应提前进行检验。

（4）不可将气瓶内的气体全部用完，一定要保留0.05MPa以上的残留压力（减压阀表压）。可燃性气体如C_2H_2应剩余0.2～0.3MPa。

高压气瓶的名称、颜色及字样如表8-1所示。

表8-1　高压气瓶的名称、颜色及字样

高压气瓶名称	气瓶颜色	字样
氧气瓶	蓝	氧
氢气瓶	深绿	氢
氮气瓶	黑	氮
氯气瓶	草绿	氯
压缩空气瓶	黑	压缩空气
二氧化碳气瓶	黑	二氧化碳
乙炔气瓶	白	乙炔
其他可燃性气瓶	红	（气体名称）
其他非可燃性气瓶	黑	（气体名称）

高压气瓶安全使用操作步骤如图 8-3 所示。

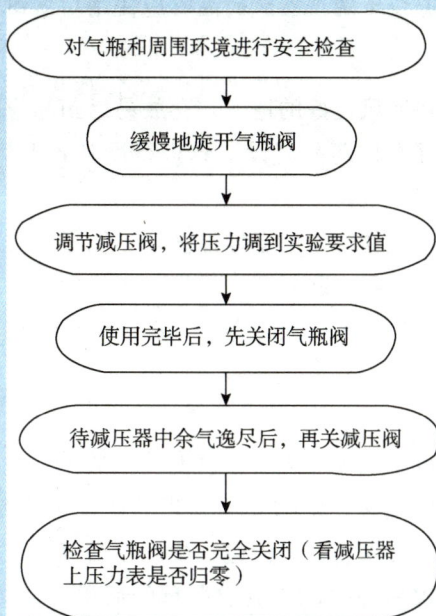

```
┌─────────────────────────┐
│  对气瓶和周围环境进行安全检查  │
└─────────────────────────┘
            │
            ▼
┌─────────────────────────┐
│      缓慢地旋开气瓶阀        │
└─────────────────────────┘
            │
            ▼
┌─────────────────────────┐
│  调节减压阀，将压力调到实验要求值 │
└─────────────────────────┘
            │
            ▼
┌─────────────────────────┐
│    使用完毕后，先关闭气瓶阀     │
└─────────────────────────┘
            │
            ▼
┌─────────────────────────┐
│  待减压器中余气逸尽后，再关减压阀 │
└─────────────────────────┘
            │
            ▼
┌─────────────────────────┐
│  检查气瓶阀是否完全关闭（看减压器 │
│    上压力表是否归零）        │
└─────────────────────────┘
```

图 8-3　高压气瓶安全使用操作步骤

二、化学类实验室安全

生物和化学实验室工作，经常会与有毒、有腐蚀性、易燃烧和具有爆炸性的化学药品直接接触，也常常使用易碎的玻璃和瓷质器皿以及高温加热设备，因此，必须十分重视安全工作。

1. 预防实验中毒

（1）一切药品瓶必须有标签；在使用过程中如有毒药品撒落时，应马上收起并洗净撒落过毒物的桌面和地面。

（2）严禁试剂入口，严禁用鼻子接近瓶口鉴别试剂。

（3）严禁将食品带入实验区域，离开实验室、喝水及吃食品前一定要洗净双手。

（4）使用或处理有毒物品时应在通风橱内进行，且头部不能进入通风橱内。

（5）实验废液不能直接倒在水槽中，应当先进行回收处理。

（6）有毒物质应按实验室的规定办理审批手续后领取，使用时严格操作，用后妥善处理。

2. 防止化学腐蚀、灼伤、烫伤

（1）取用腐蚀性、刺激性药品时应戴上橡皮手套。

（2）在研磨苛性碱和其他腐蚀性物质时，要注意防范小碎块溅散，以免灼伤眼睛、面部等。

（3）稀释浓硫酸等强酸、氢氧化钠、氢氧化钾等发热固体药品时须在烧杯等耐热容器内进行，且必须在搅拌下将酸缓慢地加入水中，不能用普通容器操作。

（4）从烘箱中拿出高温烘干的仪器或药品时应使用坩埚钳或戴上手套，以免烫伤。

3. 防止燃烧和爆炸

（1）挥发性药品应放在通风良好的地方，存放易燃药品应远离热源。

（2）室温过高时使用挥发性药品应设法先进行冷却再开启，不能使瓶口对着自己或他人的脸部。

（3）身上或手上沾有易燃物时，应立即清洗，不能靠近灯火。

（4）严禁将氧化剂与可燃物一起研磨，易发生爆炸的操作不能对人进行。

（5）高压气体移动或启用时不得激烈振动，高压气体的出口不得对着人。

三、生物类实验室安全

目前，生物安全问题也不仅仅局限于生物专业实验室，生物科学已与化学、化工、材料、医学等许多学科形成交叉，生物安全管理的范围也不断延伸。生物实验室污染物种类复杂，传染性强，毒性大。若实验过程中产生的高浓度含有害微生物的培养液、培养基若未经严格灭菌处理而外排，会造成严重的后果；而高传染性生物性污染物将可能引起流行性疾病的大规模爆发。

1. 生物安全级别与实验室设置

具有感染威胁的生物危险度分为四级，级别越高，潜在危险越大。一般高校或研究所所涉及的是一级或二级生物安全水平的基础实验，更高级别生物安全威胁的实验很少开展，如需要进行更高级别生物安全威胁的实验，必须向学校相关领导机构通报，实验室相关设施及操作必须严格按照世界卫生组织制定的《实验室生物安全手册》（第三版）执行。根据国家对实验室生物安全分类管理规定，将实验室分为Ⅰ级、Ⅱ级、Ⅲ级、Ⅳ级，实验室的设置应报国家有关部门批准，确定实验室级别，取得相应资格证书。

（1）危险度1级（无或极低的个体和群体危险）：不太可能引起人或动物致病的微生物。

（2）危险度2级（个人危险中等，群体危险低）：病原体能够对人或动物致病，但对实验室工作人员、社区、牲畜或环境不易导致严重危害。

（3）危险度3级（个体危险高，群体危险低）：病原体通常能引起人或动物的严重疾病，但一般不会发生感染个体向其他个体的传播，并且对感染有有效的预防和治疗措施。

（4）危险度4级（个体和群体的危险均高）：病原体通常能引起人或动物的严重疾病，并且很容易发生个体之间的直接或间接传播，对感染一般没有有效的预防和治疗措施。

2. 生物实验室进入规定

（1）在处理危险度2级或更高危险度级别的微生物时，在实验室门口应有国际通用的生物危害警告标志。

（2）实验室安全管理人员应根据实验室的具体情况，制定实验室生物安全的操作程序。

（3）进入实验室工作的人员必须经过生物安全知识培训，获得相应部门颁发的证书后方可上岗。

（4）相关专业的学生必须接受生物安全教育或培训。

（5）实验室的门应保持关闭。

（6）儿童不应被批准或允许进入实验室工作区域。

（7）进入动物应经过特别批准。

3. 生物实验室人员防护

（1）在实验室工作时，任何时候都必须穿着连体衣、隔离服或工作服。

（2）在进行可能直接或意外接触到血液、体液以及其他具有潜在感染性的材料或感染性动物的操作时，应戴上合适的手套。手套用完后，应先消毒再摘除，随后必须洗手。

（3）在处理完感染性实验材料和动物后，以及在离开实验室工作区域前，都必须洗手。

（4）为了防止眼睛或面部受到泼溅物、碰撞物或人工紫外线辐射的伤害，必须戴安全眼镜、面罩（面具）或其他防护设备。

（5）严禁穿着实验室防护服离开实验室（如去餐厅、茶室、办公室、图书馆和卫生间）。

（6）不得在实验室内穿露脚趾的鞋子

（7）禁止在实验室工作区域进食、饮水、吸烟、化妆和处理隐形眼镜。

（8）禁止在实验室工作区域储存食品和饮料。

（9）在实验室内用过的防护服不允许和日常服装放在同一个柜子内。

（10）高压蒸汽灭菌是清除生物污染的首选方法。

4. 生物实验室废弃物的处置

生物实验室的废弃物主要包括感染性废物、损伤性废物和化学性废物。感染性废物指携带病原微生物，具有引发感染性疾病传播危险的废物；损伤性废物，指能够刺伤或者割伤人体的废弃的锐器；化学性废物，指具有活性、毒性、腐蚀性、易燃易爆性的废弃化学物品。

（1）按类别分别置于专用包装物或容器内，确保包装物或者容器无破损、渗漏或其他缺陷，破损的包装应按生物类废物处理。

（2）废物盛放不能过满，大于 3/4 时就应封口，封口紧密严实，注明实验室名称和数量。

（3）运送时防止流失、泄露、扩散和直接接触身体；应使用防渗漏、无锐利边角、易于装卸和清洁的专用运送工具，各种包装和运送工具应有专用生物类废物标识。

（4）做好废弃物的登记，包括来源、种类、重量和数量、交接时间、最终去向和经办人签名等。

四、计算机类实验室安全

（1）定期组织机房管理员进行安全学习，开展安全检查，消除事故隐患。

（2）实验室内不得乱拉电线，禁止私用电热器等大功率用电设备。

（3）值班人员下班离室前，必须认真检查电源开关、灯、空调和窗户是否完全关闭，最后锁门离开。

（4）实验室钥匙必须妥善保管，不得转借，不准私配。工作调动时应立即交回，若有遗失必须及时报告。

（5）实验室不得挪作他用，不得住宿，也不能存放私人物品。

（6）实验室的消防设备，不准随意移动；实验室的走廊过道不准堆放物品，保持畅通。

（7）保持实验室环境卫生整洁，禁止在实验室内吸烟，乱扔垃圾、杂物，严禁将饮料和各类食品带入实验室；严禁运行任何含有反动、不健康的或者含病毒的软件程序，或浏览此类网页。

（8）任课老师需根据教学大纲的要求提前联系好机房管理员，以便及时安装好授课所需软件，确保教学正常进行。

（9）任何人不得私自拆卸计算机，不得擅自修改和拆接网络拓扑结构及其连接方式。

（10）计算机使用人员不能擅自把系统中的信息拷贝出系统，不得修改和删除计算机系统文件和数据库，不得擅自改变系统环境。如需更改，必须记录在案。

第二节　实验室中毒事故处理

一、吸入时的应急处理方法

1. 一氧化碳中毒

中毒症状：轻度中毒会出现头晕、四肢无力、恶心、呕吐、耳鸣、面色红转苍白。中毒深者出现呼吸困难、抽搐、昏迷等症状。

应急处置：赶快打开门窗，将吸入者抬到空气流通处，解开衣扣，使呼吸不受阻碍。若呼吸不好，立即进行人工呼吸。中毒严重者立即送具有高压氧舱设备的医院抢救。

视频讲解

2. 二氧化硫中毒

中毒症状：轻度中毒会出现眼及咽喉部的刺激。中度中毒会出现声音嘶哑，胸部压迫感、吞咽困难等症状。严重者会呼吸困难，产生知觉障碍甚至死亡。

应急处置：赶快打开门窗，将吸入者抬到空气流通处。对呼吸困难者应给予输氧，但切勿进行人工呼吸。由于皮肤接触而受伤的患者应及时用 $2\% \sim 3\%$ 的碳酸氢钠溶液冲洗患处。中度中毒者要送医院救治。

3. 硫化氢中毒

中毒症状：轻度中毒会出现眼部灼痛、畏光流泪、咳嗽、恶心、呕吐、头痛等症状；严重者会出现意识不清，呼吸迅速转向麻痹、抽搐、昏迷甚至死亡。

应急处置：赶快打开门窗，将吸入者抬到空气流通处，对黏膜损伤者及时用生理盐水冲洗患处。对呼吸困难者应立即送医院抢救。

4. 氨中毒

中毒症状：吸入者会出现黏膜刺激或损伤、眼睑浮肿、咳嗽、呼吸困难、呕吐、角膜溃疡等症状。

应急处置：赶快打开门窗，将吸入者抬到空气流通处，及时送医院救治；眼睛或皮肤灼伤处用清水冲洗。

二、吞食时的应急处理方法

患者因吞食药品中毒而发生痉挛或昏迷时，非专业医务人员不可随便进行处理。要立刻找医生治疗，并告知其引起中毒的化学药品的种类、数量以及发生时间等有关情况。如果短时间无法送到医院，则可采取下述方法处理。

（1）为降低胃中药品的浓度，延缓毒物被人体吸收的速度并保护胃黏膜，可饮食下述任一种东西，如牛奶、蛋清。

（2）用手指或匙子的柄摩擦患者的喉头或舌根，使其呕吐。但吞食酸、碱之类腐蚀性药品或烃类液体时，因有呕吐物可能进入气管的危险，因而，遇到此类情况不可催吐。

三、沾着皮肤时的应急处理方法

（1）用自来水不断淋湿皮肤。

（2）一面脱去衣服，一面在皮肤上浇水。

（3）不要使用化学解毒剂。

四、微生物实验室事故应急处理方法

（1）皮肤破伤。包括皮肤的破损、针刺和切割伤，应尽可能挤出损伤处的血液，除尽异物，用肥皂和清水冲洗伤口或被污染的皮肤，使用适当的皮肤消毒剂，必要时进行医学处理。

（2）眼睛溅入液体。立即迅速用生理盐水连续冲洗至少 10 分钟，避免揉擦眼睛。

（3）衣物污染。尽快脱掉实验服以防止感染物污染皮肤并进一步扩散；洗手并更换实验服；将已污染的实验服放入高压灭菌器，并更换干净的衣物或一次性衣物。

（4）误食病原菌菌液。应立即吐出，并用 1∶1000 高锰酸钾溶液漱口；可根据菌种不同，服用抗菌药物予以预防。

（5）容器破碎及感染性物质的溢出。应当立即用布或纸巾覆盖受感染性物质污染或受感染性物质溢洒的破碎物品，然后在上面倒上消毒剂。用于清理的布、纸巾和抹布等应当放在盛放污染性废弃物的容器内。在所有这些操作过程中都应戴手套。如果发生大面积泄漏，所有人员必须立即撤离相关区域，在生物安全人员的指导下来清除污染。

第三节　实验室安全与环境保护

说起实验室环境保护，就不得不提 2015 年 1 月 1 日实施的《中华人民共和国环境保护法》（以下简称《环境保护法》），修订后的《环境保护法》将保护环境确立为我们国家的基本国策。这部被称为"史上最严"和"长牙齿"的环保法，着重增加了政府在环境监管方面的责任以及对企业污染环境的惩罚力度：偷排漏排，拘留罚款。值得注意的是，新法还规定了学校必须把环保知识纳入教育内容，学校负责培养学生的环保意识。高等学校既要有做好教学科研的责任和义务，也要有保护环境的责任和义务。

视频讲解

一、严禁将实验废弃物随意丢弃

生化类实验室污染物种类复杂，传染性强，毒性大。若实验过程中产生的高浓度含有害微生物的培养液、培养基，未经严格灭菌处理而外排，会造成严重的后果；而高传染性生物性污染物将可能引起流行性疾病的大规模爆发。因此，严禁将实验废弃物与普通生活垃圾混装，严禁将废弃物直接倒入城市污水管网或随意丢弃。

小贴士

污染环境罪

污染环境罪是指违反防治环境污染的法律规定，造成环境污染，后果严重，依照法律应受到刑事处罚的行为。《刑法》规定：违反国家规定，排放、倾倒或者处置有放射性的废物、含传染病病原体的废物、有毒物质或者其他有害物质，严重污染环境的，处三年以下有期徒刑或者拘役，并处或者单处罚金；后果特别严重的，处三年以上七年以下有期徒刑，并处罚金。

根据《最高人民法院、最高人民检察院关于办理环境污染刑事案件适用法律若干问题的解释》，具有以下情形之一的，认定为"严重污染环境"：

（1）在饮用水水源一级保护区、自然保护区核心区排放、倾倒、处置有放射性的废物、含传染病病原体的废物、有毒物质的。

（2）非法排放、倾倒、处置危险废物三吨以上的。

（3）非法排放含重金属、持久性有机污染物等严重危害环境、损害人体健康的污染物超过国家污染物排放标准或者省、自治区、直辖市人民政府根据法律授权制定的污染物排放标准三倍以上的。

（4）私设暗管或者利用渗井、渗坑、裂隙、溶洞等排放、倾倒、处置有放射性的废物、含传染病病原体的废物、有毒物质的。

（5）两年内曾因环境违法受过两次以上行政处罚，又实施前列行为的。

（6）致使乡镇以上集中式饮用水水源取水中断十二小时以上的。

（7）致使基本农田、防护林地、特种用途林地五亩以上，其他农用地十亩以上，其他土地二十亩以上基本功能丧失或者遭受永久性破坏的。

（8）致使森林或者其他林木死亡五十立方米以上，或者幼树死亡两千五百株以上的。

（9）致使公私财产损失三十五万元以上的。

（10）致使疏散、转移群众五千人以上的。

（11）致使三十人以上中毒的。

（12）致使三人以上轻伤、轻度残疾或者器官组织损伤导致一般功能障碍的。

（13）致使一人以上重伤、轻度残疾或者器官组织损伤导致一般功能障碍的。

（14）其他严重污染环境的情形。

小贴士

实验室通风柜使用时注意事项

（1）在实验开始以前，必须确认通风柜应该处于运行状态，才能进行实验操作。

（2）实验结束前至少还要继续运行 5 分钟以上才可关闭通风机，以排出管道内的残留气体。也可考虑安装排风时间延时器，确保通风机延迟运行。

（3）实验时，在距玻璃视窗 150 毫米内不要放任何设备，大型实验设备要有充足的空间，不应影响空气的流动，前面视窗尽量要关闭使用。

二、避免不相容的废弃物混装

实验室应依据废弃物类别、特性配备符合相关技术规范的收集容器，分类收集实验室废弃物，收集时应避免不相容的废弃物混装、固液混装。"避免不相容的废弃物混装"是指禁止将相互反应的危险废物混装在同一容器内。部分不相容的危险废物混合时的危险如表 8-2 所示。

表 8-2　部分不相容危险废物混合时的危险

不相容危险废物		混合时的危险
甲	乙	
氧化剂	还原剂	爆炸反应及产生热量
氰化物	酸类	产生氰化氢，吸入少量会致命
次氯酸盐	酸类	产生氯气，吸入可能致命
铜、铬及多种重金属	酸类	刺激眼睛及烧伤皮肤
强酸	强碱	产生热量、引起爆炸
氨盐	强碱	产生氨气、刺激眼睛及呼吸道

三、降低生物暴露感染风险

说到生物暴露感染，不得不提的便是生物气溶胶。气溶胶是悬浮于气体介质中的粒径一般为 0.001～100 微米的固态或液态微小粒子形成的相对稳定的分散体系；而生物气溶胶是空气中任何生物来源的气溶胶。无论是哪一种微生物实验室，只要是操作感染性物质，生物气溶胶的产生就是不可避免的。如离心、混匀、接种、制片、移液、加样等均可产生气溶胶污染。它的特点在于，看不见、摸不着，可在实验室内长时间漂浮并随气流在室内流动，实验人员在自然呼吸中就不知不觉地吸入而造成感染，并有可能造成严重的公共卫生问题——后果可以参考《生化危机》《釜山行》等系列电影。

1. 生物实验室感染源与暴露感染途径

生物实验室常见感染源如下。

（1）培养物和储存物。

（2）实验动物。

（3）标本。

（4）被上述内容污染的物品。

生物实验室常见暴露感染途径有如下。

（1）呼吸道摄入。

（2）经口摄入。

（3）针刺或锐器刺伤。

（4）皮肤、黏膜污染。

（5）动物叮咬。

2. 预防生物暴露感染措施

虽然生物实验室危险因素很多，但是通过规范的生物安全实验室建设、严格的管理制度和良好的微生物操作规范，潜在的实验室生物危害是可以防护的。

（1）把危害因子围场在物理防护设备（如生物安全柜）内操作，使其污染的范围尽可能缩小到最低程度。

（2）在操作有害因子时进行有效的个人防护，使其不能和人体有直接接触。

（3）设置密闭、负压、合理分区的实验室屏障，使实验室的空气不能进入开放的环境，防止环境污染。

（4）对废气、废物、废水、物体和围场内表面都要进行有效的消毒、除菌，废弃物灭菌后应作为有害废物处理。

（5）采取高效空气过滤器（HEPA）过滤通风，净化外排的空气。

四、避免放射性辐射危害

1. 什么是放射性辐射

某些物质的原子核能发生衰变，释放出肉眼看不见也感觉不到，只能用专门的仪器才能探测到的射线，物质的这种性质称为放射性。放射性物质是那些能自然地向外辐射能量，发出射线的物质。一般都是原子质量很高的金属，像钋、铀等。放射性物质放出的射线有三种，它们分别是 α 射线、β 射线和 γ 射线。

2. 放射性辐射对人体的危害

放射性物质进入人体的途径包括呼吸道吸入、消化道进入、皮肤或黏膜（包括伤口）浸入。短时间大剂量的射线照射会导致人体机体的病变；长时间小剂量的射线照射有可能产生遗传效应；大量吸入放射性物质也可以导致人体内脏发生病变。

案例

2014 年，天津某公司在南京进行探伤作业期间，丢失一枚放射源铱-192。此事一度震惊全国，引起了普遍的关注。尽管后来这串链状物被找回，但当初捡到后又丢弃铱-192 的南京居民王某却因铱-192 辐射受伤严重。王某当初在事发地做保洁时，他看到这个掉在地上亮眼的铁链状东西，以为是贵重物品，就装进自己裤子口袋，带回了家。尽管接触放射源前后只有 3 个多小时，但王某很快就出现身体不适，大腿皮肤溃烂水肿，经诊断为骨髓性放射病，最终导致右腿畸形，丧失了劳动能力。

3. 放射性设备安全规定

（1）使用放射性同位素和射线装置的实验室需报政府环保部门审批，获得《辐射安全许可证》。涉辐射场所需设置明显的放射性标识，并对放射源实行专人管理和记录，时常检查，做到账物相符。

（2）涉辐人员必须通过环保部门组织的培训，取得《辐射安全与防护培训合格证书》。超过有效期的需要接受复训。

（3）涉辐人员在从事涉辐实验时，必须采取必要的防护措施，规范操作，避免空气污染、表面污染及外照射事故的发生；并正确佩带个人剂量计，接受个人剂量检测。

（4）放射性物品的购买须报环保部门批准，方可购买。对于进口的放射性物品，还须报国家环保部审批。

（5）若遇到放射源跌落、封装破裂等意外事故，应及时关闭门窗和所有通风系统，立即向上级有关部门报告，启动应急响应，并通知临近工作人员迅速离开，严密管制现场，严禁无关人员进入，控制事故影响的区域，减少和控制事故的危害和影响。

4. 辐射危害及防护类型

（1）时间防护：减少接触时间。每次受到辐射剂量的大小与接触时间成正比。接触时间愈长，受到辐射剂量愈大。

（2）距离防护：增大与放射性物品源的距离。辐射剂量与距离成反比。

（3）屏蔽防护：不同的射线对屏蔽的要求也不同。一般在放射性物品源和人体之间放置 7 个半值层厚度的屏蔽物，就可使剂量率降低至 1%。

辐射剂量单位

辐射剂量的主单位是西弗（Sv），得名于瑞典生物物理学家、辐射防护专家罗尔夫·马克西米利安·西弗。西弗是个非常大的单位，因此通常使用毫西弗（mSv），$1mSv = 0.001Sv$。此外还有微西弗（μSv），$1\mu Sv = 0.001mSv$。当剂量超过4000mSv，在没有医学监护的情况下，有50％的死亡率，而当剂量超过6000mSv时，则可能致命。

测 一 测

1. 在实验室中，应放在第一位的是（ ）。
   A. 实验可行性　　　　　　　　　B. 实验安全
   C. 实验结果　　　　　　　　　　D. 实验创新性

2. 以下对实验室放射性垃圾的安全管理不正确的是（ ）。
   A. 放射性垃圾放入非放射性垃圾中不超过总量的10％
   B. 将放射性垃圾放入专用容器收集、包装、储存，由专业部门统一回收处理
   C. 放射性垃圾和非放射性垃圾必须分开放置
   D. 严禁将放射性垃圾放入非放射性垃圾

3. 在实验室气瓶安全使用要点中，以下描述正确的是（ ）。
   A. 为避免浪费，每次应尽量将气瓶内气体用完
   B. 在平地上较长距离移动气瓶，可以置于地面滚动前进
   C. 专瓶专用，不擅自更改气瓶钢印和颜色标记
   D. 关闭瓶阀时，可以用长柄螺纹扳手加紧，以防泄漏

4. 在使用化学药品前应做好的准备是（ ）。
   A. 掌握药品的物理性质（如熔点、沸点、密度等）和化学性质
   B. 了解药品的毒性；了解药品对人体的侵入途径和危险特性；了解中毒后的急救措施
   C. 明确药品在实验中的作用
   D. 以上都是

5. 实验用过的废洗液应（ ）处理。
   A. 可直接倒入下水道　　　　　　　B. 作为废液交相关部门统一处理
   C. 随意处置　　　　　　　　　　　D. 可以用来洗厕所

6. 下列不是发生爆炸的基本因素的是（ ）。
   A. 温度　　　　B. 压力　　　　C. 湿度　　　　　D. 着火源

7. 以下可简单辨认有味的化学药品的方法是（ ）。

A. 用鼻子对着瓶口去辨认气味

B. 用舌头品尝试剂

C. 将瓶口远离鼻子，用手在瓶口上方扇动，稍闻其味即可

D. 取出一点，用鼻子对着闻

8. 下列化学品储存方式错误的是（　　）。

A. 实验室应该只保存满足日常使用量的化学品，大量的化学品应储存在专门指定的房间或建筑物内

B. 化学品应按字母顺序摆放

C. 化学品应按类别摆放

D. 要注意将不相容的化学品分开摆放

9. 为避免误食有毒的化学药品，以下说法正确的是（　　）。

A. 在实验室内可吃口香糖

B. 使用化学药品后须先洗净双手方能进食

C. 实验室内可以吸烟

D. 可把食物、食具带进化验室

10. 实验室的正确着装是（　　）。

A. 穿拖鞋

B. 着实验服，长发以及宽松衣服需固定

C. 穿短裤

D. 女生着短裙，穿高跟鞋

参考答案

1. B　2. A　3. C　4. D　5. B　6. C　7. C　8. B　9. B　10. B

第九章 交通安全篇

物有甘苦，尝之者识；道有夷险，履之者知。

——（明）刘基《拟连珠》

交通安全是全人类社会共同面临的一个重要问题。在人们日常接触的所有系统中，道路交通体系是最为复杂和危险的。交通安全是指不发生交通事故或少发生交通事故的主观条件，即指交通参与者要严格遵守交通法规，不因麻痹大意而发生交通事故。只要有行人、车辆、道路这三个交通安全要素存在，就有交通安全问题。

据世界卫生组织《2015年全球道路安全现状报告》显示：2010—2013年，每年有约125万人死于道路交通事故，遭受交通伤害的人数更高达5000万。中国是世界上道路交通安全问题最严重的国家。随着经济快速增长和城市化进程的加快，各类交通问题也日显，其中最突出的就是交通安全问题。以上海市为例，根据公安部门的消息，虽然交通事故发生数和死亡人数同比"双下降"，但2018年上海仍发生各类交通事故3万多起，造成212人死亡。

《中华人民共和国道路交通安全法》（以下简称《道路交通安全法》）对机动车、非机动车、行人和乘车人的通行以及交通事故的处理和法律责任都做出了明确规定，作为一名大学生，很有必要掌握和了解。大学生只有严格遵守交通法规，养成良好的交通安全行为和习惯，才能有效地防止交通事故的发生，保障自己的生命和财产安全。

第一节 道路交通标志与交通事故处置

一、道路交通安全法上的交通标志

根据《道路交通安全法》，公路交通标志指用图形符号和文字传递特定信息，用以管理交通、指示行车方向以保证道路畅通与行车安全的设施。公路交通标志分为主标志和辅助标志两大类。主标志又分为禁令标志、警告标志、指示标志、指路标志四种。交通标志适用于公路、城市道路以及一切专用公路，具有强制性规定，任何车辆、行人都必须遵守。

视频讲解

1. 禁令标志

禁令标志的颜色通常为白底、红圈、黑图案。其形状为圆形或顶角向下的等边三角形。如禁止通行、禁止驶入等，如图9-1所示。

| 禁止通行 | 禁止驶车 | 禁止
机动车通行 | 禁止
载货汽车通行 | 禁止
二轮摩托车通行 | 禁止
非机动车通行 |

图 9-1　禁令标志

2. 警告标志

警告标志用以警告驾驶员注意前方路段存在危险和必须采取措施，警告标志的颜色为黄底、黑边、黑图案，形状为等边三角形。如注意行人、连续弯路等，如图 9-2 所示。

| 十字交叉 | T 型交叉 | 连续转弯 | 反向弯路 | 注意危险 | 注意施工 |

图 9-2　警告标志

3. 指示标志

指示标志是用以指示车辆和行人按规定方向、地点行使的标志，其颜色为蓝底、白图案，形状分为圆形、正方形、长方形，如图 9-3 所示。

| 单行路 | 干路先行 | 此路不通 | 机动车车道 | 非机动车车道 | 公交专用车道 |

图 9-3　指示标志

4. 指路标志

指路标志是指用以传递道路方向、地点、距离信息的标志，如图 9-4 所示。

| G 105 | S203 | X008 | Y002 | |
| G：国道编号 | S：省道编号 | X：县道编号 | Y：乡道编号 | 紧急停车带 |

图 9-4　指路标志

二、道路交通事故处置及相关法律规定

1. 交通事故处置的基本原则

一旦发生了交通事故，一定要冷静面对，同时又要正确、有效、积极地进行处置。

交通事故的处理程序复杂，政策性强，必须以事实为根据，依法处理。在处置时要把握好三个基本原则，同时也要了解相关的法律规定。

原则一，及时报案。无论在校内还是校外，一旦发生交通事故，首先想到的是要及时报案。

原则二，保护伤员，保护好现场。采取正确有效的方法抢救伤员，对减少伤者痛苦或挽救伤员生命具有十分重要的意义。旅游人员受伤时要迅速拨打120急救电话，并尽量保护好事故现场。因为事故现场的勘查结论是划分事故责任的重要依据之一，若现场没有保护好，就会给交通事故处理带来一定的困难，往往会造成有理说不清的情况。

原则三，控制肇事者。在保证自身安全的前提下控制肇事者。若肇事者想要逃跑，自己不能控制的，可以拨打110报警电话，也可以求助现场周围热心人帮忙控制。若实在无法控制，也要记住肇事车辆的车牌号、车型、颜色等特征，为交通事故的侦破和事故的处理提供可靠的证据线索。

2. 交通事故处置的基本程序

（1）在道路上发生交通事故，未造成人员伤亡。当事人对事实及成因无争议的，可以及时撤离现场恢复交通，自行协商处理损害赔偿事宜。如双方商定需要保险公司介入赔偿，应拨打110报警电话，请求公安机关开具事故处理单。

（2）对交通事故损害赔偿的争议，当事人可以请求公安机关交通部门进行调解，也可以直接向人民法院提起民事诉讼。

（3）机动车发生交通事故造成人身伤亡、财产损失的，由保险公司在机动车第三者责任强制险保险责任限额范围内予以赔偿，超过限额部分，按照下列方式承担赔偿责任。

①机动车之间发生交通事故的，由有过错的一方承担责任。双方都有过错的，按照各自的过错比例承担责任。

②机动车与非机动车驾驶人、行人之间发生交通事故的，由机动车一方承担责任。但是，有证据证明非机动车驾驶人、行人违反道路交通安全法规，机动车驾驶人已采取必要措施处置的，减轻机动车一方的责任。

③交通事故的损失是由非机动车驾驶人、行人故意造成的，机动车一方不承担责任。

3. 交通事故处置的案例分析

案例

道路交通事故认定书中没有载明事故原因怎么办

2013年5月，某高校老师肖某在下班回家途中不幸被一辆突然冲出来的小轿车撞伤，双方在交管部门的调解下达成协议，由小轿车车主赔偿肖老师医药费3万元。但是，在交警部门制作的《道路交通事故认定书》中没有说明事故发生的原因，肖老师认为这样的认定书将来可能会对自己的利益造成损害，所以主张让交警部门将该事故的发生原因加到《道路交通事故认定书》内。

解析：

根据我国《道路交通安全法》第七十三条和《道路交通事故处理程序规定》第四十八条的规定，《道路交通事故认定书》应载明的内容包括：交通事故当事人、车辆、道路和交通环境的基本情况；交通事故的发生经过；当事人导致交通事故的过错及责任或者意外原因等。《道路交通事故认定书》应当加盖公安机关交通管理部门道路交通事故处理专用章，分别送达当事人，并告知当事人申请公安机关交通管理部门调解的期限和直接向人民法院提起民事诉讼的权利。本案例中，对事故发生原因的分析对责任认定至关重要，关系着公民的合法权益能否得到充分的法律的保护。肖老师可要求交警部门重新做出《道路交通事故认定书》。

当事人对交通事故损害赔偿有异议怎么办

曲同学的父亲在下班回家途中被一辆飞驰而来的轿车撞伤，经检查，其有三根肋骨骨折，左腿韧带严重挫伤。对此次事故该轿车司机唐某表示愿意承担曲某的治疗费用，并在曲同学父亲出院后赔偿其现金4000元。曲家对肇事司机的赔偿金额不太满意，但是双方都不愿让步，于是，曲家向当地人民法院提起诉讼，要求唐某按照国家规定的标准对自己进行赔偿。

解析：

根据我国《道路交通安全法》第七十四条的规定，针对交通事故损害赔偿存在争议的当事人，既可以请求公安机关交通管理部门调解，也可以直接就损害赔偿争议向法院提起民事诉讼。也就是说由公安机关交通管理部门调解赔偿，不是交通事故双方当事人争议解决的必经程序，是否调解是由当事人自己决定的，而不是公安机关交通管理部门依职权行为。因此，对交通事故损害赔偿的争议是可以直接起诉的。

道路交通事故认定书与法院判决书哪个更有效

2014年9月，张某开车经过某闹市区街道，由于车辆过多，张某开车很小心，但还是与一辆突然出现的逆行轿车相撞，对方司机受伤住院治疗。事后，交警做出事故认定，张某负全责，赔偿对方医疗费。张某认为是对方不遵守交通规则，逆向行驶造成了事故的发生，于是向法院起诉。经法院审理发现，的确是对方逆行导致的车祸，对方司机对事故负有责任。法院判决对方司机赔偿张某4万元。对方司机认为《道路交通事故认定书》已经对此做出了处理决定，法院没有权利干涉，拒不赔偿。

解析：

《道路交通事故认定书》在庭审中只是一种"证据"。所谓"证据"，即是证明案件真实情况的事实，其实质是对当事人应承担的过失做出的判断。道路交通事故认定只是对交通事故"原因责任"的确认，不是民事责任，也非行政责任或刑事责任。根据《最高人民法院关于审理道路交通事故损害赔偿案件适用法律若干问题的解释》：公安机关交通管理部门制作的交通事故认定书，人民法院应依法审查并确认其相应的证明力，但有相反证据推翻的除外。因此，法院可以在民事诉讼中对道路交通事故责任认定进行附带性审查，可以采用或拒绝采用责任认定书。本案对方司机不遵守交通规则逆向行驶，固然应负全责。法院在审查交通事故认定书后发现交警并没有认清事故发生的原因，因此推翻了该交通事故认定书的认定结果，最后应以法院判决书为准。

大学生驾校学习中受伤，该怎么办

2016年5月，顾某在某驾校报名，欲学习驾驶技术考取驾驶执照。顾某通过科目一考试后，驾校于2015年7月为顾某安排学习科目二相关技巧。顾某在驾校练习坡道起步时发生意外，将位于坡下安全区内的大学生学员朱某撞倒，造成其腿部骨折。朱某受伤住院后，驾校支付了部分医疗费用。后朱某就与驾校商量赔偿事宜。驾校称事故是顾某造成的，应由顾某承担责任。那么，对于朱某的损失应由谁承担赔偿责任呢？

解析：

《最高人民法院关于审理道路交通事故损害赔偿案件适用法律若干问题的解释》第七条规定，接受机动车驾驶培训的人员，在培训活动中驾驶机动车发生交通事故造成损害，属于该机动车一方责任，当事人请求驾驶培训单位承担赔偿责任的，人民法院应予支持。本案中，顾某作为驾校学员，其在学习驾驶技术过程中发生交通事故，造成学员朱某受伤。而事故发生时朱某在安全区域，不存在任何过错，那么对于朱某的损害，应由驾校承担赔偿责任。

大学生骑行进入高速公路发生车祸

刘同学是骑行爱好者，经常周末从市区骑自行车到郊区。2015年7月，刘同学为了抄近路，按照手机导航软件的提示，翻越高速围栏进入高速公路，一辆集装箱卡车急速驶来，司机发现刘某后急忙踩刹车，但是为时已晚，刘某被当场撞死。经公安交通警察大队高速支队勘验调查，做出了《道路交通事故认定书》，认定刘某承担此事故的全部责任，集装箱卡车司机无责任。那么，在这种情况下，刘某的死亡赔偿责任应由谁承担呢？

解析：

根据《最高人民法院关于审理道路交通事故损害赔偿案件适用法律若干问题的解释》第九条以及《中华人民共和国侵权责任法》第七十六条，在高速公路发生事故后，如果高速公路管理单位未尽到相关的义务，权利人请求其承担相应责任的，人民法院予以支持；如果事故是因行人、非机动车驾驶人进入高速公路引发，并且造成自身的损害，公路管理单位尽到了相应的责任，则对事故造成的损失不承担责任。本案中刘同学为抄近路通过攀爬高速公路围栏进入高速公路，被集装箱卡车撞死，高速公路管理局在此次事故中没有任何过错，刘某应对自己的行为承担责任。

交通肇事逃逸，后果很严重

2016年3月，济南市发生一起交通肇事逃逸案件，一辆小轿车将一名7岁儿童撞成重伤，肇事司机不但没有施救，反而伙同车内乘客将受害人丢进绿化带，清理好现场后逃走。肇事司机安某是一名年仅19岁的女司机，还是一位在校大学生。

解析：

交通肇事逃逸是指机动车驾驶员在发生交通事故的同时，擅自逃离事故现场，使交通事故所引起的民事、刑事、行政责任无法确定，其目的在于推卸、逃脱责任的行为。根据《刑法》规定，交通肇事后逃逸要严惩，如交通肇事犯罪案件，犯罪后逃逸的，处三年以上有期徒刑，逃逸致人死亡的，处七年以上有期徒刑。《道路交通安全法》规定：违反道路交通安全法律、法规的规定，发生重大交通事故，构成犯罪的，依法追究刑事责任，并由公安机关交通管理部门吊销机动车驾驶证。造成交通事故后逃逸的，由公安机关交通管理部门吊销机动车驾驶证，且终生不得重新取得机动车驾驶证。《中华人民共和国道路交通安全法实施条例》第九十二条的规定，如果当事人故意破坏交通事故现场，会承担全部的责任。这体现了主观故意对责任承担的影响。

第二节 机动车突发事件应急处置

造成交通事故的原因有很多，其中最主要的是车辆驾乘人员安全意识淡薄，也许只是一个小小的麻痹大意，就会造成严重后果，断送美好的前程，甚至生命。

一、养成良好的驾车习惯

1. 出发前检查车辆

每天出发前，要对车辆进行一次全面的检查，包括有无漏油、漏水情况，看看轮胎的气压是否合适，确认一切正常才可以正常行驶。

2. 注意使用安全带，避免疲劳驾驶

安全带在汽车发生猛烈撞击的时候，带给您的保护作用有时候不亚于安全气囊。有些人很多时候开车出去的目的地都很近，甚至有时候开

视频讲解

车也就几分钟，知道自己马上就要停靠了，也就忽视了系安全带。久而久之，习惯成自然，就算出远门也会忘记系安全带。上车不系安全带，万一出现碰撞事故，轻则扭伤脖子、碰伤胸肺部，重则直接送命。

3. 拒绝酒后驾车

对于醉驾行为，《刑法修正案（八）》规定，在道路上驾驶机动车追逐竞驶，情节恶劣的，或者在道路上醉酒驾驶机动车的，处拘役，并处罚金。同时构成其他犯罪的，依照处罚较重的规定定罪处罚。《道路交通安全法》规定，酒后驾驶的，吊销机动车驾驶证，5年内不得重新取得机动车驾驶证，并依法追究刑事责任。

4. 不要超速驾驶

超速不但可能被处罚，更重要的是不安全。统计数据表明，如果在车速 150km/h 以上发生爆胎事故时，发生死亡事故的概率相当高。

二、行驶中突然出现紧急情况的应急原则

预警及避险时应沉着冷静，坚持先避人后避物的处置原则。车辆在高速行驶时急转向极易造成车辆侧滑相撞或在离心力作用下倾翻的事故。因此，即使可能与前方车辆发生碰撞，驾驶人也应当先制动减速后转向避让。

1. 发送爆胎时的应急措施

行车中车辆漏气采取紧急制动，轻者可能导致漏气致使轮胎严重损坏或者报废，重则可能导致车辆发生翻滚造成车祸。所以发现轮胎漏气时，驾驶人应紧握方向盘慢慢制动减速，极力控制行驶方向，尽快驶离行车道。预防爆胎的正确方法主要有定期检查轮胎，保持标准气压，及时清理轮胎沟槽里的异物，更换有裂纹或者有很深损伤的轮胎。

2. 车辆落水后的应急措施

驾驶车辆如不慎意外落水，车窗是最易逃脱的途径。当外部水的压力较大很难开启车门时，应迅速开启车窗或用粗重的物体敲碎车窗玻璃，必要时可以用脚踹，才有逃生的希望。落水后，驾驶人应保持冷静，并告知车上人员不要紧张，做好深呼吸，待水快浸满车厢时再开启车门或摇开车窗逃生。不得采用关闭车窗阻挡车内进水等错误方法，在紧急时刻不要过分惊慌，通常会有 3～5 分钟的时间逃生。

3. 遭遇横风时的应急措施

车辆在行驶到隧道出口或凿开的山谷出口处，可能遇到横风。当驾驶人感到车辆行驶方向偏移时，应双手紧握方向盘进行微量调整，适当减速。不能急转方向盘调正车辆行驶方向。

4. 陷入泥泞道路后的自救方法

首先应当将车稍稍向后退出，然后改变车轮行进方向，挂入低速挡，利用发动机的冲力驶出。如果还不奏效，可改变方向，曲线加速驶出。车辆继续打滑时，应立即停车挖去泥浆或设法支起车轮，铺垫草木或在驱动轮上缠绕绳索等，以加大车轮的抓地力，防止倾覆。

5. 车辆倾翻时的应急措施

车辆突然发生倾翻时，驾驶人应双手紧握转向盘，双脚勾住踏板，背部紧靠座椅靠背，稳定自己的身体，避免自身在车内撞伤，进而注意避免因车体变形而遭受挤压受伤。当车辆向深沟连续翻滚时，身体应迅速躲向座椅前下方，抓住转向盘等，将身体稳住，避免身体滚动受伤。在车中感到不可避免地要被抛出车外时，应在被抛出去的瞬间猛蹬双腿，增加向外抛出的力量，借势跳出车外，落地后应力争双手抱头顺势向惯性力的方向多滚动一段距离，以躲开车体增大离开危险区域的距离。当发生缓慢翻车有可能跳车逃生时，应当向翻车相反方向跳车以避免跳车后被翻滚的车辆碾压。

6. 汽车侧滑时的应急措施

如果是因车辆制动造成的侧滑，应立即停止刹车制动，减小油门，同时把方向盘

转向侧滑的一侧。打方向盘时不能过急或持续时间过长，否则车辆可能向相反的方向滑动。如果是其他原因引起的，在侧滑时尽量不要急踩刹车，避免车辆失控。

第三节　公共交通工具出行安全

一、公交车、大巴车出行安全

1. 公交车、大巴车的车辆盲区

现在的公交车、大巴车车身一般长十余米，车体高 3 米以上。因车体长而高，导致公交车盲区范围大。

（1）车头盲区。2 米范围内为盲区。公交车一般车头前方约 2 米宽、1.5 米到 2 米长的范围内都属于盲区，身高低于 1.2 米的儿童通过此区域时，驾驶员很难通过前方玻璃观察到。提醒孩子过马路时不要随便从公交车车头前穿过。

视频讲解

（2）右前柱盲区。3 米范围内为盲区。当公交车转弯时，坐在左侧驾驶位上的司机常常无法观察到右前柱遮挡区域地面的状况，拐弯时被右前柱覆盖的位置都属于危险区域，行人最好与车体保持 2.5～3 米以上的距离。

（3）前后车门的中间位置盲区。1 米范围内为盲区。早晚高峰期车站候车乘客较多，公交车进站时，一般很多人会往前门涌。如果此时在公交车前后车门的中间位置出现几个高个子的乘客时，后面的人就会因视线遮挡而观察不到，可能会出现危险情况。

（4）后车轮附近盲区。1.2 米范围内为盲区。车辆在出站时，司机都在观察左侧路况，较少会注意到右后侧情况，如果出现在右侧盲区，很容易发生意外。

（5）车尾盲区。3 米范围内为盲区。公交车驾驶员通过后视镜察看时，车后为全盲区。公交车体积大，虽然有影像仪，难免有时候顾及不到。儿童千万不能随便站在公交车后玩耍，行人与公交车尾部也应至少保持 3 米以上的安全距离。

2. 公交车着火时的逃生方式

> 📋 案例
>
> 　　2016 年 1 月 5 日，宁夏银川市一公交车在行进中突发火灾，事故造成 17 人死亡，32 人受伤。2014 年 2 月 27 日，贵阳市一辆公交车发生燃烧，事故造成 6 人死亡，35 人受伤。2013 年 6 月 7 日，福建省厦门市一公交车在行驶过程中突然起火，共造成 48 人死亡，30 多人受伤。2009 年 6 月 5 日，成都市一辆公交车发生燃烧，造成 27 人遇难，74 人受伤。

（1）设法打开车门。每辆车都有紧急逃生开关。根据不同的车型，紧急逃生开关的位置也不一样。有些在司机座位旁边，有些在车门顶部，形状大多数是扳手状。这个开关主要是切断气路，而打开的方式也各不相同，有旋转的、拉出的。然后用手推车门，车门就能打开。

（2）有序逃生。公交车如果起火，千万别挤在门口。可以协助司机使用应急开关打开车门。如果车门打不开，可以使用安全锤，帮助大家从车窗逃生。

（3）使用安全锤。当车门无法打开，一时无法及时疏散时，安全锤则成了救命关键。安全锤一般安装在车窗旁边。使用时，要用安全锤敲打玻璃的边缘和四角，尤其是玻璃上方边缘最中间的地方，当被砸出一个小洞时，玻璃就会从被敲击点向四周开裂。此时需支撑身体，用脚用力将碎开的玻璃踹出车外，跳窗逃生。如果身边没有安全锤，也可以用钥匙或其他锐器敲击四角。安全锤的使用方法如图 9-5 所示。

（4）紧急逃生窗脱险。公交车车顶一般前后共有两个紧急逃生出口，逃生窗上面有按钮，旋转之后把车窗整个往外推，即可从逃生窗爬出。

（5）遮住口鼻，短暂屏气，衣服着火，切勿狂奔。奔跑加速空气流通，加剧燃烧，还有可能传播火种引发新的火灾。此时，应脱去燃烧的衣服，或就地打滚，将火压灭。发现他人身上的衣服着火时，可以脱下自己的衣服或用

图 9-5　安全锤的使用方法

其他布物，将他人身上的火捂灭。此外，火灾现场会有大量有毒气体，应当用衣物遮掩口鼻，在冲出火场的瞬间屏住呼吸。

3. 公交车上的应急设施

灭火器：公交车上的灭火器通常在司机座椅靠背后面、下客门附近以及后置发动机箱三个位置。

逃生应急开关：位于车门顶部的紧急开关，在车辆失去动力的情况下，旋转开关就可用人力打开车门。

安全锤：一般公交车辆前后车厢左右两侧分别摆放了一个安全锤，司机身边还有一个。

二、地铁出行安全

1. 安全线外等车

等候地铁列车时，请务必站在黄色安全线后，列车进站不要探头张望。严禁擅自打开警示绳或越过安全黄线，进入轨道交通道床、隧道，这种行为不仅会严重威胁您的生命安全，也将对运营安全和公共安全造成严重影响。更不能故意用身体或其他物品挡住车门。乘客的物品如落入轨道，请不要自行捞捡，应寻求车站工作人员的帮助。

2. 不能扒车门强行上车

地铁高峰时段客流量大，部分车站上车拥挤，为了您的安全，请您退后一步，静心稍等片刻，后续列车马上就会到达。当列车车门的蜂鸣器响起、车门关闭时，请不要强行登车，以免发生危险。如果您仍坚持扒车门甚至吊门强行上车，这样不仅对您的安全产生威胁，还易造成列车车门故障，导致全线列车拥堵，既延误了您自己的时间，更延误了全线乘客的时间。所以请配合车站工作人员的引导，乘坐后续列车。

小贴士

2014年11月6日19时许，北京地铁5号线惠新西街南口站，一女子被夹在安全门和地铁门中间，车开走导致女子严重受伤，送医抢救无效离世。

不小心被夹在列车屏蔽门和车门中间，该怎么办？

（1）设法抵住列车门，哪怕让门夹住胳膊或腿，决不让它关闭。

只要门不关闭严实，列车绝不会开动。地铁车门在关上的时候有"咔嗒"的一声，就是车门锁死的声音。衣服、头发、包带等物品因为较窄，并没有影响车门锁死，所以列车仍然照常运行。如果用胳膊腿或者用大包去抵住车门，车门将无法关闭。

（2）若不幸屏蔽门、车门都已经关闭，那么，屏蔽门内侧通常有一对黄色或红色把手。不需很大力气掰开屏蔽门，只需用一般大小的力气，向外拉动把手，让屏蔽门打开哪怕一个缝隙，列车也会紧急停止。如果背对把手，也可以尝试在身后触摸到把手。从列车关门到开车有至少五秒的时间，如果不慌乱是足够应对的。作为站台上围观群众，应该立刻按动站台柱子上的"紧急停车按钮"。

紧急停车按钮一般位于靠近车头和车位的站台两端立柱上，建议平时可以有意识地关注紧急停车按钮在站台的什么地方，注意不要和火灾报警混淆，非紧急情况千万不要没事乱碰！

作为列车上的乘客，也可以按动车厢中的乘客报警按钮或紧急开门装置。

3. 地铁发生突发事件，要冷静应对

乘客在乘坐轨道交通过程中，如遇到火灾、爆炸或不明气体等危及生命安全的灾害事故时，应采取如下措施：在车厢内时，如列车仍在运行，请勿擅自拉下紧急拉手，为列车停靠站处置赢得时间；如列车无法继续运行，应按照列车驾驶员的广播提示，拉下紧急拉手打开车门或从列车两头驾驶室安全门有序撤离；在车站内时，请根据工作人员引导，按照车站内指示牌指示的方向快速撤离。遇到浓雾或不明气体，应用湿纸巾或毛巾捂住口鼻，低姿势逃生。遇到各类灾害事故不要惊慌，应冷静应对，快速撤离，切勿因小失大。

案例

2017年2月10日晚，香港港铁一辆由金钟开往荃湾的列车，在开往尖沙咀期间，有人在车厢内投掷燃烧弹、纵火。由于当时正值下班繁忙时间，车厢挤满乘客。大火燃烧时，有不少乘客被波及烧伤，共导致18人受伤。

1995年3月20日，日本多名邪教教徒携带沙林毒气液体包进入东京地铁，分别在东京三条线路的5班列车释放沙林毒气。时值上班高峰期，毒气造成6000多人受伤，经抢救后有13人不治身亡，重伤，至今有后遗症者逾千人。

为什么地铁要实施乘客进站安检？

地铁进站安检，其目的就是堵截各类违禁品进站上车，消除安全隐患，确保乘客和运营安全。现在城市公共安全越来越显得重要。轨道交通是大客流密集场所，在轨道交通车站实行常态化安检措施，是加强轨道交通公共安全管理的需要。

（1）当列车在运行途中发生火灾并迫停在区间隧道时怎么办？

在列车司机室的端头设有紧急逃生门，列车司机会通过车厢广播提示乘客疏散的方向，此时列车两侧的车厢门不能打开，因为隧道壁与列车之间不具备安全疏散条件，人如果走出车厢，可能会被挤压在中间；乘客应保持镇静，利用随身携带的照明器具或手机等电子产品的光线依次有序向紧急逃生门方向疏散。走下列车后，沿着铁轨向前方的车站疏散；安全疏散时，切忌慌乱、相互拥挤，避免踩踏事故的发生；同时要远离隧道两侧的电缆桥架，防止触电及碰擦伤。

（2）地铁报警时如何确定定位标识？

乘客如果遇到人身、财产安全受到威胁的紧急情况时，可通过110报警求助电话及时向警方求助。可将重点车站和所在车厢的定位标识告知110接警台。目前，上海部分重点车站内已设置了报警标识，蓝底白字，由2个英文字母和6位阿拉伯数字组成（如GD654321）。车厢交接处上方有车厢编号，为中文"车厢号"三个字加4或5位阿拉伯数字。

4. 防范轨道交通区域的扒窃

轨道交通区域扒窃案件主要发案时间在早晚高峰时间，重点区域为车站售票口、自动扶梯口、上车列车门口及进展出站闸机。以上时段和区域，应注意保管好随身携带的贵重物品，一旦发现可疑人员或财物被窃应及时报警。

什么是第三轨供电

地铁作为城市轨道交通系统，它的供电系统是与一般铁路中的电力机车有明显区别的。例如，我们日常乘坐的高铁电力机车供电系统的接触网，它的电压一般可以达到几万伏特，而地铁系统的供电要小得多，一般为千伏左右。而且两者的供电系统也大相径庭，铁路是采用专有的线路供电，而地铁则是采用城市用电。鉴于上述一些差异，地铁在供电系统设计上与一般铁路也有了明显的区别。有的地铁线路的供电系统沿袭的一般铁路的设计：采用接触网供电，列车通过受电弓与接触网接触获得电能。而有的地铁线路则采用了一种完全不同于一般铁路的供电方式——带电轨道供电。所以，第三轨是非常危险的，千万不要触碰，否则会触电身亡。列车运行的过程中，形状如同"靴子"一样的列车受流器与第三轨接触获得电能，这个受流器也是带电的，千万不可触碰。如果是乘客不小心掉下站台，首先要保证远离第三轨，再想其他的方式进行自保，万不可轻举妄动。当然，并非国内的所有地铁都是采用这种供电方式的。例如，上海地铁16号线和17号线采用第三轨的供电方式，采用明黄色标记第三轨轨道。

三、乘坐飞机出行安全

1. 搭乘飞机常见的禁止行为

（1）打架、酗酒、寻衅滋事。

（2）抢占座位、行李舱（架）。

（3）违反规定使用无线通信工具、电子游戏机、便携式激光唱片或者电脑等电子设备。

（4）盗窃、损坏或擅自移动救生设施、设备。

（5）在禁烟区吸烟。

（6）其他危及飞行安全或者扰乱航空器内秩序的行为。

案例

旅客向飞机扔硬币"祈福"致航班延误

2017 年 6 月，上海浦东飞往广州的航班起飞登机时，一名老太太往发动机扔了一把硬币进行"祈福"，导致航班延误，所有乘客下飞机，重新检查飞机；2019 年 3 月，山东济南飞往成都的航班在登机时，有两名 20 多岁的女乘客向机翼扔硬币"祈福"被发现，最终导致航班延误 2 小时，260 名旅客行程受影响。这些"祈福"乘客，都被公安机关给予行政拘留处罚。

解析：

向飞机发动机等部件扔硬币祈福已经远远超出个人迷信行为的范畴，属于严重危害公共安全的行为，不但要接受行政处罚，而且也会为此承担民事赔偿责任。

飞机安全门不能随便碰

2014 年 12 月，厦门航空某航班在杭州准备起飞时，左侧机翼上一名年近 50 岁男子，突然将安全门打开。事后男子解释称"只是想透透气"；2013 年 12 月，南宁飞重庆的 G52652 次航班降落停靠廊桥后，一男子发现安全门上有一红色把手，心生好奇，偷偷拉了扳手，导致安全门裂开 1 厘米左右的缝。

解析：

飞机上，常见有三大部分乘客不能随意触碰之处。

（1）红色按钮与把手不可乱按。飞机上红色的按钮其实不少，这些按键虽然都在乘客不容易触碰到的地方，但是一旦触碰后果不堪设想。

（2）应急舱门不可乱开。飞机的应急舱门是在飞机发生意外情况下供机上旅客逃生使用的。应急舱门下方还安装有充气滑梯，随意打开应急舱门有可能导致充气滑梯弹出，严重影响飞行安全。

（3）救生衣不能带走。飞机上配备的专用救生衣，是发生紧急情况于水上迫降时使用。由于是专用救生衣，属于一次性使用设备，一旦取出打开即无法再次安装使用。

2. 搭乘飞机常见的安全须知

（1）登机后，首先应该数一数自己的座位与紧急出口之间隔着几排。这样即使在飞机发生意外，机舱内烟雾弥漫或者太黑时，也可以摸着椅背找到出口。

（2）仔细阅读前排椅背上的安全须知，认真观看乘务员的介绍和示范，这些知识在逃生时最为有效。

（3）熟练掌握系上和解开安全带的方法，可以重复几次系、解安全带的动作。

（4）当机舱失压时，要立即用力拉下自动下落到面前的氧气面罩，将面罩戴到嘴和鼻子上，然后拉紧系带，保持正常呼吸。如果与儿童同行，请先给自己戴好面罩，然后再帮助孩童戴上。

小贴士.

飞机紧急着陆时的防冲击姿势（见图 9-6）

姿势一：双臂交叉，伸出双手抓住前排座椅靠背，头俯下紧贴在交叉的双臂上，双脚放平蹬地。

姿势二：身体向前倾，头贴在双膝上，双手紧抱双腿，两脚平放蹬地，系紧安全带。

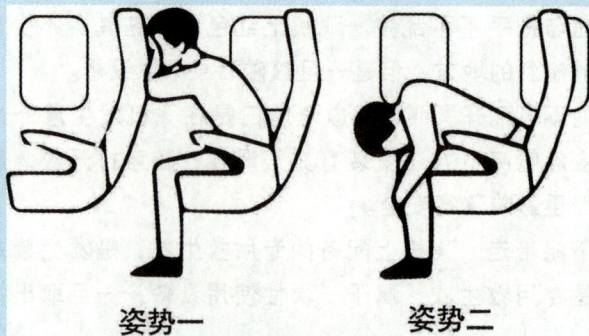

图 9-6　防冲击姿势

第四节　水上安全与求生

人在水（海）上环境中发生急症，需要及时施救，以挽救生命。因海上医疗环境与陆上不同，大部分舰船上无医务人员，仅大中型船上配备医生，大多需急救的海上伤病员难以尽快转送到医院急救，尤其是舰船发生海事事故（如碰撞、触礁、沉没、爆炸、火灾等）造成大量伤员及溺水人员时，常常丧失最佳的抢救时机，有时伤病员要等待数小时甚至数天方能获得医生的救治，致使伤势加重，死亡率增加。因此，当船

视频讲解

舶发生海难决定弃船时，要充分利用各种救生设备，运用水上求生的知识和技能，克服困难和危险，才能延长生存时间，增加获救机会，直至脱险获救。

一、常见水上救生设备

（一）个人救生设备

个人救生设备是仅供个人使用的救生设备。客船和货船的个人救生设备包括救生衣、保温救生服、防暴露服、救生圈和保温用具。

1. 救生衣

救生衣（见图9-7）是船上每人必备的个人救生设备，它穿着方便，能使包括处于昏迷状态的人员在内的穿着者在水中自动浮于安全状态，并保持穿着者脸部高出水面一定高度而不至于灌水，以减少落水人员的体力消耗，并可减少体热的散失。救生衣主要用于人员在弃船或救生演习、水上作业、舷外作业时穿着。一般存放于容易取用之处，其存放位置应有明显标志。

图9-7　救生衣

2. 保温救生服和防暴露服

保温救生服又称浸水服，是供落水者在低温水中穿着，以防止体热散失的保护服。防暴露服（见图9-8）是供救助艇艇员和海上撤离系统人员使用的保护服。两者均具有水密、浮力和自然保温等功能要求，并配有哨笛和救生衣灯，平时叠卷于专门的包里，通常存放在船舶救生站和船员住舱内等易于取用的地点，并且存放位置应有明确标识。

图 9-8　防暴露服

3. 救生圈

救生圈是为了救助落水人员，供落水人员攀扶待救的救生设备。根据需要，有的救生圈还配备可浮救生索、自亮灯及自发烟雾信号等装置。救生圈分布在船舶两舷易于取用之处，在所有延伸至船舷的露天甲板上，且至少有一只应放在船尾附近。存放位置处应有明显标志。

4. 保温用具

保温用具（见图 9-9）是指采用低导热率的防水材料制作而成的袋子或衣服，用于救生艇筏内的遇险人员在寒冷环境中御寒，也可给从水中救上来的落水人员穿戴，起保温作用。一般存放在比较结实的真空袋内，以免意外损坏，平时存放于救生艇筏和救助艇中。

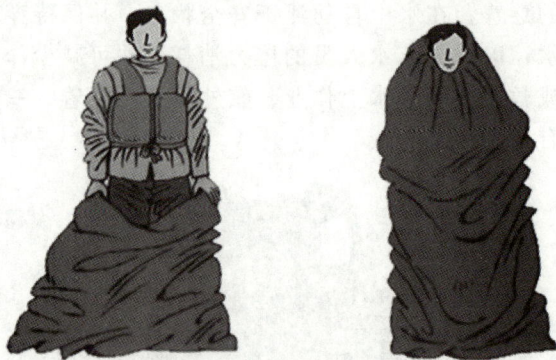

图 9-9　保温用具

> **小 贴 士**
>
> ### 救生衣的穿法
>
> 穿戴救生衣时，应先检查浮力袋、领门带、腰带等，确保没有损坏。把救生衣从头套下穿在身上，浮力袋大的一面置于身体前面，把腰带分别从左右绕到身后，再绕到前面，在胸前用力收紧打一缩帆结（救生时打平结）系牢。要注意救生衣是否能正反两面穿用，有的救生衣正反两面穿用皆可，救生性能一样，而有的救生衣仅能正面穿着。要将带子打死结、扣子等紧固件扣牢，若未扣牢，在跳水时受水的冲击可能会松开，或在水中漂浮较长时间后脱落。救生衣的穿法如图 9-10 所示。

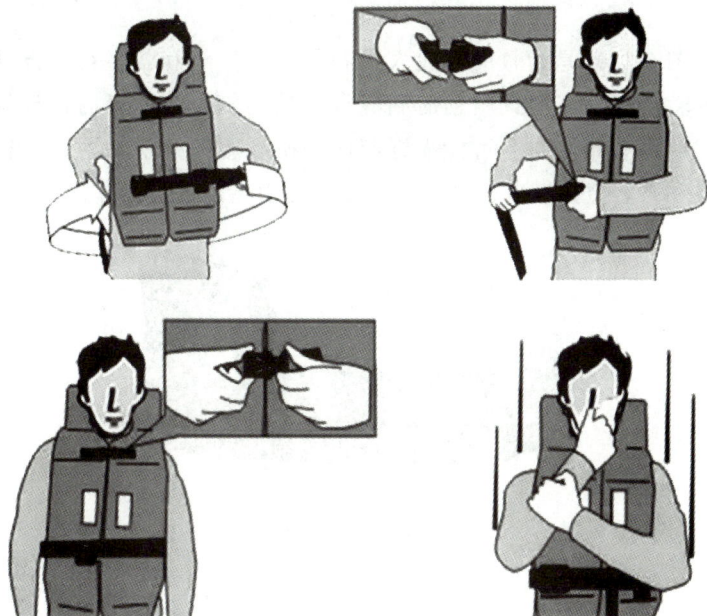

图 9-10　救生衣的穿法

（二）大型救生设备

大型救生设备能帮助求生者在弃船后在海上更长时间地待救和自救，是船舶必备的有效脱险工具之一。救生艇、救生筏、救助艇是船上配备的大型救生设备，具有载员多、属具备品齐全、施放快速、操纵简捷、机动性强、安全性高等特点。在茫茫大海上，一旦危险来临，船上人员明确这些大型设备的位置及注意事项是待救及自救的最明智选择。

1. 救生艇

救生艇（见图 9-11）有开敞式救生艇、部分封闭式救生艇、全封闭式救生艇三种，一般存放在船舶的两侧或船尾，并尽可能靠近起居处所和服务处所，便于船员和旅客的登乘，能容纳指定在该集合站的所有人员。集合站以及通往集合站的通道、楼梯和出入口设置有应急照明灯及指引标志。由指定人员（通常为三副）施放。

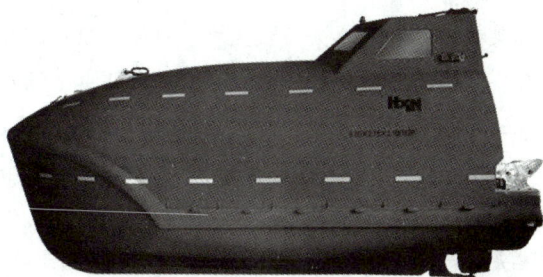

图 9-11　救生艇

2. 救助艇

救助艇（见图9-12）是为救助遇险人员和集结救生艇和救生筏而设计的艇，按制造材料分为刚性救助艇、充气式救助艇和混合性救助艇。救助艇的存放位置与救生艇相同，也位于船舶两舷侧，并尽可能靠近起居处所和服务处所，附近有较宽敞的集合场地，便于船员和乘客登乘。其施放和救生艇一样由指定人员操作。

图 9-12　救生艇

3. 救生筏

救生筏是供海上求生人员逃生及求生使用的一种专门筏体，它能被迅速地释放并漂浮在水面之上，供人员登程，等待救援。救生筏分为气胀式救生筏和刚性救生筏（见图9-13）。目前使用最广泛的是气胀式救生筏，平时存放在玻璃钢制成的存放筒内，搁置在船舶两舷侧专用的筏架上。使用时可将筏及存放筒一起直接抛入水中，救生筏即可自动充胀成形，供遇险人员乘坐。

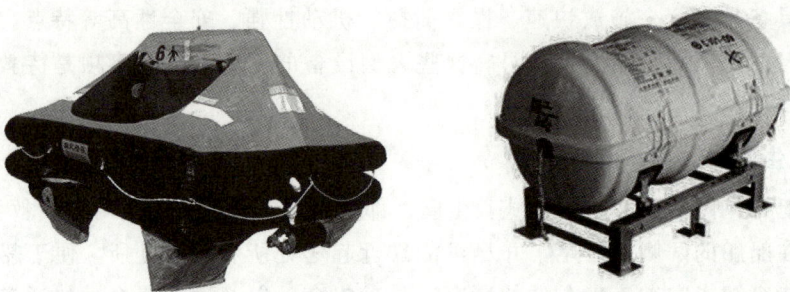

图 9-13　救生筏

小贴士

如何自制简易救生衣？

在水中漂浮时，如果没有现成的浮袋或救生衣，应该利用穿在身上的衣服做成浮袋或救生衣。可以使用的有：大帽子、塑料包袱皮、雨衣、衬衣、化纤或棉麻的带筒袖的上衣等，甚至可以将高筒靴倒过来使用。但应注意不要将衣服全部脱掉，以保持正常的体温，具体方法为：要在踩水的状态下，用皮带、领带或手帕将衣服的两个手腕部分或裤子的裤脚部分紧紧扎住，然后将衣服从后往前猛地一甩，使其充气。为了不让空气漏掉，用手抓住衣服下部，或者用腿夹住，然后将它连接在皮带上，使它朝上漂浮。如果用裤子做浮袋，将身子卧在浮袋上，采用蛙泳是比较省力的；如果穿着裙子，不要把它脱下来，要使裙子下摆漂到水面上，并尽力使其内侧充气。

三、水上求生方法

（一）轮船发生意外时的应对措施

（1）轮船起火时。如果火势蔓延，封住走道，来不及逃生者可关闭房门，不让浓烟火焰侵入。乘客应听从指挥，往上风向有序撤离。撤离时，可用湿毛巾捂住口鼻，尽量弯腰、快跑，迅速远离火区。紧急情况也可跳入水中。

（2）两船相撞时。乘客应迅速离开碰撞处，避免被挤压受伤。同时就近迅速拉住固定物，防止摔伤。情况紧急时，听从船上工作人员的指挥，弃船逃生。

（3）需要弃船时。听到沉船报警信号（一分钟连续鸣笛七短声，一长声），立即穿好救生衣，按各船舱中的紧急疏散图示方向离船。乘客可利用内梯道、外梯道和舷梯逃生，在舱外人员可利用尾舱通往上甲板的出入口逃生。

（4）迅速穿上救生衣。

（5）保持冷静，沉着应对；要听从工作人员的指挥，不要惊慌，更不要乱跑。

（二）遭遇沉船时的人员自救

（1）被困船舱要找漂浮物。如果乘客被困船舱，尽可能寻找可以帮助漂浮或抓靠的牢固物体。大型船只船舱的进水速度较慢，有可能在较小的密闭空间内形成大气泡，这种气泡可以为乘客提供更多的时间等待救助。

（2）逃往甲板时最好不要乘坐电梯。前往甲板时，要注意可能坠落的物体砸中自己。到达甲板后，尽量靠近有救生船的位置，然后找到自己可以坐的救生船。

（三）跳船时的应急自救

（1）跳船的正确位置是船尾。不到万不得已不要选择跳船，因可能撞上水下不明物体。一个人在水中目标过小，不利于搜救。如果不得不跳水时，一定要远离船边，跳船的正确位置应该是船尾，并尽可能地跳得远一些，不然船下沉时涡流会把人吸进船底下。

（2）跳水位置最好应选择高度不超过 5 米的地方，最好在上风舷的舱部，并应尽可能远离船体破损的缺口。大船倾斜时应选择在低舷一侧。跳水前，应查看水面，避开水面障碍物或其他落水者。

（3）跳水时应压住救生衣，双手捂住口鼻。跳水时双臂交叠在胸前，压住救生衣，双手捂住口鼻，以防跳下时呛水。眼睛望前方，双腿并拢伸直，脚先下水。不要向下望，否则身体会向前扑摔进水里，容易受伤。如果跳法正确，并深摒一口气，救生衣会在几秒钟之内使人浮出水面，如果救生衣上有防溅兜帽，应该解开套在头上。

（四）落水后的应对措施

（1）利用救生背心或抓住沉船漂浮物，尽可能安静地飘浮，这样在进入冷水时的不适感很快就会减轻。在没有救生背心，也抓不到沉船漂浮物，或者必须马上离开即将沉没的船只，以及离海岸或打捞船的距离较近时，才可以考虑游泳。否则，即使游泳技术相当熟练，在冻冷的水中也只能泳很短的距离。在 10℃ 的海水中，体力好的人可以游 1~2 千米；一般人游 100 米都很困难。

（2）没有救生衣时，可脱衣服做浮袋。要在踩水的状态下，用皮带、领带或手帕将衣服的两个手腕部分或裤子的裤脚部分紧紧扎住，然后将衣服从后往前猛地一甩，使其充气。为了不让空气漏掉，用手抓住衣服下部，或者用腿夹住，然后将它连接在皮带上，使它朝上漂浮。如果用裤子做浮袋，将身子卧在浮袋上，采用蛙泳是比较省力的；如果穿着裙子，不要把它脱下来，要使裙子下摆漂到水面上，并尽力使其内侧充气。

（3）保护头部与采取一定的姿势减慢体热散失。入水后应尽量避免头颈部浸入冷水里，不可将飞行帽或头盔去掉。头部和手的防护是相当重要的。为了减少水接触的体表面积，特别是保持几个高度散热的部位，即腋窝、腹股沟和胸部，在水中应取双手在胸前交叉，双腿向腹屈曲的姿势。如果有几个人在一起，可以挽起胳膊，身体挤靠在一起以保存体热。

（4）预防抽筋。长时间在低温海水中不断地游泳，最容易引起脚背和小腿抽筋。为避免出现这种情况，应注意使肌肉放松和不断地变换游泳姿势。一旦出现抽筋，千万不要惊慌，这时可先深吸一口气，再将头向前弯入水中，四肢放松下垂，慢慢用力按摩抽筋部位。如果上述方法不能奏效，应再深吸气，在水中弯腰，用双手握紧大脚趾，伸直两腿，同时双手用力向胸前方向拉。肌肉松弛后，应休息一段时间，并改换另一种游泳方式，才能继续游下去。

（5）防止鲨鱼的攻击。入水前应尽可能穿暗色衣服，戴好手套、袜子、摘下手表、项链等发光发亮物件。在水中待救时应防止身体受伤流血，有了伤口应尽快包扎，减少流血，并尽快离开流血现场，在水中尽量减少运动，减少汗味的挥发；发现鲨鱼临近，不要盲目游泳逃离，可采用猛力拍击水面等办法给鲨鱼造成强刺激，迫使其离开；如果水面有漂浮的油层，可以将自己置于油区待救。

小贴士

HELP、HUDDLE、水母姿势

落水者为了保存体温，应采取 HELP（Heat Escape Lessening Posture：减少热量散失）姿势（见图 9-14）。"HELP"姿势为：人在水中将两腿弯曲，尽量收拢于小腹下，两肘紧贴身旁夹紧，两臂交叉抱紧在救生衣胸前，仅有头部露出水面。可以尽可能地靠近临近的漂浮物，采取集结形式浮于水面等待救助。

如果是多人落水，则可以采取 HUDDLE 姿势（见图 9-15）。"HUDDLE"姿势为：几个人紧抱在一起或一人把身体团成一团等姿势能保护热损失大的关键部位，从而减慢身体冷却速度。这种姿势可以将老、弱、病、残、幼人员围在中央，起到保护作用。当救援船或者飞机出现时，受困人员应彼此挽住胳膊，用脚使劲踢打海水以造成大面积水花，便于救援人员发现。

图 9-14　"HELP"姿势　　　　图 9-15　"HUDDLE"姿势

水母姿势（见图 9-16）为：当落水者没有救生衣时，应当全身放松，脸朝下，四肢下垂，像水母一样静静漂浮；换气时，双手以蛙泳姿势向身侧一划，头便探出水面；再低头闭气，恢复漂浮姿势，这样做最节省体力。

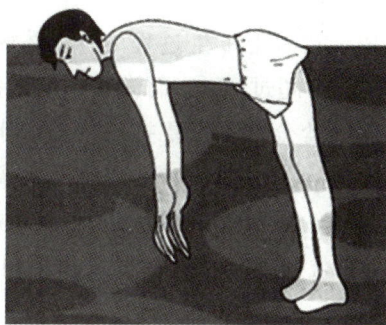

图 9-16　水母姿势

（五）湿冻伤的应对措施

人员落水后，长时间在冰冷的海水中浸泡，有可能引起低温症，导致中心体温下降到35℃以下，体内各重要器官发生严重的功能失调，心室发生纤颤，这是海难导致死亡的主要原因。冰水浸泡低温症的预防，主要办法是合理使用救生设备，在水中减少活动，保持身体和精神的安静等，防止或减少体热散失。救生装备主要为飘浮工具，如救生背心和救生船及抗浸服，以避免身体与冷水直接接触。

在海上求生最好的环境就是干燥和温暖。寒冷的气候里，由于湿、冷和不活动，容易引起湿冻伤。如果求生者的腿脚长时间浸泡在15℃的水中，2天之后就会肿起来，继而出现类似发炎的冻伤，习惯上称为"浸泡足"。

保持艇筏内温暖干燥；穿着保暖衣，外层最好穿上防水的衣服，扎紧领口、袖口、裤管口。一定穿好救生衣；求生者相互挤靠取暖，可以伸缩四肢，活动脚趾、手指，做简单活动；避免长时间暴露，风雨寒冷天气时应缩短值班时间；不要吸烟。

（六）风浪的应对方法

在海上遇到风雨和大风浪袭击时应注意：有大风浪袭击时封闭所有开口，仅留最小口，供呼吸用；有风袭击时，放出海锚，使入口背风；及时排出积水，保持艇筏内干燥；下雨天要尽可能多收集雨水；注意保护艇筏安全，防止破漏进水；做好预防晕船的各项措施。

（七）晕船的应对方法

遇难者在艇、筏上可能遇到的另一个较为严重的问题是与饮水和食物吸收密切相关的晕船。事实证明，即使久经海上风浪考验的老船员，在救生艇、筏上也会严重晕船。

导致晕船呕吐的重要原因是人的平衡系统，内耳的三个半规管失调而引起的。此外，艇、筏的摇摆颠簸，水天线的起伏不定和艇、筏内难闻的气味都会加重晕船的程度。

虽然多数人的晕船至多三天后就能适应并停止呕吐，但是这时人的机体已经丧失了大量的体液和电解质，会严重地危及生命。因此，每一个遇难者在登上救生艇、筏后均应立即服用晕船药物，以防止呕吐。

此外，不能饮用海水和尿。在海上求生过程中，人体缺水时不能饮用海水，理由是人体肾脏能承受的盐浓度一般不超过 2%，而海水中的含盐量往往大于 5%，为了排泄掉饮用 100 毫升海水中所含的盐分，不仅要把饮入的海水中的水分全部排掉，而且还要使身体失去 50 毫升水分，否则体内盐分就会增加，使肾脏负担过重，导致肾功能丧失。饮入海水后，会导致口渴、腹胀而后出现幻觉，威胁生命安全。而尿液在海上求生过程中因喝水少而变浓，所含毒素增多，因而喝后不但不能解渴，还会导致恶心、呕吐，使机体内的水分丧失。

为防止晕船可采取以下措施：

（1）施放海锚，保持适当的通风并使艇、筏顶浪以减轻摇摆。

（2）在可能情况下，正常供给水分。

（3）保持安静，适当休息，保存体力。

（4）互相鼓励帮助，坚定意志和信心。

小 贴 士

海上如何发出求助信号？

（1）海上遇险时可通过船上装备的甚高频、中频或高频数字选呼设备及国际海事通信卫星，向附近船只或岸站发出 SOS 求救信号。

（2）用手机打求救电话，12395 是我国统一水上遇险求救电话。在海上，船舶一旦发生碰撞、触礁、搁浅、漂流、失火等海难事故或遇人员落水、突发疾病需要救助，就可拨打 12395 向海上搜救中心报警。

（3）用反射镜不停照射。

（4）向海水中投放染料。

（5）发射信号弹。

（6）燃烧衣物等物品。

测 一 测

1. 每年（　　）为"全国交通安全日"。

　　A. 5 月 25 日　　　B. 3 月 15 日　　　C. 12 月 4 日　　　D. 12 月 2 日

2. 年满（　　）周岁的公民方可申领小型机动车驾驶证。

　　A. 十四　　　　　B. 十六　　　　　C. 十八　　　　　D. 十五

3. 下列不属于交通信号的是（　　）。

　　A. 红绿灯　　　　　　　　　　B. 路口导向箭头

　　C. 禁止通行标志　　　　　　　D. 施工围栏

4. 下列将被依法追究刑事责任的行为是（　　）。

　　A. 饮酒后驾驶机动车的　　　　B. 醉酒驾驶机动车的

　　C. 路口闯红灯的　　　　　　　D. 逆向行驶的

5. 醉酒驾驶机动车的行为将构成（　　）。

　　A. 交通肇事罪　　　　　　　　B. 危险驾驶罪

　　C. 危害公共安全罪　　　　　　D. 故意伤害罪

6. 交通肇事罪侵犯的客体是（　　）。

　　A. 公共秩序　　　B. 人身安全　　　C. 财产安全　　　D. 公共安全

7. 交通肇事罪在主观上表现为（　　）。

　　A. 过失　　　　　B. 间接故意　　　C. 直接故意　　　D. 意外

8. 造成交通事故后逃逸的，由公安机关交通管理部门吊销机动车驾驶证，（　　）不得重新取得机动车驾驶证。

　　A. 三年内　　　　B. 五年内　　　　C. 十年内　　　　D. 终生

9. 下列表达正确的是（　　）。

　　A. 行人、车辆是交通安全的主要要素

　　B. 大学生交通安全是指大学生在校园内外行走时的人身安全

　　C. 乘坐交通工具时的人身安全，也是大学生交通安全的一个重要组成部分

　　D. 交通事故仅是由于不特定人员违反交通管理法规定造成的

10. 大学生外出活动时，乘"黑车"（　　）。

　　A. 出了车祸保险公司给予赔偿　　　B. 出了车祸保险公司不予赔偿

　　C. 价格便宜，没有什么害处　　　　D. 安全同样有保障

参考答案

1. D　2. C　3. D　4. B　5. B　6. D　7. A　8. D　9. C　10. B

第十章　防灾减灾篇

如果灾难没有出现，那我们的恐惧是徒劳的；如果灾难已经发生，那恐惧只会增加我们的痛苦。

——（美国）富兰克林

第一节　防灾减灾的基本方针

与自然灾害抗争是人类生存发展的永恒课题，而如何更好地处理人与自然的关系，如何正确地处理防灾减灾救灾和经济社会发展的关系，如何提高抵御各种自然灾害的能力，是个始终需要思考的命题。

2008 年 5 月 12 日，四川省汶川地区发生了一场 8.0 级强烈地震，让十多万平方千米的大地山河破碎；造成重大人员伤亡和财产损失，根据这次地震出现的新情况及经验教训，全国人大对《中华人民共和国防震减灾法》进行了重新修订。2009 年 3 月 2 日，国家减灾委、民政部发布信息，经国务院批准，自 2009 年起，每年 5 月 12 日为全国"防灾减灾日"。其标志如图 10-1 所示。

图 10-1　防灾减灾标志

视频讲解

我国是世界上自然灾害最为严重的国家之一，灾害种类多，分布地域广，发生频率高，造成损失重。近年来，基于对自然灾害形势的研判，我国不断探索、确立了以防为主、防抗救相结合的工作方针，积累了宝贵经验，综合防灾减灾救灾能力明显提升。为此，我国先后颁布了单灾种的《中华人民共和国水土保持法》《中华人民共和国防震减灾法》《中华人民共和国防洪法》《中华人民共和国消防法》《中华人民共和国气象法》《中华人民共和国防沙治沙法》和《中华人民共和国突发事件应对法》等专门减灾法。其中，前 6 部法律的出台，以及后来一系列国家应急预案，即《国家突发公共事件总体应急预案》《国家自然灾害救助应急预案》《国家防汛抗旱应急预案》《国家地震应急预案》《国家突发地质灾害应急预案》和《国家处置重、特大森林火灾应急预案》等，是"国际减轻自然灾害十年活动"的伟大成绩。这些立法，基本上涵盖了我国单灾种型自然灾害。

2017 年 1 月，《中共中央、国务院关于推进防灾减灾救灾体制机制改革的意见》公布，对推进防灾减灾救灾体制机制改革明确了五项基本原则：坚持以人为本，切实保障人民群众生命财产安全；坚持以防为主、防抗救相结合；坚持综合减灾，统筹抵御各种自然灾害；坚持分级负责、属地管理为主；坚持党委领导、政府主导、社会力量

和市场机制广泛参与。

第二节　常见灾害的逃生与救护

一、地震灾害逃生与救护

地震是多发、常见、危害较重的灾害。虽然目前人类还不能完全避免和控制，但是，只要我们掌握预防知识和自救互救技能，就能使灾害损失降到最低程度。

1. 地震烈度

目前，我国和大多数国家使用的是 12 度烈度表，当得知某一地方的地震烈度时，可大概知道这个地方的受灾程度了。12 度烈度标准大致如下。

1～2 度：只有地震仪才能记录到，人们一般没有感觉。

3 度：室内少数在完全静止中的人能感到轻微震动。

4～5 度：人们有不同程度的感觉，室内悬挂物有摆动和尘土掉落现象。

6 度：较老的房屋多数被损坏，个别出现倒塌。个别情况下，在潮湿、疏松的地面上，有细小裂缝出现，少数山区发生土石散落。人行不稳，器皿倾斜。

7～8 度：大部分房屋遭到破坏，高大烟囱可能断裂，有时有喷砂、冒水现象，人站立不住。

9～10 度：房屋严重破坏，地表裂缝很多，湖泊、水库中将有大浪出现，部分铁轨弯曲变形。

11～12 度：房屋普遍倒塌，地面严重变形，地下管道完全不能使用。由于房屋倒塌，压死大量人畜，埋没许多财产。

地震一旦发生，首先要保持清醒、冷静的头脑，及时判别震动状况，千万不可在慌乱中跳楼，这一点极为重要。震时就近躲避，震后迅速撤离到安全的地方是应急防护的较好方法。所谓就近躲避，就是因地制宜地根据不同的情况做出不同的对策。

2. 地震逃生的原则

（1）接到预警立即做好逃生准备。

（2）保持镇静，设法选择逃生方式。

（3）因地制宜，采取躲避方式。

（4）撤离后，若地震警报未消除，不能因为房屋未倒而重返室内。

3. 地震逃生的措施

（1）躲在桌子等坚固家具的下面。地震时，晃动时间约为 1 分钟，此时最重要的是自身和家人的人身安全，选择在重心较低、结实牢固的桌子下面躲避，一定要用坐垫等软物体保护好头部。

（2）摇晃时立即关火，失火时立即灭火，有利于将地震灾害控制在最低程度。

（3）不要慌张地向户外跑。慌慌张张地向外跑，室外碎玻璃、屋顶上的砖瓦、广告牌等都有掉下来砸在身上的危险。同时，不要靠近水泥预制板墙、自动售货机等有倒塌危险的物体。

（4）将门打开，确保出口。地震的晃动会造成门窗错位，打不开门，从而造成人被封闭在屋子里。平时要事先想好万一被关在屋子里如何逃脱的方法，准备好梯子、绳索等。

（5）在户外时要保护好头部，避开危险之处。注意：门柱、墙壁等扶靠的对象，实际上是危险的，容易倒塌。在繁华的街道、楼区，要注意玻璃窗、广告牌等物掉落下来砸伤人。要注意用手或手提包等物保护好头部。

（6）在人员较多的公共场合最可怕的是发生混乱，请依照相关人员的指示撤离。通常而言地下通道是比较安全的。

（7）地震发生时，如发生火灾，即刻会充满烟雾，以压低身体的姿势避难，并做到绝对不吸烟。发生地震时，也不能使用电梯。

（8）汽车靠路边停车，管制区域禁止行驶。地震时，必须立即避开十字路口将车停靠在路边，注意不要妨碍避难疏散的人和紧急车辆的通行。

（9）务必注意山崩、断崖落石或海啸。在山边、陡峭的倾斜地段，有发生山崩、断崖落石的危险；在海岸边，有遭遇海啸的危险。感知地震或发出海啸警报的话，请注意收音机、电视机等播放的信息，应迅速到安全的场所避难。

（10）避难时要徒步，携带物品应在最少限度。避难的方法：原则上以市民防灾组织、街道等为单位，在负责人及警察等带领下采取徒步避难的方式，绝对不能利用汽车、自行车避难并注意相互帮助。

（11）不要听信谣言，不要轻举妄动。发生地震时，人的心理易产生动摇。为防止混乱，每个人依据正确的信息冷静地采取行动，极为重要。

4. 地震现场救护要点

（1）自救要点

①被埋压者首先要鼓起求生的勇气，消除恐惧心理，争取自我脱险。

②被埋压者不能自我脱险时，保持镇静，挣脱开手脚，捂住口鼻，防止倒塌建筑物的灰尘引起窒息。

③被埋压者要清除压在身上的物体，设法支撑可能坠落的重物，创造生存空间。

④被埋压者不要大声呼叫，可用身边的石块等敲击物体与外界联系，以减少体力消耗。

⑤被埋压者尽可能搜索可食用的饮水和食品，延续生命，静待救援。

（2）互救要点

①互救队伍注意收听被埋压者的呼喊、呻吟、敲击器物的声音。

②根据房屋结构，先确定被埋压者的位置再行抢救，防止再次受伤。

③先抢救建筑物边沿瓦砾中的和其他容易获救的被埋压者，扩大互救队伍。

④外援抢救队伍应当首先抢救医院、学校、旅馆等密集人群。

⑤抢救被埋压者时，不可用利器刨挖，首先应使其头部暴露，迅速清除其口鼻内

尘土，再行抢救。

⑥对于埋压在废墟中时间较长的幸存者，首先应输送饮料和食品，然后边挖边支撑，注意保护幸存者的眼睛。

⑦对于颈椎和腰椎受伤者，切忌猛挖硬拽，要在其暴露全身后再慢慢移出，用硬木板担架送往医疗点。

⑧对一息尚存的危重伤者，应尽可能在现场进行急救，然后迅速送往医疗点或医院。

⑨做好次生灾害中的抢救工作和救伤后的卫生防疫工作。

二、踩踏伤害逃生与救护

踩踏伤害常发生在人群聚集场合，如体育场、戏（电影）院、歌舞厅、商场、学校教室等，如突发意外事件，易引起人动如潮的拥挤现象，踩踏伤害随之而来。

1. 逃生与防护

（1）在人群中，脚步不要慌乱，避免让自己摔跤。当发现自己前面有人摔倒了，要马上停下脚步，并大声告知后面的人不要再向前靠近以免踩踏的发生。

（2）如果人群拥挤，在行走时应保持这样的姿势：左手握拳，右手握住左手手腕，双肘撑开平放胸前，以形成一定空间保证呼吸。

（3）在遭遇拥挤人群的时候，应该尽量走到人群的边缘，或者靠墙，避免自己被挤入人群中心。因为人群的中心所承受的压力最大，而空间也是最小的，并且不容易被营救。

（4）若不慎摔倒后，应该双膝前屈，护住胸腔和腹腔的重要脏器，侧躺在地。两手十指交叉相扣护住后脑和颈部；两肘向前，护住双侧太阳穴，保护身体脆弱部位。

2. 现场救护要点

（1）进入现场抢救受伤者，如是火灾现场，应按火灾救护的要求，将伤者救出。

（2）检查伤者有无外伤和骨折，应先把伤者搬运到救护点进行包扎、骨折固定。

（3）救出挤压伤者后，要观察伤者的呼吸、脉搏并判断有无内脏伤，然后施救。

（4）对呼吸、心脏骤停者，应立即进行心肺复苏。

（5）将伤者送往医疗机构救治。

三、洪水灾害逃生与救护

山洪暴发时，一定要保持冷静，迅速判断周边环境，不要沿着行洪道方向跑，要向两侧快速躲避，或尽快向较高地方转移，以防止被山洪冲走；还要注意防止山体滑坡、滚石、泥石流的伤害，如一时躲避不了，应选择一个相对安全的地方避洪，千万不要轻易涉水过河。如被山洪困在山中，应及时与当地政府防汛部门取得联系，寻求救援。

下雨时或雨后，山谷、河谷、洼地等容易突发水灾，要快速离开。

遇到洪水威胁，如果时间充裕，应按照预定路线有组织地向山坡、高地等处转移；

若已经受到洪水包围，要尽可能利用船只、木排等，做水上转移。

在山区，如果连降大雨，容易暴发山洪。遇到这种情况，应该注意避免渡河，还要注意防止山体滑坡、滚石、泥石流的伤害。

发现高压线铁塔倾倒、电线低垂或断折应远离避险，不可触摸或接近，防止触电。

在山丘环境下，突遭洪水围困于基础较牢固的高岗台地或砖混结构的住宅楼时，应及时关闭电源和煤气，有序等待救援或等待陡涨陡落的山洪消退后即可解围。

如遭遇洪水围困于低洼处的岸边或木结构的住房里，情况危急时，有通信条件的，可利用通信工具向当地政府和防汛部门报告洪水态势和受困情况，等待救援；无通信条件时，可制造烟火或来回挥动颜色鲜艳的衣物或集体同声呼救，不断向外界发出紧急求助信号，求得尽早解救；同时要寻找体积较大的漂浮物如木床板、房门等，主动采取自救措施。

洪水来得太快，已经来不及转移时，要立即爬上屋顶、楼房高屋、大树、高墙，做暂时避险，等待援救，不要单身游水转移。

如果房屋不够坚固，出现裂隙并不断增大，要在房屋倒塌前及时撤离。

四、台风灾害逃生与救护

1. 沿海居民防范措施

（1）台风来临时，千万不要在河、湖、海的路堤或桥上行走，不要在强风影响区域开车。

（2）台风引发的风暴潮容易冲毁海塘、涵闸、码头、护岸等设施，甚至可能直接冲走附近的人。台风来临前，海涂养殖人员、病险水库下游的人员、临时工棚等危险地段的人员都应及时转移。

（3）沿海乡镇在台风来临前要加固各类危旧住房、厂房、工棚、临时建筑、在建工程、市政公用设施（如路灯等）、吊机、施工电梯、脚手架、电线杆、树木、广告牌、铁塔等，千万不要在以上地方躲风避雨。

（4）台风带来的暴雨容易引发洪水、山体滑坡、泥石流等灾害，发现危险征兆应及早转移。

2. 城市居民防范措施

（1）台风来临前，应准备好手电筒、收音机、食物、饮用水及常用药品等，以备急需。

（2）住在低洼地区和危房中的人员要及时转移到安全住所。

（3）气象台根据台风可能产生的影响，在预报时采用"消息""警报"和"紧急警报"三种形式向社会发布；同时，按台风可能造成的影响程度，从轻到重向社会发布蓝、黄、橙、红四色台风预警信号。公众应密切关注媒体有关台风的报道，及时采取预防措施。

（4）有关部门要做好户外广告牌的加固；建筑工地要做好临时用房的加固，并整理、堆放好建筑器材和工具；园林部门要加固城区的行道树。

（5）关好门窗，检查门窗是否坚固；取下悬挂的东西；检查电路、炉火、煤气等设施是否安全。

（6）及时清理排水管道，保持排水畅通。

（7）将养在室外的动植物及其他物品移至室内，特别是要将楼顶的杂物搬进来；室外易被吹动的东西要加固。

（8）不要去台风经过的地区旅游，更不要在台风影响期间到海滩游泳或驾船出海。

（9）遇到危险时，请拨打当地政府的防灾电话求救。

五、泥石流灾害逃生与救护

泥石流是一种自然灾害，是山区特有的一种自然地质现象。由于降水（包括暴雨、冰川、积雪融化水等）产生在沟谷或山坡上的一种夹带大量泥沙、石块等固体物质的特殊洪流，是高浓度的固体和液体的混合颗粒流。它的运动过程介于山崩、滑坡和洪水之间，是各种自然因素（地质、地貌、水文、气象等）、人为因素综合作用的结果。泥石流灾害的特点是规模大、危害严重；活动频繁、危及面广且易重复成灾。

（1）发生泥石流时的逃跑方向。泥石流发生时，要马上与泥石流成垂直方向向两边的山坡上爬，爬得越高越好，跑得越快越好，绝对不能往泥石流的下方跑，如图 10-2 所示。

（2）遇到泥石流的脱险方法。①沿山谷徒步时，一旦遭遇大雨，要迅速转移到安全的高地，不要在谷底过多停留。

②注意观察周围环境，特别留意是否听到远处山谷传来打雷般声响，如听到要高度警惕，这很可能是泥石流将至的征兆。

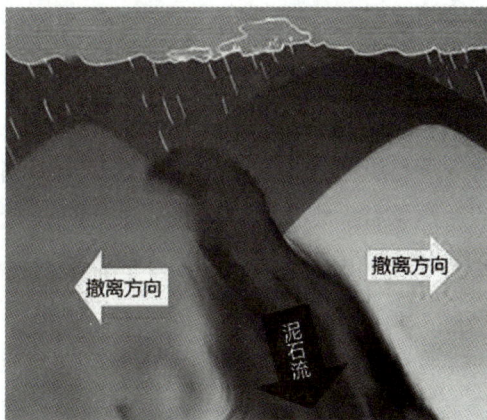

图 10-2 发生泥石流时的逃跑方向

③要选择平整的高地作为营地，尽可能避开将有滚石和大量堆积物的山坡下面作为营地，不要在山谷和河沟底部扎营。

六、雷电预防

雷电是大气中发生的剧烈放电现象，通常在雷雨情况下出现。电闪雷鸣时，雷电释放出巨大的能量，再加上强烈的冲击波、剧变的静电场和强烈的电磁辐射，常常会造成人畜伤亡，建筑物损毁、引发火灾以及造成电力、通信和计算机系统的瘫痪事故，给国民经济和人民生命财产带来巨大的损失。

（1）在家中时，注意关闭门窗，预防雷电直击室内或者防止侧击雷和球雷的侵入；人不要站立于电灯下，尽量不要拨打、接听手机和座机，或者使用电话线等上网；不宜用淋浴器、太阳能热水器，雷电流可通过水流传导而致人伤亡；雷雨来临前，要把所有线路断开，并拔下电源插头，别让电视机、电脑等引雷入室，损坏电器引发火灾事故。

（2）在户外时，不宜登高或在山顶、山脊或建筑物顶部停留，不宜在铁栅栏、金属晒衣绳、架空金属体以及铁路轨道附近停留；应远离建筑物外露的水管、煤气管等金属物体；避免使用金属伞尖的雨伞；不要在雷雨环境中接听手机；不要到大树下躲雨；不要去空旷地的茅草棚或空旷的操场等地，若当时正在驾驶机动车，千万不要下车。

（3）雷电击中人体前有征兆。当你站在一个距雷击较近的地方如高山上，如果感觉到毛发竖立，皮肤有轻微的刺痛，这就是雷电快要击中你的征兆。遇到这种情况，应立即去除身上所有金属物，并马上蹲下来，身体向前倾，把手放在膝盖上，曲成一团，千万不要平躺在地上。

七、海啸灾害逃生与救护

海啸是海底发生地震时，海底产生的破坏性海浪。其机制有两种形式："下降型"海啸和"隆起型"海啸。2004 年 12 月 26 日 08 时 58 分在印度尼西亚苏门答腊西北近海发生地震，地震引发强烈海啸，波及近 10 个国家，造成大量人员伤亡，遇难人数突破 15 万人，数百万人无家可归。

1. "下降型"海啸

某些构造地震引起海底地壳大范围的急剧下降，海水首先向突然错动下陷的空间涌去，并在其上方出现海水大规模积聚，当涌进的海水在海底遇到阻力后，即翻回海面产生压缩波，形成长波大浪，并向四周传播与扩散。这种下降型的海底地壳运动形成的海啸在海岸首先表现为异常的退潮现象。

2. "隆起型"海啸

某些构造地震引起海底地壳大范围的急剧上升，海水也随着隆起区一起抬升，并在隆起区域上方出现大规模的海水积聚。在重力作用下，海水必须保持一个等势面以达到相对平衡，于是海水从波源区向四周扩散，形成汹涌巨浪。这种隆起型的海底地壳运动形成的海啸波在海岸首先表现为异常的涨潮现象。

（1）地震是海啸最明显的前兆。如果你感觉到较强的震动，不要靠近海边、江河的入海口。如果听到有关附近地震的报告，要做好防海啸的准备，注意电视和广播新闻。要记住，海啸有时会在地震发生几小时后到达离震源上千公里远的地方。海啸登陆时海水往往明显升高或降低，如果你看到海面后退速度异常快，或听到海啸如火车行走般的咆哮声，应立刻撤离到内陆地势较高的地方。

（2）局地海啸在几十分钟，甚至几分钟到达海岸。因此，近岸港湾内渔排、施工作业人员以及陆地上在海边的人，一定要撤离，并往高处或者山坡上跑，如果来不及也可以爬到大树上。

（3）海上船只听到海啸预警后应该避免返回港湾，船要开出海港到开阔海域，开到越远风险越小。因为海港里，海啸波高比较大，频率比较高，船互相碰撞损失会比较大。如果没有时间开出海港，所有人都要撤离停泊在海港里的船只。

八、龙卷风的防备

龙卷风是从卷积云向地面延伸的极具强烈破坏性的漏斗状旋转风。龙卷风可在几秒钟内毁灭所有在它经过时遇到的东西。龙卷风的内部空气很稀薄，压力很低，就像一台巨大的吸尘器，把沿途的一切东西都吸到它的"漏斗"里，直到风力减弱，再把吸进来的东西抛出来。龙卷风是非常危险的。最强的龙卷风可以轻而易举地把房屋连同房屋内的一切抛向天空。

龙卷风的防备知识如下。

（1）有地下室的房屋：避开所有的窗户，立刻进入地下室，躲在坚实的桌子或工作台下。千万不要躲在重物附近的地方，以免龙卷风破坏了房屋的结构，造成这些重物倒塌而压住人。

（2）没有地下室的房屋或公寓房：避开所有的窗户，立即进入一间小的位于中间的房子，如厕所、壁橱或最底层的内部过道。脸朝下，用手护住头部，尽可能蹲伏于地板上。用厚的垫子，如床垫或毯子盖在身上，以防掉落的碎物砸伤身子。

（3）室外：如果附近有建筑物，请立即进入。如果没有，则平躺在地上，脸朝下，用手护住头部。切记不要躺在汽车或树附近，以免它们被龙卷风吹倒而砸到自己。

测 — 测

1. 我国每年的"防灾减灾日"是（　　）。

 A. 4 月 22 日　　　　　　　　　　B. 10 月 10 日

 C. 5 月 12 日　　　　　　　　　　D. 7 月 28 日

2. 在街上遇到地震时，应迅速抱头躲到（　　）。

 A. 最近的建筑物内　　　　　　　B. 空旷地蹲下

 C. 四处乱跑　　　　　　　　　　D. 高楼

3. 大地震的预警时间，从人感觉震动开始到房屋倒塌，一般有（　　）。

 A. 十几秒　　　　B. 一分钟　　　　C. 三分正　　　　D. 一两秒

4. 在楼上的教室中遭遇地震，应该（　　）。

 A. 马上往楼下跑

 B. 坐在座位上救助

 C. 在教室内墙角或课桌旁蹲下，双手护头

 D. 马上乘电梯到楼下

5. 泥石流到来前的预兆是（　　）。

 A. 雨后道路泥泞

 B. 晴天

 C. 山上树叶向同一个方向晃动

D. 暴雨过后山谷中传来雷鸣般的响声

6. 龙卷风的破坏力不仅由于其强烈的风速，更由于它（　　　）。

    A. 内部温度极高　　　　　　　　　　B. 内部湿度极大

    C. 内部气压极低　　　　　　　　　　D. 外部气压极高

7. 在野外避震时应该（　　　）。

    A. 避开山崖、陡峭的山坡、山脚等地

    B. 在水库旁边避震

    C. 在山谷中避震

    D. 躲进山洞中

8. 避雷击时正确的姿势是（　　　）。

    A. 原地站立

    B. 手拉手站在一起

    C. 双手抱膝并蹲下，尽量低头，注意不要用手去碰触墙面

    D. 快速跑动

9. 地震引发海啸时应该（　　　）。

    A. 远离海岸，跑到山上或其他高处

    B. 远离海岸后沿着山涧跑

    C. 寻求救援队的帮助

    D. 马上坐船驶入大海

10. 在户外遇雷电时，应该（　　　）。

    A. 跑向高处

    B. 远离建筑物外露的水管、煤气管等金属物体

    C. 到大树下避雨

    D. 手持金属物

11. 突然发生地震时，住在20层高层的居民应该采取的逃生方法是（　　　）。

    A. 乘坐或躲到电梯里　　　　　　　　B. 就近躲在小开间的房间内

    C. 跟随拥挤的人群沿楼梯逃生　　　　D. 跳楼逃生

12. 地震后被埋压住的错误做法是（　　　）。

    A. 如果可以自救，则扒开掩埋物，摆脱困境

    B. 如果无法自行脱困，争取寻找或扩大可呼吸的空间

    C. 若已骨折，不要轻易移动，应等待救援

    D. 尽力向外抽拉身体

13. 雷电交加时，在家应（　　　）。

    A. 停用电视和其他家用电器

    B. 打电话告诉亲友注意安全

    C. 打开门窗，注意通风

    D. 不采取任何措施

14. 下列有关地震震级和地震烈度的叙述，正确的是（　　　）。

A. 一个地震有多个震级和多个烈度

B. 一个地震有一个震级和多个烈度

C. 一个地震有一个震级和一个烈度

D. 一个地震有多个震级和一个烈度

15. 在野外露营时应（   ）。

    A. 不要在山谷或河流底部露营   B. 在山谷中较平坦处露营

    C. 在阶地下方的河滩上露营   D. 在山涧河滩旁露营

参考答案

1. C   2. B   3. A   4. C   5. D   6. C   7. A   8. C

9. A   10. B   11. B   12. D   13. A   14. B   15. A

第十一章　金融安全篇

地球能满足人类的需要，但不足以满足人类的贪婪。

——（印度）甘地

第一节　大学生风险意识与金融安全

根据清华大学媒介调查实验室 2016 年发布的《中国青年财商认知与行为调查报告》（以下简称《报告》）显示，"90 后"大学生已经不是传统观念中的"纯消费者"，打理自己手上的钱财让财富增值，在如今的大学校园里一点也不稀奇。报告显示，年龄在 23 岁以下的投资者在投资总人数中占比达到 7.4%，人均投资额达 1.2 万元，对于没有工作收入的学生族来说，这一数字已经非常惊人。其中，40.2% 的受访"90 后"大学生参与过炒股，36.7% 的受访人买过基金。相比其他地区，一线城市的学生族们的理财意愿更强，北京、广州、上海的学生族用户数量排在前三名。在这些一线城市，人们普遍对于互联网金融的接受和使用程度更高。

视频讲解

伴随金融和互联网的发展，日益丰富的金融产品和支付渠道带给我们的不仅是便利和收益，还可能存在诸多"陷阱"。防范金融风险，已经成为社会关注的热点，大学生更应该加强金融安全意识，保管好个人信息，注重自身信用问题，提升自我保护能力。

一、要量力而行

大学生在进行投资的时候一定要根据自己的实际情况制订适合自己的理财计划，将生活费、存款、日常消费、理财的钱进行区分，把理财的钱分成不同的比例进行投资，同时在投资的时候一定要根据自己现有的钱进行投资，要量力而行。

二、世上没有高利率、低风险的理财产品

根据《报告》显示，在央行一年期正常存贷款利率的前提下，有 31.8% 的学生期望理财产品的收益率达到 5%～10%，更有 30.6% 的期望达到 10%～18%。这说明"90 后"大学生普遍存在金融知识储备不足，也缺乏足够的风险甄别和应对能力。

三、不能盲目自信

根据《解放日报》2016 年报道显示，很多"90 后"都是炒股的激进派，不少炒股的学生族不恐高，喜欢追涨，不管盘子大小，只要认为股价开始拉升了，就敢于追进。

还也有很多大学生，看不懂 K 线图，也并不清楚筹码分布图，他们更热衷于"朋友推荐"。

四、超前消费要慎重

大学生很容易冲动消费，但消费的欲望却与收入不匹配。一些不良贷款公司通过诱导方式打破了大学生"缺钱"这最后一道防线，导致了大学生盲目过度地消费。大学生应树立合理的消费观念，有计划地去消费，如果因一时冲动而去盲目追求过分的虚荣和满足，那么，到最后吃亏的也一定是自己。"享受今天，透支明天"的话不可挂在嘴上，不然会给自己的花钱无度添加心理暗示。

第二节　校园贷风险防范

一、校园贷的概念和特点

校园贷，顾名思义是针对学生群体的一款金融产品，是一种学生助学和创业的贷款平台。有些产品宣称，只要是在校学生，网上提交资料、通过审核、支付一定手续费，就能轻松获得贷款。

目前，校园贷款类金融产品通常分为以下三种。

（1）专门针对大学生的分期购物平台，部分还提供较低额度的现金提现。

视频讲解

（2）P2P 网络贷款平台，用于大学生助学和创业。

（3）京东、淘宝等传统电商平台提供的信贷服务。

2015 年，中国人民大学信用管理研究中心调查了全国 252 所高校近 5 万大学生，并发布了《全国大学生信用认知调研报告》。调查显示，在弥补资金短缺时，有 8.77% 的大学生会使用贷款获取资金，其中网络贷款几乎占了一半。

虽然我国各高校都有针对学费的助学贷款政策，但是，助学贷款申请者必须是家庭困难的大学生群体，对于更多"着急用钱"的普通大学生来说，"短平快"的借钱需求自然催生出了五花八门的借贷平台，甚至违法、违规的校园贷业务也大行其道，由此引发的"裸条借贷""欠贷自杀"等恶性事件也层出不穷。大学生群体和成人群体不太一样，他们的金融观念不是很成熟，消费观念也不成熟，因此他们很容易出现不理性消费，或被诱导过渡性借贷，需要对其进行保护。

> **案例**
>
> ### 以同学名义贷款百万终以命相赎
>
> 2016 年 3 月，郑州市某大学大二学生郑某因债务缠身无力偿而选择跳楼自杀。从 2014 年开始，小郑就开始办理各种信用卡，不少刷卡账单至今还没有还清，而小郑给同学们所打的欠条上也表明，从 2015 年开始，小郑就开始接触各种网络贷款，种类达到了数十个。并且他还参与赌球活动，利用同学的身份证件骗取校园贷款，最终因无力偿还共计 58 万的各种网络贷款而选择了自杀。

二、非法校园贷产生的原因

毋庸置疑，校园贷的出现有其合理性。学生也是参与经济活动的主体，其行为必然与社会发展保持一致步调。而随着经济发展，可供大众消费的产品和服务日趋丰富，休闲娱乐性支出增加、奢侈品消费兴起；同时，居民的消费习惯也开始发生变化，超前消费、透支消费被大众所接受。大学生接收信息的渠道与成年人几乎无差别，消费行为和消费习惯也相应受到影响，加之其心智尚不成熟，很容易出现炫耀性消费、攀比性消费的现象。当学生在学习生活中缺乏资金的时候就会产生贷款的需求，针对学生的贷款即"校园贷"就应运而生了。

根据中国校园市场联盟联合调研的《2016中国校园市场发展报告》显示，2016年中国大学生消费市场总规模达到6850亿元。如此大规模而且在持续增长的消费市场背后可挖掘的贷款机会自然不会小。巨大市场规模和发展空间，吸引了各类机构开展相关业务，希望获得客观的商业收益。另一方面，金融机构预期学生在未来是具备较强消费实力和金融需求的优质客群，希望通过提供校园贷服务来提前锚定未来的优质客户。正因为这样，包括银行在内的机构都对校园市场非常感兴趣，有专门针对名校学生的贷款平台出现，有贷款平台针对学生打造专属产品来培养消费习惯。尽管校园金融市场被金融服务机构所看重，但该领域缺乏明确的法律法规，利益驱动的野蛮生长导致乱象丛生，线下高利贷也趁机进入校园市场，更有一些不法分子通过诱骗、威胁、欺诈的方式造成了恶劣影响。

三、警惕"校园贷"背后的陷阱

1. 欺诈诱导学生办理校园贷

信贷公司在向大学生群体推销业务时，往往不可能如实告知借款的真实风险，不可能详细告知贷款利息、违约金、滞纳金等收费项目的计算方式和可能金额，反而经常是以"零首付""零利息"等低门槛、低成本进行欺骗诱导，致使某些涉世不深、自制能力较弱而又消费欲望旺盛的大学生上当受骗，从而既侵犯了"金融服务"消费者的知情权、自由选择权和公平交易权，又有欺诈诱导和强迫交易之嫌。

2. 以低门槛吸引人，实则高利贷

校园贷的门槛比较低，一般只需要提供身份证信息、电话信息、学生证、学信网信息、父母联系信息等就可以贷款，但是其利息一般比较高。除了分期费率外，平台还会收取高额的逾期费率。大学生分期平台中，超过55％的分期平台逾期日费率为1％，最高的日费率达到了3％。若逾期100天，你的欠款就要翻倍了。这种情况下，借款学生一旦逾期，要么尽快还清，否则就会滚雪球般背负沉重债务压力，想不开的，甚至会走上不归路。

3. 拆东墙补西墙，贷款越滚越大

因为很多学生自己本身没有收入来源，基本都是靠父母或自己在外面做一些兼职，但每个月可支配的收入是有限的。面对利滚利的借款，很多学生就不知所措，再加上贷款机构的催收，很多大学生身不由己，这时候要么以各种借口向父母要钱，要么就

直接向另一个贷款机构借钱。一旦向其他贷款机构借钱用于偿还上一家机构的贷款，那真正的噩梦就开始了。一般情况下，上一家贷款机构会介绍大学生到另一个贷款机构借钱，从中收取一定的手续费，而下一家贷款机构因为知道这个大学生的借款是为了还上一家贷款机构，所以一般利息会比较高，甚至会截留一部分现金作为所谓的"保证金"。因此建议大学生们尽量不使用校园贷或避免从多个校园贷平台进行贷款。

4. 传销式诈骗贷

传销式诈骗贷是校园贷诈骗的常见类型，主要是指不法分子借助校园贷款平台招募大学生作为校园代理，并要求发展学生下线进行逐级敛财。而判断传销则有三个原则：是否需要上交会费，是否存在诱导发展下线，是否进行逐级提成。大学生们应加以识别。

校园贷"刷单""扫楼"兼职代理过程中，参与学生既是受害者又是作案者，多数学生是在并不知情和利益驱使下被不法分子利用，而参与学生则利用校园贷平台进行刷单兼职并逐级发展下线，同时以代理名义骗取学生信息并进行贷款，每成功一笔贷款将获取佣金，这实为一种逐级敛财式传销诈骗行为！殊不知，刷单公司大都以无力支付后续款项为由跑路，进而导致大学生陷入还款陷阱。

5. 强行逼债，不怕你不还

媒体曾曝光了某校园信贷平台催收十步曲，分别为：给所有贷款学生群发 QQ 通知逾期，单独发短信，单独打电话，联系贷款学生室友，联系学生父母，再次联系警告学生本人，发送律师函，去学校找学生，在学校公共场合贴学生欠款的大字报，群发短信给学生所有亲朋好友。据称，一般到第四步，逾期的学生就会乖乖就范。

四、校园贷风险防范安全提示

早在 2016 年 4 月，教育部与银监会就曾联合发布《关于加强校园不良网络借贷风险防范和教育引导工作的通知》，明确要求各高校建立校园不良网络借贷日常监测机制和实时预警机制。2017 年，不少网贷机构暂停或退出了校园市场，校园贷乱象在政府整治和行业自律下初见效果。2017 年 5 月 27 日，中国银监会、教育部、人力资源社会保障部又下发了《关于进一步加强校园贷规范管理工作的通知》，要求未经银行业监管部门批准设立的机构禁止提供校园贷服务；且现阶段一律暂停网贷机构开展校园贷业务，对于存量业务要制订整改计划，明确退出时间表。同时，杜绝公共就业人才服务机构以培训、求职、职业指导等名义，捆绑推荐信贷服务。

面对五花八门的校园贷，大学生们应当做到以下几点。

（1）自觉树立正确消费观，抵制过度消费或超前消费；加强金融信贷法律知识学习，提高个人金融风险防范能力。

（2）参与或使用校园贷极易引发高利贷、过度借贷、诈骗贷、套路贷等严重危害，建议不要轻易参与或使用校园借贷平台进行贷款。

（3）确实需要通过校园贷平台进行贷款时，要详细了解利率、还款期限等信息，制订合理的还款计划，并与网贷平台签订正规合同。切忌通过虚假宣传、诱导消费、恶意贷款等"不良校园贷"平台贷款。

（4）增强自我安全保护意识，谨慎使用个人信息（身份证号、银行卡号等），不随意或泄露个人信息，提防个人信息被他人冒用或从事其他不法借贷行为，谨防上当受骗。

（5）不参与不明"校园贷兼职"，避免部分借贷平台不法分子以冒充"熟人""同学"等进行说服加入校园贷推广或代理行列。当遇到此类情况时，一定要保持理性并提高警惕，切忌为了短期利益而耽误学业甚至触犯法律。

（6）若有临时性资金需求，可通过补助、勤工俭学等正规渠道合理解决，不轻易相信短信、小广告等发送或发布的贷款信息，防止陷入借贷风险。

（7）避免盲目贷款创业。当前，大学生创新创业热情高涨，对很多并无资金积累和外力支持的年轻人来说，用借贷搭个创业的梯子，不失为一种选择。据媒体统计，学生贷款主要用于消费、创业、助学的比率分别占40％、40％、20％，并随时间点不同而有所波动。有的大学创业者自有资金不足，只能通过借贷来解决资金问题。合理的借贷能助人一臂之力，是通向成功之路的垫脚石，但盲目借贷很可能埋下祸根，在一定的时机和环境下形成资金和法律风险，一旦酝酿成危机且不可收拾，那不但创业失败，还会造成严重经济损失。

（8）一旦遇到还款压力或遭遇暴力催债等借贷问题时，应及时向学院、家人寻求帮助，必要时向警方报警。

第三节　洗钱与反洗钱

洗钱是指将违法所得及其产生的收益，通过各种手段掩饰、隐瞒其来源和性质，使其在形式上合法化的行为。根据《中华人民共和国反洗钱法》第二条规定，所谓反洗钱，是指为了预防通过各种方式掩饰、隐瞒毒品犯罪、黑社会性质的组织犯罪、恐怖活动犯罪、走私犯罪、贪污贿赂犯罪、破坏金融管理秩序犯罪、金融诈骗犯罪等犯罪所得及其收益的来源和性质的洗钱活动。

视频讲解

一、增强反洗钱意识

（1）开办业务时，请带好身份证件。

（2）他人替您办理业务，请出示他（她）和您的身份证件。

金融机构工作人员需要核实交易主体的真实身份，帮他人代开立账户、购买金融产品、存取大额资金时，金融机构需要核对您和代理人的身份证件。

（3）身份证件到期更换的，请及时更新。金融机构只能向身份真实有效的客户提供服务，对于身份证件已过有效期的，金融机构可中止办理相关业务。

二、不要出租或出借自己的身份证

出租或出借自己的身份证件，可能会产生以下不良后果。

（1）他人借用您的名义从事非法活动。

（2）协助他人完成洗钱和恐怖融资活动。

（3）因他人的不正当行为导致征信状况受到影响。

（4）可能卷入债务纠纷。

三、不要出租或出借自己的账户、银行卡和U盾

金融账户、银行卡和U盾不仅是你进行金融交易的工具，也是国家进行反洗钱资金监测和经济犯罪案件调查的重要途径。贪官、毒贩、恐怖分子以及其他罪犯都可能利用你的账户、银行卡和U盾进行洗钱和恐怖融资活动，因此，不出租、出借金融账户、银行卡和U盾既是对你的权利的保护，又是守法公民应尽的义务。

四、不要非法买卖银行卡

银行卡及其账户只限经发卡银行批准的持卡人本人使用，不得出租和转借。买卖银行卡违反了银行卡相关法律制度，涉嫌妨害信用卡管理罪和买卖居民身份证罪。

银行卡里没钱，卖出对自己也有危害吗？银行卡里即使没钱，卖出也会产生如下危害。

（1）如果被用来从事非法活动，将给自己带来巨大的法律风险，甚至承担刑事责任。

（2）一旦所售银行卡出现信用问题，最终都会追溯到开卡人账户，导致个人信用受损。

（3）银行卡内存储了很多个人信息，如果泄露，可能导致个人资金损失。

小贴士

国内主要发卡银行和中国银联客服热线

中国工商银行：95588	中国农业银行：95599
中国银行：95566	建设银行：95533
交通银行：95559	邮政储蓄银行：95580
中信银行：95558	光大银行：95595
华夏银行：95577	民生银行：95568
招商银行：95555	兴业银行：95561
平安银行：95511	上海浦东发展银行：95528
上海银行：95594	上海农商银行：962999
中国银联反欺诈服务中心：95516	

第四节　防范互联网金融支付诈骗

伴随着互联网和电信业务的快速发展，利用手机、短信、网络等方式的各类诈骗愈见多发，不法分子已经开始大肆运用网络钓鱼、伪基站、植入木马及电信诈骗等欺诈招数精心编造各种骗局，引诱网络金融用户上当受骗。

没有什么"安全账户"

2016年8月，某高校大二学生王某收到自称顺丰快递人员的电话，告知他的包裹按照规定进行例行查验后发现有信用卡等物品，王某被建议报警并将电话转移至"公安机关"。"公安机关"工作人员告知王某涉嫌犯罪，为证清白必须将账户资金3万元汇至"司法机关"保证金"安全账户"。在王同学前往银行进行转账时，银行前台发现异常并阻止王同学汇款，最终帮其挽回了损失。

解析：

此类诈骗手法是不法分子冒充民警、检察官等身份，告知受害人与贩毒、洗钱、非法集资等让人闻之色变的刑事案件有关，让受害人产生强烈的恐惧心理。不法分子利用改号软件能够随意改变主叫号码，使其来电号码显示为预先设定的电话，以"保护银行账户资金安全"等理由，再利用其相关法律知识的缺乏和对政府的信任，一步步诱导其转账。如果客户接到自称是电信局、邮局、社保局、电视台、银行或公安局、检察院、法院工作人员的（语音）电话、手机短信时应提高警惕，不要轻易透露个人资料或银行存款情况。公安机关不会通过电话问话做笔录，也没有设置所谓的安全账户，所有涉案的调查工作都会依照法定程序出具相关法律文书再执行，遇到此类情形应第一时间询问老师或拨打110。

谎称机票退款诈骗

2016年7月，上海某高校张同学在某网站上订购第二天从上海飞往深圳的机票。当晚他就收到短信告知其预定航班因故障取消让其联系某航空客服。于是张同学便拨打短信所附的航空电话，在对方自称客服人员的要求下，选择改签到第二天的其他航班。后对方以给其提供一个补偿金为由让其提供银行账户，张同学便将银行卡号提供给对方人员，并告知对方卡内余额，在对方的提示下，张同学在提供的网址上输入了自己的银行卡号和验证码。第二天凌晨，银行卡中的全部资金被对方转走。

解析：

此类诈骗手法是不法分子通过各种途径获取用户包括购物、订票等留下的个人信息，冒充网站客服、工作人员，以提升信用卡额度、网络升级、网站出现故障等理由，谎称为用户退票退款，将钓鱼网址发给受骗者让其填写银行卡号、验证码等信息行骗。

当接到类似电话时一定要冷静分析，向相关部门咨询核实航班信息或者拨打航空公司官方客服电话、登录官方网站，切不可麻痹大意盲目轻信。对需要填写个人信息的网站、链接、问卷要保持警惕，重要信息不要随意泄露，注意个人信息安全。日常生活中遇到来历不明的电话时要谨慎，当谈话内容涉及钱款、银行账户的，应拒绝交谈以免上当受骗。

伪造银行账户余额变动进行诈骗

某高校俞老师收到手机短信提示：银行卡在网上购买某款理财产品被扣除资

金，"如果不是您本人操作，请与我们联系"。俞老师查询发现自己的银行卡余额确实少了短信中告知的金额损失后，就按照短信上的电话回拨过去，根据对方的提示，俞老师告知了对方自己收到的银行短信验证码，结果自己银行卡内的资金全部被对方转出。

解析：

此类诈骗手法是不法分子通过公共 WiFi 钓鱼、ATM 机针孔摄像头、电脑木马等途径获取用户银行卡账户和密码后登录网上银行，通过购买理财产品、定活互转等造成活期账户资金余额减少假象，不法分子便会以帮助用户退回资金为由，要求用户告知其之后接收到的短信验证码，然后通过获取的短信验证码盗取资金。当用户发现账户余额变动时，为了防止遇上诈骗分子模拟金融机构等客服号码行骗，遇不明来电可选择挂断后再主动拨打（不要回拨），或向金融机构官方客服咨询或者直接到网点进行咨询。同时，用户还应妥善保管短信验证码，不要向任何人提供自己收到的短信验证码。

诈骗手法：虚假积分兑换金融诈骗

沈同学接到一条短信（发送短信的号码：建行 95533、工行 95588）："尊敬的建行用户：您的账户累计积分※分，可兑换※元，请及时访问 www.iccvda.com 进行兑换"、"尊敬的工行用户，您在我行账户积分可兑换※元现金大礼包，请手机登录 www.95588tq.cc 兑换※元"。事后沈同学点击短信中的链接并输入银行卡信息及收到的验证码，之后银行卡内钱款被转走。

解析：

沈同学遭遇的是利用虚假积分兑换进行网络诈骗的骗术。此类诈骗手法是不法分子发送积分兑换、聚会照片等诱骗短信同时附上链接，用户点击链接立即会自动下载并安装伪装的木马病毒程序，不法分子通过木马程序获取手机内存储的用户信息并截取客户短信，之后快速利用窃取的用户信息和截取的短信验证码盗取资金。应对此类骗术的策略就是不轻易点击不明链接，设置包含"字母＋数字"或符号的复杂网络金融专用密码并定期修改。收到短信后立即与银行官方客服、朋友等联系，经过核实确认没有问题后再打开短信链接。

纵观各类网络金融骗局，诈骗分子日趋集团化、专业化，他们分工明确、手段不断翻新，或单独使用，或多种骗法综合运用。作为网络金融用户只要做到保管好"一卡、三码、三要素"、牢记"四要两不要"，就可成功拆穿骗子的阴谋诡计。

视频讲解

"一卡"：妥善保管好银行卡和网银盾等安全产品，不要借给他人使用。

"三码"：指电子银行密码、短信验证码、信用卡安全码。短信验证码、支付密码以及信用卡安全码绝不能以任何形式透露给他人。

"三要素"：身份证号、账号、手机号码等个人私密信息，切勿随意泄露。

"四要"：一要认准金融机构官网网址。要到苹果应用商店等正规的应用商店或银行官网下载手机银行客户端等软件。二要关注银行账户变动，及时开通账户变动短信、微信提醒服务，及时关注账户余额变动情况。三要在办理电子银行转账、支付等交易时，仔细核对收款账户、商户、金额等信息是否正确。四要对手机电脑杀毒，使用电子银行交易的手机、电脑要安装专业杀毒软件，及时升级、定期查杀病毒。

"两不要"：一不要"一套密码走天下"，要将电子银行密码设置为"数字＋字母"等复杂组合并定期修改；二不要在使用手机银行、炒股软件时随意连接陌生公共 WiFi 网络。

小贴士

信用卡安全码（见图 11-1）

信用卡安全码是一个三位数的验证码，它印在信用卡背面。这个验证码会在签名处末尾的顶端以反斜体字来显示，通过一系列的算法，信用卡安全码会在交易过程核实信用卡的真实性。

信用卡的使用，一般就分为"过卡交易"和"离线交易"两种。"过卡交易"是指持卡人持信用卡在商场、超市等实体店的 POS 机刷卡，并签字授权，完成交易。"离线交易"是指在酒店、航空公司销售中心、公司财务、网络购物等，同样通过 POS 系统，只需

信用卡安全码：银行卡后三位

图 11-1　信用卡安全码

提供信用卡账号及其安全码，就可以完成交易的方式。这种交易方式，通常只需要电话就可以达成。因此，不光要保管好信用卡密码，还要保管好包括信用卡号、卡背面安全码等信用卡信息和办卡时所预留的个人信息，这样才能避免不必要的损失。

第五节　防范非法集资和理财诈骗

一、非法集资及其防范

1. 非法集资骗局：花样多，套路深

近年来，打着"无本生利""分享经济"等幌子的非法金融活动时有发生，很多人在不懂投资，不追问平台是否合法，只想赚钱的心态下，被不法分子所利用，最终落入非法集资、传销犯罪的陷阱。

在受骗者中，很多人也有很高的学历，平时也表现得非常理性，但是他们总觉得自己"捞一把就走"。事实上，当他真正"捞到"的时候，又会觉得原来这么容易，想再"捞一把"。

视频讲解

梳理近年来的众多非法集资诈骗案件，大概可以分为以下几类。

（1）借种植、养殖、项目开发、庄园开发、生态环保投资等名义进行非法集资。

（2）以发行或变相发行股票、债券、彩票、投资基金等权利凭证或者以期货交易、

典当为名进行非法集资。

（3）通过认领股份、入股分红进行非法集资。

（4）通过会员卡、会员证、席位证、优惠卡、消费卡等方式进行非法集资。

（5）以商品销售与返租、回购与转让、发展会员、商家联盟与"快速积分法"等方式进行非法集资。

（6）利用民间"会""社"等组织或者地下钱庄进行非法集资。

（7）利用现代电子网络技术构造的"虚拟"产品，如"电子商铺""电子百货"投资委托经营、到期回购等方式进行非法集资。

（8）对物业、地产等资产进行等份分割，通过出售其份额的处置权进行非法集资。

（9）以签订商品经销合同等形式进行非法集资。

（10）利用"电子黄金投资"形式进行非法集资。

案例

2006 年 12 月，蔡某、于某某等人在吉林省长春注册成立了一品农业科技有限公司，由蔡某担任法人代表。该公司伪造与马铃薯加工厂签订的《合作经营意向书》，虚构开发"脱毒马铃薯"项目，以需要发展资金为名，以每单投资 1280 元，前七周每周返利 180 元，后八周每周返利 150 元的高额回报为诱饵，2006 年 12 月到 2007 年 2 月短短两个多月间，向社会集资 2400 多万元，涉及参与者 440 余人。其后，蔡某将部分集资款转移到自己的银行卡中，与于某某等人携款潜逃，导致集资者血本无归。

2. 非法集资的主要特征

（1）社会性：向社会不特定人员吸收资金。

（2）利诱性：公开承诺回报多少。银行理财产品已经不能承诺保本保息了，"保本保息""绝对安全"等此类承诺都是"空头支票"。同时拉你投资的人很可能因为你的投资获得丰厚提成。

（3）公司无备案：营业执照的工商备案、网上支付的电信部门备案（ICP）等证照是否齐全。

（4）超范围经营：明显超出公司注册登记的经营范围，尤其是没有从事金融业务资质。

（5）代理境外理财：以境外公司名义，虚假宣传所谓投资境外理财、黄金、期货等项目。

（6）现金或打款给个人：投资时是给对方现金、打款给个人账户的都有很大风险。

（7）鼓励拉人头：引诱投资人投资，尤其是鼓励发展他人并给予提成。

（8）噱头多：以网络虚拟货币升值、现货交易、资金互助、黄金、贵金属、期货、外汇交易等为噱头，实际中间人自己也不明白投资的钱是如何持续赚取利息的。

二、防范互联网 P2P 理财诈骗

自互联网金融兴起，P2P 理财作为最受投资者关注的新型理财方式迅速占领市场。不少大学生也参与其中，特别是 2013 年余额宝横空出世，开启了 1 元钱起理的碎片化理财时代后，整个社会的投资理财门槛大大降低，加速了理财观念在全社会的普及。

1. P2P 理财诈骗的常用手段

（1）高收益诱惑。P2P 平台诈骗案件中，有很多平台为了吸引投资者，承诺给投资者很高收益，经过虚假包装，有的甚至高达 24％，而结果往往是投资者没有经得起诱惑，把大量资金注入此类平台。可是没想到这是一个骗局，高息平台跑路频频，导致很多投资者血本无归。

（2）"秒标"诱惑。所谓"秒标"就是 P2P 平台为招揽人气发放的高收益、超短期理财项目，网络上由此聚集了一批专门投资"秒标"的投资者，号称"秒客"。由于监管空白，很多诈骗性质 P2P 理财平台把秒标作为圈钱手段，吸取了一定量的资金后果断跑路。

（3）编造假信息。很多诈骗者并不是想经营平台，而是想借着搭建 P2P 理财平台进行诈骗。创办者会办理相关虚假证件，低价买入粗制滥造的网贷系统就开始实施诈骗行为。

2. 学会调查平台背景

（1）通过查询系统进行调查。不能轻信理财平台自己的宣传，要通过查询企业工商信息，了解平台真正的股东背景是什么。可通过国家企业信用信息公示系统（http：//www.gsxt.gov.cn）查询企业的工商登记信息；通过工业和信息化部域名信息备案管理系统（http：//www.beian.miit.gov.cn）查询网站的备案信息，查看所属平台网站相关证件资料是否属实，是否有金融产品销售的资质。如果不一致，请警惕行事。

（2）实地核查平台公布的办公地址是否真实存在。若无法实地核查，可根据平台公布出来的办公地址，利用地图工具找到该地的物业电话，致电询问核实。

（3）体验 P2P 平台网站的互动性。许多诈骗平台大部分都是粗制滥造的，交互性并不好，投资者不妨通过登陆平台网站，去体验网站设计是否美观，交互设计是否友好等。纯诈骗平台一般是低价购买模板，体验感不会很好，也很容易识别，这个时候只要能抵制住其高息诱惑，就不会轻易上当。

小贴士

一般来说，高收益意味着高风险，天上掉馅饼的事是不会发生的。如果你看到一个投资机会，他告诉你又保本，又有一个两位数的收益，一定要小心，一定要问一问，它投什么项目才能够有这样的结果。通常情况，年化收益率超过 6％ 的都要慎重，年化收益率超过 8％ 的就很危险，年化收益率 10％ 以上的风险极大，有损失全部本金的可能。

测 一 测

1. 如何树立正确的金融风险意识？
2. 校园贷的危害是什么？
3. 校园贷背后有哪些陷阱？
4. 如何避免卷入非法洗钱案件？
5. 如何防范互联网金融诈骗？

第十二章　生态与环境安全篇

> 人生欲求安全，当有五要：一要清洁空气；二要澄清饮水；三要流通沟渠；四要扫洒房屋；五要日光充足。
>
> ——（英国）南丁格尔

第一节　环境污染的概念及其分类

一、环境安全与环境污染

环境安全是指人类赖以生存发展的环境处于一种不受污染和破坏的安全状态，或者说人类和世界处于一种不受环境污染和环境破坏的危害的良好状态，它表示自然生态环境和人类生态意义上的生存和发展的风险大小。

环境污染是指由于某种物质或能量的介入，使环境质量恶化的现象。能够引起环境污染的物质被称为污染物，如二氧化硫等有害气体，铅、汞等重金属等。污染物质对环境的污染有一个从量变到质变的发展过程，当某种能造成污染的物质的浓度或其总量超过环境的自净能力，就会产生危害，环境就受到了污染。能量的介入也会使环境质量恶化，如热污染、噪声污染、电磁辐射污染等。

环境污染既可由人类活动引起，如人类生产和生活活动排放的污染物对环境的污染，也可由自然的原因引起，如火山爆发释放的尘埃和有害气体对环境的污染。环境保护中所指的环境污染主要是指人类活动造成的污染。

目前在全球范围内都不同程度地出现了环境污染问题，具有全球影响的方面有大气环境污染、海洋污染、城市环境污染等问题。随着经济和贸易的全球化，环境污染也日益呈现国际化趋势，近年来出现的危险废物越境转移问题就是这方面的突出表现。

自然环境对人类起码有三方面的作用：首先，一定质量的环境是人类赖以存在和延续的条件；其次，自然环境是人类取得各种生活资料和生产资料的源泉；第三，自然环境为人类提供生产、生活和其他各种活动的场所。

为了有一个相对宜居的生活环境，我们每个人都要有意识地去保护环境。人类为解决现实的或潜在的环境问题，协调人类与环境的关系，保障经济社会的持续发展而采取的各种行动都是在保护我们的生态环境。

二、环境污染的分类

环境污染有各种分类，按环境要素可分为：大气污染、水体污染、土壤污染；按人类活动可分为：工业环境污染、城市环境污染、农业环境污染、海洋污染；按造成环境污染的性质、来源可分为：化学污染，生物污染，物理污染（噪声污染、放射性、电磁波），固体废物污染和能源污染。

1. 大气污染

按照国际标准化组织（ISO）的定义，"大气污染通常系指由于人类活动或自然过程引起某些物质进入大气中，呈现出足够的浓度，达到足够的时间，并因此危害了人体的舒适、健康和福利或环境的现象"。

大气污染是指大气中污染物浓度达到有害程度，超过了环境质量标准的现象。凡是能使空气质量变坏的物质都是大气污染物。大气污染物目前已知约有 100 多种。按其存在状态可分为两大类：一种是气溶胶状态污染物，另一种是气体状态污染物。气溶胶状态污染物主要有粉尘、烟液滴、雾、降尘、飘尘、悬浮物等。气体状态污染物主要有以二氧化硫为主的硫氧化合物，以二氧化氮为主的氮氧化合物，以二氧化碳为主的碳氧化合物以及碳、氢结合的碳氢化合物。大气中不仅含无机污染物，而且含有机污染物。随着人类不断开发新的物质，大气污染物的种类和数量也在不断变化着。

161

案例

洛杉矶光化学烟雾事件

　　洛杉矶位于美国西南海岸，西面临海，三面环山，是个阳光明媚，气候温暖，风景宜人的地方。早期金矿、石油和运河的开发，加之得天独厚的地理位置，使它很快成了一个商业、旅游业都很发达的港口城市。然而好景不长，从 20 世纪 40 年代初开始，人们就发现这座城市一改以往的温柔，变得"疯狂"起来。每年从夏季至早秋，只要是晴朗的日子，城市上空就会出现一种弥漫天空的浅蓝色烟雾，使整座城市上空变得浑浊不清。这种烟雾使人眼睛发红，咽喉疼痛，呼吸憋闷、头昏、头痛。1943 年以后，烟雾更加肆虐，以致远离城市 100 千米以外的海拔 2000 米高山上的大片松林也因此枯死，柑橘减产。仅 1950—1951 年，美国因大气污染造成的损失就达 15 亿美元。1955 年，因呼吸系统衰竭死亡的 65 岁以上的老人达 400 多人；1970 年，约有 75％以上的市民患上了红眼病。这就是最早出现的新型大气污染事件——光化学烟雾污染。

　　光化学烟雾是由于汽车尾气和工业废气排放造成的，一般发生在湿度低、气温在 24℃～32℃的夏季晴天的中午或午后。汽车尾气中的烯烃类碳氢化合物和二氧化氮（NO_2）被排放到大气中后，在强烈的阳光紫外线照射下，会吸收太阳光所具有的能量。这些物质的分子在吸收了太阳光的能量后，会变得不稳定起来，原有的化学链遭到破坏，形成新的物质。这种化学反应被称为光化学反应，其产物为含剧毒的光化学烟雾。

洛杉矶在 20 世纪 40 年代就拥有 250 万辆汽车，每天大约消耗 1100 吨汽油，排出 1000 多吨碳氢（CH）化合物，300 多吨氮氧（NOx）化合物，700 多吨一氧化碳（CO）。另外，还有炼油厂、供油站等其他石油燃烧排放，这些化合物被排放到阳光明媚的洛杉矶上空，不啻制造了一个毒烟雾工厂。

光化学烟雾可以说是工业发达、汽车拥挤的大城市的一个隐患。20 世纪 50 年代以来，世界上很多城市都不断发生过光化学烟雾事件。

伴随着国民经济的进一步发展，我国工业规模以及机动车数量的不断增长导致诸如煤炭等化学燃料的使用量不断增加，由此导致大气中各类悬浮颗粒物的数量不断上升，由此产生的雾霾天气受到了社会的广泛关注。《2016 年中国气候公报》的数据显示，2016 年人们共经历了 8 次大范围、持续性中到重度雾霾天气过程。其中最有代表性的要数 2016 年 12 月 16—21 日华北、黄淮等地出现的持续时间最长、影响范围最广、污染程度最重的雾霾天气过程。

雾霾天气是一种大气污染状态，雾霾是对大气中各种悬浮颗粒物含量超标的笼统表述，尤其是 PM 2.5 被认为是造成雾霾天气的"元凶"。随着空气质量的恶化，阴霾天气现象出现增多，危害加重。中国不少地区把阴霾天气现象并入雾一起作为灾害性天气预警预报，统称为"雾霾天气"。

雾本身是干净的，它是由空气中水汽凝结或凝华而形成的，气象观测上把水平能见度小于 1000 米的称为雾。真正造成空气污染的罪魁祸首并非雾本身，而是霾。霾，也称灰霾，将目标物的水平能见度在 1000～10 000 米的这种现象称为轻雾。形成雾时大气湿度应该是饱和的。由于液态水或冰晶组成的雾散射的光与波长关系不大，因而雾看起来呈乳白色或青白色和灰色。

从气象学角度分析，冬季在水汽充足，而且缺少强冷空气的情况下更容易形成雾霾。在冬天，冷空气不强的时候，往往是雾霾天气发威的时候，除了冷空气是形成雾霾天气的必要条件之外，第二个条件就是污染物，也就是我们经常所说的 PM 2.5 和 PM 10。由于这样一些大气悬浮颗粒物的存在，就会加重雾霾天气的发生。

小贴士

雾霾天气形成有以下几个方面的原因。

（1）大气空气气压低，空气不流动是主要因素。由于空气的不流动，使空气中的微小颗粒聚集，飘浮在空气中。

（2）地面灰尘大，空气湿度低，地面的人和车流使灰尘搅动起来。

（3）汽车尾气是主要的污染物排放。近年来城市的汽车越来越多，排放的汽车尾气是雾霾的一个因素。

（4）工厂制造出的二次污染。

（5）冬季取暖排放的 CO_2 等污染物。

2. 水污染

饮水思源，水是生命的源泉。曾几何时，绿水青山是我们随处可见的景象，不出门就可以欣赏到祖国的大好河山，然而，工业化带来的不仅仅是生产力的进步，还有水污染。

（1）水污染产生的原因。水是怎样被污染的呢？原因主要有两种：一是自然的，二是人为的。由于雨水对各种矿石的溶解作用，火山爆发和干旱地区的风蚀作用所产生的大量灰尘落入水体而引起的水污染，这属于自然污染；向水体排放大量未经处理的工业废水、生活污水和各种废弃物，造成水质恶化，这属于人为污染。而人们通常所说的水污染主要是指后一种，而且也是最主要的。

造成水污染的因素很多，以下是三个主要污染因素。

①工业污染：主要是因为工业生产过程中排放的废水，这些工业废水因为数量体积较大、危害面积较广而率先成了水污染的首要原因。另外，还有很多工业排污的废水含有化学成分，形成"毒副性大、不易净化、难处理"的特点，成了目前水污染防治工作中的"头疼病"。

②农业污染：相对于工业污染而言，农业在水污染方面存在着"分散、因素多、面积广泛"的特点，从某种程度上来讲，对农业水污染防治工作可能会更耗时费力。农业对水资源的污染方式表现在多方面，主要有牲畜粪便、农药、化肥等。尤其是农药对水的污染，面积既大危害又深，如今为了农作物的产量、追求粮食的增产高产，农药依然被大面积、经常性地使用着，实在让人痛心。据统计，我国是世界上水土流失最为严重的国家之一，每年地表土流失量居然高达 50 亿吨以上，还有三分之二的江、河、湖、库等在遭受着农业，主要是农药污染的危害。

③生活污染：来自生活方面的污染，具有"常态化、经常化、数量增长化"的特点。生活方面的污染源主要是城市及乡镇居民生活中使用洗涤用水，例如洗漱、厨房、排便等排放的用水，城市及乡镇居民产生的生活垃圾、粪便等，都是污染水源的主要途径。这里需要着重提到的是，生活排放的污水是这几种污染源中危害最大的，因为生活废水排放量大，且含有氮、磷、硫等成分，所以携带的细菌和病菌也非常多，因此其危害性极大。

（2）水污染的危害。水污染影响工业生产、增大设备腐蚀、影响产品质量，甚至使生产不能进行下去。水的污染，又影响人民生活，破坏生态，直接危害人的健康，损害很大。具体表现在以下几方面。

①危害人的健康：水被污染后会通过饮水或食物链进入人体，使人急性或慢性中毒，砷、铬、铵类等还可诱发癌症。被寄生虫、病毒或其他致病菌污染的水，会引起多种传染病和寄生虫病；受重金属污染的水对人的健康均有危害；被镉污染的水、食物，人饮食后会造成肾、骨骼病变，摄入硫酸镉 20 毫克，就会造成死亡；铅造成的中毒会引起贫血，神经错乱；六价铬有很大毒性，会引起皮肤溃疡，还有致癌作用；饮用含砷的水，会发生急性或慢性中毒。因为砷使许多酶受到抑制或失去活性，造成机体代谢障碍，皮肤角质化，引发皮肤癌；有机磷农药会造成神经中毒；有机氯农药会在脂肪中蓄积，对人和动物的内分泌、免疫功能、生殖机能均造成危害；稠环芳烃多数具有致癌作用；氰化物也是剧毒物质，进入血液后，与细胞的色素氧化酶结合，使呼吸中断，造成呼吸衰竭窒息死亡。我们知道，世界上 80% 的疾病与水有关。伤寒、

霍乱、胃肠炎、痢疾、传染性肝类是人类五大疾病，均与水的不洁有关。

②对工农业生产的危害：水质污染后，工业用水必须投入更多的处理费用，会造成资源、能源的浪费；食品工业用水要求更为严格，水质不合格，会使生产停顿。这也是工业企业效益不高，质量不好的因素。农业使用污水会使作物减产，品质降低，甚至使人畜受害，大片农田遭受污染，降低土壤质量。海洋污染的后果也十分严重，如石油污染会造成海鸟和海洋生物死亡。

③水的富营养化的危害：在正常情况下，氧在水中有一定溶解度。溶解氧不仅是水生生物得以生存的条件，而且氧参加水中的各种氧化—还原反应可促进污染物转化降解，是天然水体具有自净能力的重要原因。含有大量氮、磷、钾的生活污水的排放，大量有机物在水中降解放出营养元素，促进水中藻类丛生，植物疯长，使水体通气不良，溶解氧下降，甚至出现无氧层，以致使水生植物大量死亡，水面发黑，水体发臭形成"死湖""死河""死海"，进而变成沼泽。这种现象称为水的富营养化。富营养化的水臭味大、颜色深、细菌多，这种水的水质差，不能直接利用，水中的鱼会大量死亡。

案例

日本水俣病事件

日本熊本县水俣湾外围的"不知火海"是被九州本土和天草诸岛围起来的内海，那里海产丰富，是渔民们赖以生存的主要渔场。水俣镇是水俣湾东部的一个小镇，有 4 万多人居住，周围的村庄还居住着 1 万多农民和渔民。"不知火海"丰富的渔产使小镇格外兴旺。1925 年，日本氮肥公司在这里建厂，后又开设了合成醋酸厂。1949 年后，这个公司开始生产氯乙烯（C_2H_5Cl），年产量不断提高，1956 年超过 6 000 000 千克。与此同时，工厂把没有经过任何处理的废水排放到水俣湾中。

1950 年，在水俣湾的小渔村中，发现了一种奇怪的病。这种病症最初出现在猫身上，被称为"猫舞蹈症"。病猫步态不稳，抽搐、麻痹，甚至跳海死去，被称为"自杀猫"。但无人深究此事。1953 年，在水俣镇发生了一些生怪病的人，开始时，他们口齿不清，走路不稳，面部痴呆，进而眼瞎耳聋，全身麻痹，最后精神失常，一会儿甜睡，一会儿兴奋异常，身体弯弓高喊而死。1954 年 4 月，一名 6 岁女孩因同样症状入院，但仍未引起重视。5 月又有 4 名同样的病人住院治疗。后经调查，尚未入院的患者还有 50 多人。这才引起当地熊本大学医学院的重视。它们与市医师会和医院组成水俣怪病对策委员会，专门开展调查。在调查中把猫和人病死的各种症状联想起来分析，找到了吃鱼中毒这一共同的受害根源。1959 年 2 月，日本食物中毒委员会经过研究认为，水俣病与重金属中毒有关，尤其是汞的可能性最大。后经熊本大学调查，从病死者、鱼体和日本氮肥厂排污管道出口附近都发现了有毒的甲基汞，这才揭开了水俣病的秘密。原来，日本氮肥公司把大量含汞的废水排放到水俣湾和"不知火海"中，汞被鱼吸收之后在体内累积形成甲基汞，人和猫吃了这种毒鱼后致病死亡。事实上，日本氮肥公司医院用猫进行的实验也已经完全证明水俣病与氮肥厂排出的废水有关。

轰动世界的"水俣病"，是最早出现的由于工业废水排放污染造成的公害病。"水俣病"的罪魁祸首是当时处于世界化工业尖端技术的氮（N）生产企业。氮用于肥皂、化学调味料等日用品以及醋酸（CH_3COOH）、硫酸（H_2SO_4）等工业用品的制造上。日本的氮产业始创于 1906 年，其后由于化学肥料的大量使用而使化肥制造业飞速发展，甚至有人说"氮的历史就是日本化学工业的历史"，日本的经济成长是"在以氮为首的化学工业的支撑下完成的"。然而，这个"先驱产业"肆意的发展，却给当地居民及其生存环境带来了无尽的灾难。

小贴士

氯乙烯和醋酸乙烯在制造过程中要使用含汞（Hg）的催化剂，这使排放的废水含有大量的汞。当汞在水中被水生物食用后，会转化成甲基汞（CH_3HgCl）。这种剧毒物质只要有挖耳勺的一半大小就可以置人于死地。

3. 土壤污染

土壤污染指进入土壤中的有害、有害物质超出土壤的自净能力，导致土壤的物理、化学和生物学性质发生改变，降低农作物的产量和质量，并危害人体健康的现象。土壤污染的主要来源如图 12-1 所示。

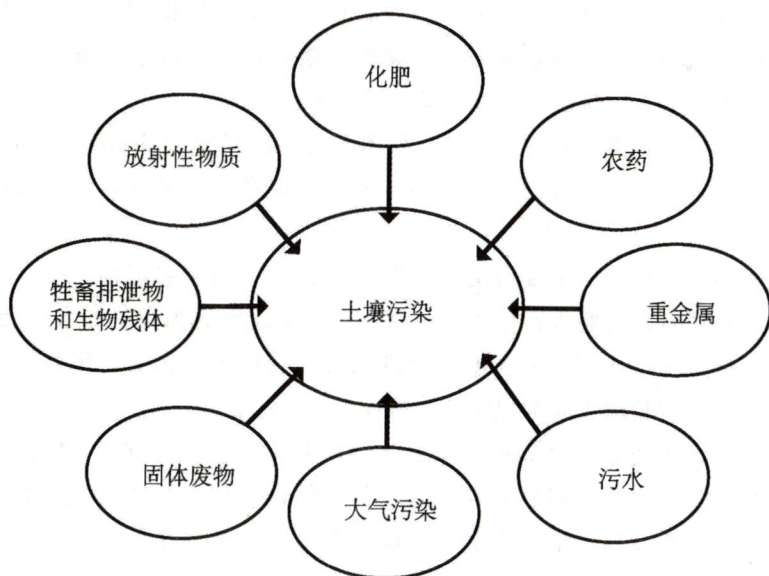

图 12-1　土壤污染的主要来源

（1）土壤污染源。土壤污染源主要是人为造成的污染源，如"三废"的排放，即废气、废渣、废水；其次还有过量使用的农药、化肥、污泥、重金属物、微生物、化学药品等。

①"三废"的排放：大气中的二氧化硫、氮氧化合物等随着雨水降落到地面上，引起土壤的酸化；生活污水或工业废水灌溉，使土壤受到重金属、无机物和病原体的污染；固体废物的堆放，除占用土地外，还恶化周围环境，污染地面水和地下水，传染疾病。

②农药对土壤的污染：农药对土壤的污染可分为直接污染和间接污染。前者是由于在作物收获期前较短的时间内施用残效期较长的农药引起的，一部分直接污染了粮食、水果和蔬菜等作物，另一部分污染的是土壤、空气和水。我国农药总施用量达131.2万吨，平均施用量比发达国家高出1倍，特别是随着种植结构的改制，蔬菜和瓜果的播种面积大幅度增长，这些作物的农药用量较粮食作物高出1~2倍。农药施用后在土壤中的残留量为50%~60%，已经长期停用的"六六六"（有机氯杀虫剂）、DDT目前在土壤中的可检出率仍然很高。

③化肥对土壤的污染：随着生产的发展，化肥的使用量在不断增加，增施化肥作为现代农业增加作物产量的途径之一，在带来作物丰产的同时，过量施用化肥也会造成土壤污染，给作物的食用安全带来一系列问题。人们已注意到随之带来的环境问题，特别令人担忧的是硝酸盐的累积问题。

④污泥对土壤的污染：城市污水处理厂处理工业废水、生活污水时，会产生大量的污泥，一般占污水量的1%左右。污泥中含有丰富的氮、磷、钾等植物营养元素，常被用做肥料。但由于污泥的来源不同，一些有工业废水的污水中，常含有某些有害物质，如大量使用或利用不当，会造成土壤污染，使作物中的有害成分增加，影响其食用安全。

⑤重金属污染物：进入土壤的重金属污染物以可溶性与不溶性颗粒存在，如镉、汞、铬、铜、锌、铅、镍、砷等，土壤中的铬可被植物吸收而得到富集。

⑥微生物的污染：不合格的畜禽类粪便肥料也成了造成土壤污染的罪魁祸首。由于畜禽饲料中添加铜、铅等微量元素、动物生长激素，使得许多未被畜禽吸收的微量元素和有机污染物随粪便排出体外，污染土壤环境。

⑦化学药品污染：弃漏的化学药品，如硝酸盐、硫酸盐、氧化物，还有多环芳烃、多氯联苯、酚等也是常见的污染物。这些污染物很难降解，多数是致癌物质，易造成长期潜在的危险。

（2）土壤污染的危害。土壤污染的危害是十分严重的，它不仅能传播疾病，降低农产品的产量和质量，切断人畜生存的食物链，而且还能成为空气和水的二次污染源。此外，风沙的携带还可使有害的土壤粉尘进入大气引起大气污染，而最终危害人畜健康。土壤污染的危害具体表现为以下几个方面。

①传播疾病。被病原体污染的土壤能传播伤寒、副伤寒、痢疾、病毒性肝炎等传染病。这些传染病的病原体随病人和带菌者的粪便以及他们的衣物、器皿的洗涤污水污染土壤。被有机废弃物污染的土壤，是蚊蝇滋生和鼠类繁殖的场所，而蚊、蝇和鼠类又是许多传染病的媒介。

②污染农产品及水源，危害人体健康。土壤污染会使污染物在植（作）物体中积累，并通过食物链富集到人体和动物体中，危害人畜健康，引发癌症和其他疾病等。

③污染空气、产生射线，直接危害人体健康。土壤被放射性物质污染后，通过放射性衰变，能产生 α、β、γ 射线。射线能穿透人体组织，使机体的一些组织细胞死亡。

常使受害者头昏、疲乏无力、脱发、白细胞减少或增多，发生癌变等。

④导致严重经济损失。土壤污染可导致严重的直接经济损失。仅以土壤重金属污染为例，全国每年就因重金属污染而减产粮食多达 1 000 000 万千克，另外被重金属污染的粮食每年也多达 1 200 000 千克，合计经济损失至少 200 亿元。

⑤破坏其他环境元素，导致生态系统退化。土壤污染会导致其他环境问题。土地受到污染后，含重金属浓度较高的污染表土容易在风力和水力的作用下分别进入大气和水体，导致大气污染、地表水污染、地下水污染和生态系统退化等其他次生生态问题。

> ⚙ 案例
>
> ### 日本"痛痛病"事件
>
> 从 1955 年起，处于日本富山县神通川下游的一些母亲们患了一种全身各部位都觉得疼痛的病，腰痛、背痛、关节也痛，痛得好像针扎。走路时弯腰拱背，严重时只能在地上爬。活动时常有细微的骨折，刺痛着神经，所以叫"痛痛病"。久病者躺在床上，肌肉萎缩，骨骼变形弯曲，有的身高缩短 25～30 厘米，最后大多数因肾功能衰竭而死亡。1963 年至 1979 年 3 月，共有患者 130 人，其中 90% 以上为 65 岁以上老人，男性仅 3 人，死亡 81 人。这种病原来是含镉废水所致。神通川流域蕴藏有铅锌矿，镉是共生物。镉随选矿废水大量排入河中，两岸居民利用河水灌溉农田，使稻米含镉，居民食用含镉稻米和饮用含镉水而中毒，其潜伏期长达 10～30 年。另外，含镉废水还可在冶炼和电镀过程中产生，有时镉也以烟尘的形式排放。所有这些镉污染，都会引起镉中毒。

法条速递

2013 年 1 月 28 日，国务院办公厅发布《近期土壤环境保护和综合治理工作安排》文件，文件首次公开提出，未来农业生产将禁止使用污水、污泥。

文件表示，"严格控制新增土壤污染"是 2020 年前建成国家土壤环境保护体系，明显改善全国土壤环境质量的主要任务之一。文件要求，在农业生产中应禁止使用含重金属、难降解有机污染物的污水，以及未经检验和安全处理的污水处理厂污泥、清淤底泥等。

4. 其他污染

除了前面讲述的几种污染之外，生产生活中还存在着其他的污染。比如环境噪声污染和固体废物污染等。

固体废物污染主要是指人类在生产建设、日常生活和其他活动中产生的，在一定时间和地点无法利用（不再具有原使用价值）而被丢弃的固态、半固态的废弃物质所造成的污染。固体废物主要来源于城市生活垃圾（厨余物、废纸、废塑料、废织物、废旧家电、废玻璃陶瓷碎片等）、工业固体废物（冶金、能源、石油化学、矿业轻工业固体废物)、危险废物。

《中华人民共和国环境噪声污染防治法》规定,环境噪声污染指所产生的环境噪声超过国家规定的环境噪声排放标准,并干扰他人正常生活、工作和学习的现象。环境噪声是由工业生产、建筑施工、交通运输和社会生活中所发生的振动造成的,具有无形性和多发性。环境噪声具有影响范围上的局限性、分散性和暂时性。环境噪声具有危害性及其危害的不易评估性。

第二节 环境治理的对策与制度

一、中国环境治理基本制度

防治污染环境,人人有责。现如今我国防治环境污染在制度层面主要包括以下几种。

1. 排污申报登记制度

排放污染物的企业事业单位,必须依照国务院环境保护行政主管部门的规定向所在地环境保护行政主管部门申报登记其排污情况,并提供有关防治污染的技术资料。该项制度为环境保护行政主管部门全面掌握辖区内的排污状况提供了依据,还为拟定环境保护规划、采取防治措施以及征收排污费提供了可靠的资料。

视频讲解

2. 现场检查制度

《中华人民共和国环境保护法》第十四条规定:县级以上人民政府环境保护行政主管部门或者其他依照法律规定行使环境监督管理权的部门,有权对管辖范围内的排污单位进行现场检查。被检查的单位应当如实反映情况,提供必要的资料。检察机关应当为被检查的单位保守技术秘密和业务秘密。

3. 污染事故报告制度

污染事故报告制度,是指因发生事故或者其他突然性事件,以及在环境受到或可能受到严重污染,威胁居民生命财产安全时,依照法律法规的规定进行通报和报告有关情况并及时采取措施的制度。

4. 防止污染转嫁制度

防止污染转嫁是指防止国外、境外地区的厂商或我国企业事业单位,将污染严重的设备、技术工艺或者有毒有害废弃物,转移给没有污染防治能力的单位和个人进行生产、加工、经营或者处理,造成环境污染。

5. 淘汰落后设备、工艺制度

为了实施淘汰制度,国务院经济综合主管部门会同国务院有关部门公布限期禁止采用的严重污染环境的工艺名录和限期禁止生产、销售、进口、使用的严重污染环境的设备名录；生产者、销售者、进口者或者使用者，必须在上述规定的期限内分别停止生产、销售、进口或者使用列入名录中的设备或生产工艺。被淘汰的设备，任何单位或个人不得转让给他人使用。

6. 采用清洁生产工艺、设备和技术制度

清洁生产是指利用无污染或者少污染的原材料、能源、工艺、设备和生产方式以及科学的内部管理，生产出清洁的产品。清洁生产是推动排污单位提高工艺、技术和设备水平，提高企业管理水平，提高能源和资源的利用率，贯彻"预防为主"，从源头抓污染防治的重要措施。

二、大学生与环境保护

在学校里、家里，做一个爱护环境、保护环境的好公民，是每个大学生应该树立的基本意识。良好的生态环境是最公平的公共产品，是最普惠的民生福祉。

首先，保护环境，从自身做起，树立环保意识，从小事做起。不乱扔垃圾，把垃圾进行分类，生活垃圾一般分为可回收垃圾、厨余垃圾、有害垃圾和其他垃圾。日常常用的垃圾处理方法主要有综合利用、卫生填埋、焚烧和堆肥，垃圾分类有利于促进资源的循环利用；尽量少使用塑料袋等不可降解的东西，超市购物自带手提袋，减少白色污染，减轻土地压力。在宿舍以及教室节约用水，例如在洗手或洗衣物时，水龙头应开到适宜，清洗完后及时关上水龙头。节约用水是我们每个人都应该做到的。

其次，在自己力所能及的前提下，从事环保的宣传活动，利用自己所学的知识向社会公众宣传环境污染的严峻性以及保护环境的重要性，使保护环境不仅仅停留在书面上、公共标语上，更要落实在人们的行动上。同时，可以去参加一些环保活动，号召大家一起行动，用自己的力量为祖国的环保事业做出贡献。

最后，从现在做起，人人动手，在提高大学生整体环保意识的同时，努力去做我们现在可以做，做得到的，才有可能为我们赢得更美好的生存环境，为我们的子孙后代留下一个洁净的生存空间，实现环境的可持续发展。

第三节　垃圾分类与垃圾分类制度

一、垃圾分类的概念与政策

垃圾分类，是指按一定规定或标准将垃圾分类投放、储存、运输，从而转变成公共资源的一系列活动的总称。垃圾分类是对垃圾收集处置传统方式的改革，实行生活垃圾分类，可以减少垃圾处理总量，是实现垃圾无害化、减量化、资源化的基础，是发展循环经济、建设生态文明、促进经济社会与环境协调发展的必然要求。2000 年 6 月，原国家建设部下发《关于公布生活垃圾分类收集试点城市的通知》，确定在北京、上海、南京、

视频讲解

杭州等 8 个城市开展生活垃圾分类收集试点。之后，政府不断加大对垃圾分类的倡导和投入。2018 年，上海市先后出台了《关于建立完善本市生活垃圾全程分类体系的实施方案》《上海市生活垃圾全程分类体系建设行动计划（2018－2020 年）》，提出到 2020 年年底，基本实现单位生活垃圾强制分类全覆盖，居民区普遍推行生活垃圾分类制度。2019 年 1 月 31 日，上海市第十五届人民代表大会第二次会议表决通过地方性法规——《上海市生活垃圾管理条例》，并将于 7 月 1 日正式开始实施，率先走在了全国前列。此举标志着"垃圾分类"在上海纳入法治框架：个人混合投放垃圾，今后最高可罚 200 元；单位混装混运，最高则可罚 5 万元。

二、上海市垃圾分类的基本规则

目前，上海生活垃圾采用四分法分类，根据"谁产生、谁负责"的原则，产生生活垃圾的单位和个人是分类投放的第一责任人，应当按照"可回收物、有害垃圾、湿垃圾、干垃圾"的分类标准，将生活垃圾分别投放至相应的收集容器。

1. 有害垃圾（红色收集设施）

有害垃圾是对人体健康或者自然环境造成直接或者潜在危害的零星废弃物，主要包括废电池、废灯管、废药品、废油漆及其容器等。

2. 可回收物（蓝色收集设施）

可回收物是指适宜回收和可循环利用的废弃物。主要包括废玻璃、废金属、废塑料、废纸张、废织物等（简称玻、金、塑、纸、衣）。

3. 湿垃圾（棕色收集设施）

湿垃圾，即易腐垃圾，是指日常生活产生的容易腐烂的生物质生活废弃物。主要包括食材废料、剩菜剩饭、瓜皮果核、花卉绿植、中药药渣、过期食品等。

4. 干垃圾（黑色收集设施）

干垃圾是除了有害垃圾、可回收物、湿垃圾以外的其他生活废弃物。

测 一 测

1. 世界环境日是每年的（　　）。
   A. 3 月 22 日　　　B. 6 月 5 日　　　　　C. 5 月 1 日　　　　　D. 7 月 1 日
2. 新中国的第一部《环境保护法》是（　　）年颁布的。
   A. 1982　　　　　B. 1979　　　　　　C. 1978　　　　　　　D. 1980
3. 城市区域环境噪声标准规定，居住区、文教机关区昼间不超过 55 分贝，夜间不超过（　　）分贝。
   A. 40　　　　　　B. 45　　　　　　　C. 50　　　　　　　　D. 55
4. 空气污染指数值（API）在 101～200 时，空气质量为（　　）级。
   A. 一　　　　　　B. 二　　　　　　　C. 三　　　　　　　　D. 四

5. 可吸入颗粒物是指悬浮在空气中，空气动力学当量直径≤（　　　）的颗粒物。
   A. $5\mu m$　　　　　　B. $10\mu m$　　　　　　C. $15\mu m$　　　　　　D. $20\mu m$

6. 当前解决好环境保护问题要坚持污染防治与（　　　）并重的原则。
   A. 生态保护　　　B. 节约资源　　　C. 废物利用　　　D. 强化管理

7. 减少"白色污染"我们应该（　　　）。
   A. 自觉地不用、少用难降解的塑料包装袋
   B. 乱扔塑料垃圾
   C. 尽量使用塑料制品
   D. 尽量不使用塑料制品

8. 《中华人民共和国环境噪声污染防治法》中的"夜间"指的是（　　　）。
   A. 晚二十二点到晨六点　　　　　　B. 晚二十四点到晨六点
   C. 晚二十四点到晨七点　　　　　　D. 晚二十二点到晨七点

9. 目前我们常用的垃圾分类可分为（　　　）。
   A. 可回收、不可回收　　　　　　B. 有机垃圾、无机垃圾
   C. 干垃圾、湿垃圾　　　　　　　D. 工业垃圾、农业垃圾

10. 绿色食品指（　　　）食品。
    A. 蔬菜、水果　　　　　　　　B. 绿颜色的食品
    C. 安全无污染食品　　　　　　D. 有丰富营养价值的食品

11. 保护水环境，我们应该选择使用（　　　）洗衣粉。
    A. 无磷　　　　B. 普通　　　　C. 高磷　　　　D. 多用

12. （　　　）是联系有机物和无机物的中心环节，也是与人类关系最密切的一种环境要素。
    A. 大气圈　　　B. 水体圈　　　C. 土壤圈　　　D. 生物圈

13. 如果一个地区的（　　　）元素分布异常，可引起地方性甲状腺肿或克汀病。
    A. 铁　　　　　B. 硒　　　　　C. 碘　　　　　D. 钙

14. 联合国环境规划署总部设在（　　　）的首都。
    A. 泰国　　　　B. 瑞士　　　　C. 肯尼亚　　　　D. 美国

15. （　　　）是地球上生物多样性丰富和生产力较高的生态系统，在控制洪水、调节水流、调节气候、降解污染等方面有重要作用，被誉为"地球之肾"。
    A. 森林　　　　B. 湿地　　　　C. 海洋　　　　D. 草原

16. 汽车尾气是全球范围最严重的（　　　）污染源。
    A. 铬　　　　　B. 铅　　　　　C. 锌　　　　　D. 铬

17. （　　　）不属于清洁能源。
    A. 沼气　　　　B. 太阳能　　　C. 煤炭　　　　D. 风力

18. 中国政府坚定不移地贯彻执行环境保护这项（　　　）。
    A. 基本国策　　　B. 政策　　　C. 方法　　　D. 工作

19. 环境质量标准、污染物排放标准、环境基础标准、样品标准和方法标准统称为（　　　），是我国环境法律体系的一个重要组成部分。
    A. 环境系统　　　B. 环境认证　　　C. 环境质量　　　D. 环境标准

20. 1962 年，美国女生物学家雷切尔·卡逊在（　　　）一书中，第一个勇敢地站出直言，呼吁人类要保护好自己的生息地，从此开创了善待环境的新时代。
    A. 《寂静的春天》　　　　　　B. 《只有一个地球》

C.《环境医学》   D.《我们共有的地球》

参考答案

1.B 2.B 3.B 4.C 5.B 6.A 7.A 8.A 9.A 10.C 11.A 12.D
13.C 14.B 15.B 16.B 17.C 18.A 19.D 20.A

第十三章　食品药品安全篇

安身之本，必资于食，不知食宜者，不足以存生。

——（唐）孙思邈

　　食品是人类赖以生存、繁衍、维持健康和从事各项活动的基本条件。但有时食物中可能含有一些有毒、有害的物质，会引发食源性疾病，危害人体健康与生命安全；食品的营养不足或过剩也同样影响人类的健康。食品安全问题一直是公众最关心的话题之一。

第一节　食品安全的概念和特点

一、食品安全的概念和特点

1. 食品安全的概念

　　食品安全指食品无毒、无害，符合应当有的营养要求，对人体健康不造成任何急性、亚急性或者慢性危害。

　　"食品安全"一词是 1974 年由联合国粮农组织提出的，其主要内容包括三方面：从食品安全性角度看，要求食品应当"无毒、无害"。"无毒、无害"是指正常人在正常食用情况下摄入可食状态的食品，不会造

视频讲解

成对人体的危害。但无毒、无害也不是绝对的，允许少量含有，但不得超过国家规定的限量标准；符合应当有的营养要求。营养要求不但应包括人体代谢所需要的蛋白质、脂肪、碳水化合物、维生素、矿物质等营养素的含量，还应包括该食品的消化吸收率和对人体维持正常的生理功能应发挥的作用；对人体健康不造成任何危害。这里的危害包括急性、亚急性或者慢性危害。

2. 食品安全的特点

　　食品安全具有以下特点。

　　（1）食品安全具有综合性。食品安全的范畴包括食品卫生、食品质量、食品营养等相关方面的内容和食品（食物）种植、养殖、加工、包装、贮藏、运输、销售、消费等环节。

　　（2）食品安全是个社会概念。不同国家以及不同时期，食品安全所面临的突出问题和治理要求有所不同。在发达国家，食品安全所关注的主要是因科学技术发展所引发的问题，如转基因食品；而在发展中国家，食品安全所侧重的则是市场经济发育不成熟所引发的问题，如假冒伪劣、有毒有害食品的非法生产经营。

　　（3）食品安全具有政治性。无论是发达国家，还是发展中国家，食品安全都是企

业和政府对社会最基本的责任和必须做出的承诺。食品安全与生存权紧密相连，具有唯一性和强制性，通常属于政府保障或者政府强制的范畴。近年来，国际社会逐步以食品安全的概念替代食品卫生、食品质量的概念，更加突显了食品安全的政治责任。

（4）食品安全具有相对性。客观上讲，人类的任何一种饮食消费总会存在某种风险，要求食品绝对安全是不可能的。所谓相对安全性，被定义为一种食物或成分在合理食用方式和正常食量的情况下不会导致健康损害。任何食物成分，尽管是对人体有益的成分或其毒性极低，若食用过多或食用不当，都可能引起毒害或损害健康。如食盐摄入过多会中毒，过度饮酒会伤身。

（5）食品安全具有法律性。自20世纪80年代以来，一些国家以及有关国际组织从社会系统工程建设的角度出发，逐步以食品安全的综合立法替代卫生、质量、营养等要素立法。2015年10月1日起，新修订的《中华人民共和国食品安全法》（以下简称《食品安全法》）正式施行，通过立法的形式切实化解食品安全治理的难题，来确保人民群众的饮食安全。

根据《食品安全法》规定：生产不符合食品安全标准的食品或者经营明知是不符合食品安全标准的食品，消费者除要求赔偿损失外，还可以向生产者或者经营者要求支付价款十倍或者损失三倍的赔偿金；增加赔偿的金额不足一千元的，为一千元。

小贴士

《食品安全法》的新制度

1. 网购食品被纳入监管范围

新《食品安全法》规定，网络食品生产经营者必须持照经营，同时，提供生产经营的第三方平台有审核经营者证照的责任。也就是说，第三方平台要对入网的食品经营者做三件事：实名登记、明确责任、审查许可证。若消费者通过淘宝、微店等网络食品交易第三方平台购买食品，其合法权益受到损害，可向经营者要求赔偿。如果网络食品交易第三方平台提供者不能提供经营者的真实名称、地址和有效联系方式，由其赔偿；赔偿后，有权向入网食品经营者追偿。网络食品交易第三方平台提供者知道或者应当知道入网食品经营者利用其平台侵害消费者合法权益，未采取必要措施的，依法与该经营者承担连带责任。在购买网络食品的时候，需提高消费安全意识，注意保存交易过程中的所有凭证，万一遇到食品安全问题，及时上报有关部门。

2. 保健食品标签不得涉防病治疗功能

针对保健食品生产、经营、宣传中存在的问题，《食品安全法》明确要求：保健食品声称保健功能，应当具有科学依据，不得对人体产生急性、亚急性或者慢性危害。保健食品的标签、说明书不得涉及疾病预防、治疗功能，内容应当真实，与注册或者备案的内容相一致，载明适宜人群、不适宜人群、功效成分或者标志性成分及其含量等，并声明"本品不能代替药物"。

3. 生产经营转基因食品应按规定标示

对于同样广受关注的转基因食品，《食品安全法》增加规定：生产经营转基因食品应当按照规定进行标示。同时规定，未按规定进行标示的，没收违法所得和生产工具、设备、原料等，最高可处货值金额五倍以上十倍以下罚款，情节严重的责令停产停业，直至吊销许可证。

4. 禁止将剧毒高毒农药用于果蔬、茶叶

在农药管理上，《食品安全法》规定：国家对农药的使用实行严格的管理制度，加快淘汰剧毒、高毒农药，高残留农药，推动替代产品的研发和运用，鼓励使用高效、低毒、低残留农药。增加了禁止将剧毒、高毒农药用于蔬菜、瓜果、茶叶和中草药材等国家规定的农作物的规定。

5. 提高了违规处罚标准

《食品安全法》规定，生产经营超范围、超限量使用食品添加剂的食品；生产经营标注虚假生产日期、保质期或者超过保质期的食品、添加剂等行为将最高罚款20倍。生产经营无标签的预包装食品、食品添加剂或者标签、说明不符合本法规定的食品、食品添加剂；生产经营转基因食品未按规定进行标示等行为最高罚款10倍。如果违法行为构成犯罪，直接由公安部门进行侦查，追究刑事责任。如果不构成刑事犯罪的话，才由行政执法部门进行行政处罚。对因食品安全犯罪被判处有期徒刑以上刑罚的，终身不得从事食品生产经营的管理工作。

第二节　食物中毒及其预防措施

食用了被细菌性或化学性毒物污染的食物，或误食了本身有毒的食物，就会引起急性中毒性疾病，这就是食物中毒。食物中毒的特点是潜伏期短、突然地和集体地暴发，多数表现为肠胃炎的症状，并和食用某种食物有明显关系，没有传染性。

视频讲解

一、食物中毒的分类

（1）细菌性食物中毒：食物中毒的病原菌污染食物，并在其中产生毒素。细菌性食物中毒具有明显的季节性，多发生在气候炎热的季节。

（2）真菌毒素中毒：常见的有赤霉病麦中毒、霉玉米中毒、霉变甘蔗中毒等。

（3）动物性食物中毒：如河豚中毒。

（4）植物性食物中毒：最常见的植物性食物中毒为生豆荚中毒、毒蘑菇中毒、生豆浆中毒；可引起死亡的有毒蘑菇、马铃薯、苦杏仁、桐油等。

（5）化学性食物中毒：如农药、鼠药、亚硝酸盐引起的中毒。

二、常见易中毒食物及其预防

（1）银杏果：如大量进食炒熟的银杏果可致中毒，一般小孩食用 20～30 粒，就有可能引起中毒。因为银杏果含有一定量的有机毒素氢氰酸。

预防措施：氢氰酸遇热易挥发，食银杏果一定要烧热炒熟，且不能过量，更不能生食。

（2）豆类：四季豆、扁豆、豆角、芸豆、小刀豆等，含有皂苷、亚硝酸盐、胰蛋白酶抑制物等毒素，若大量食用未煮熟的上述食物，有可能引起中毒，产生恶心、腹痛、心慌等症状。由于生大豆中也含有毒成分，因此，如果豆浆未煮熟时就食用，也可引起食物中毒。

预防措施：烹调时先将豆荚类食品放入开水中煮 10 分钟以上再炒熟。

（3）马铃薯中毒：中毒轻者恶心呕吐、腹痛腹泻，重者可出现脱水、血压下降、呼吸困难、昏迷抽搐等现象，严重者还可因心肺麻痹而死亡。这是因为发芽、青绿色或未成熟的马铃薯着色部分（青、绿、紫色和胚芽、芽孔周围）含龙葵素。

预防措施：不吃发芽土豆。如发芽不严重，可将芽眼彻底挖除干净，并削去发绿部分，然后放在冷水里浸泡 1 小时左右，龙葵素便会溶解在水中。

（4）蘑菇中毒：蘑菇中毒将危及生命。蘑菇中毒主要表现出四种类型：胃肠炎型大多在食用 10 多分钟至 2 小时左右发病，出现恶心呕吐、腹痛腹泻等症状，通常病程短，预后较好，死亡率较低；神经精神型多出现精神兴奋或错乱，或精神抑制及幻觉等表现；溶血型除了胃肠道症状外，在中毒一两天内出现黄疸、血红蛋白尿；肝损害型由于毒蘑菇的毒性大，会出现肝脏肿大、黄疸、肝功能异常等表现。

预防措施：学会辨认常见的毒蘑菇，不食用不认识或没有安全保证的野生蘑菇。

（5）亚硝酸盐中毒：亚硝酸盐中毒是指食用硝酸盐或亚硝酸盐含量较高的腌肉、泡菜或变质蔬菜，或者误将工业用亚硝酸钠作为食盐食用而引起的中毒。会出现口唇、舌尖、指尖青紫等缺氧症状，自觉症状有头晕、乏力、心律快、呼吸急促，严重者会出现昏迷，大小便失禁，最严重的可因呼吸衰竭而导致死亡。一般在食用后 1～3 小时发病。

预防措施：到正规、有信誉的商场购买食盐，不宜一次大量或经常食用腌制食品。

（6）苦杏仁中毒：苦杏仁的种皮和胚芽部分含有剧毒氢氰酸，如果随意生吃苦杏仁，就会导致中毒，中毒较深的人会出现瞳孔散大、对光反应消失、脉搏弱慢、呼吸急促等。若不及时抢救，可因呼吸衰竭而死亡。

预防措施：苦杏仁要煮熟，去皮、去尖再吃，并且不可以大量食用。

（7）发红的甘蔗：如果看到甘蔗里有红色丝状物，证明已经霉变。霉变甘蔗会产生强烈的嗜神经毒素 3-硝基丙酸，食用后会导致中枢神经系统受损，产生呕吐、眩晕、昏迷等症状。

（8）鲜黄花菜：黄花菜中含有秋水仙碱，如果人体摄入秋水仙碱后，会生成二秋水仙碱，而二秋水仙碱是一种剧毒物质，一个成年人如果一次食入鲜黄花菜 50～100 克即可引起中毒。

预防措施：将鲜黄花菜在沸水中稍煮片刻，再用清水浸泡，就可将大部分水溶性秋水仙碱去除，也可将鲜黄花菜煮熟、煮透再烹调食用。

（9）禽肉蛋烹熟吃。人类感染 H7N9 禽流感病毒的主要途径包括直接接触感染病毒的活禽或其排泄物、分泌物，以及宰杀感染禽类时为其去毛的过程。一旦将禽类彻底去除羽毛并烹调至熟，便能够使病毒灭活，不存在感染人类的风险。因此，尽量不要生吃鸡蛋或鸡肉。

三、食物中毒的预防与紧急处理

1. 食物中毒的预防措施

（1）购买食物时，注意食品包装有无生产厂家、生产日期，是否过保质期，食品原料、营养成分是否标明，有无 QS 标识，不能购买三无产品。

（2）打开食品包装，检查食品是否有异样。不能食用腐败变质、霉变、生虫、混有异物或异常沉淀物的食品。

（3）不到校园周边无证摊贩处购买盒饭或食物，减少食物中毒的隐患。

（4）注意卫生，饭前便后洗手。自己的餐具洗净消毒，不用不洁容器盛装食品。

2. 食物中毒的一般处理

食物中毒一般具有潜伏期短、突然爆发、来势凶猛的特点。临床上表现为以上吐、下泻、腹痛为主的急性胃肠炎症状，严重者可因脱水、休克、循环衰竭而危及生命。因此一旦发生食物中毒，千万不能惊慌失措，应及时采取如下应急措施。

（1）催吐：对中毒不久而无明显呕吐者，可先用手指、筷子等刺激其舌根部的方法催吐，或让中毒者大量饮用温开水并反复自行催吐，以减少毒素的吸收。如经大量温水催吐后，呕吐物已为较澄清液体时，可适量饮用牛奶以保护胃黏膜。

（2）促泻：如果服用食物时间较长，一般已超过 2～3 小时，则可服用些泻药，促使中毒食物尽快排出体外。

（3）保留食物样本。由于确定中毒物质对治疗来说至关重要，因此，在发生食物中毒后，要保存导致中毒的食物样本，以提供给医院进行检测。如果身边没有食物样本，也可保留患者的呕吐物和排泄物，以方便医生确诊和救治。

四、网络订餐中的食品安全

网络订餐是指通过互联网，在餐饮网站上订可食用之餐饮产品，如各式饭类、面类、比萨、中国菜、西餐、日式料理、各类小食饮料等，还包括各地特产、酒类饮料、干货、农产品等。但随着网络订餐的发展，其所带来的食品安全问题也引发人们的关注。

2014 年 11 月，河北某大学几名学生食用了校外某外卖午餐后，集体出现腹痛现象，后送到校医院和附近医院接受治疗。2015 年 3 月，福建某工程大学部分学生食用从学校附近的"烤肉店"外送的套餐后出现呕吐、腹泻等疑似食物中毒症状，共有 38 名学生出现疑似食物中毒症状，并到医院就诊。2016 年 6 月，上海浦东张江地区的某高校有学生在外卖平台上订购了某"烤肉拌饭"的外卖后，上吐下泻，近20名学生送医治疗。

网上餐饮店良莠不齐，消费者并不能参与食品制作的全过程，很难察觉卫生状况、食品质量，给不合格的餐饮服务单位提供了避风港，极易引发食品安全事故。为了规避网络订餐风险，保障自身食品安全，要养成良好的饮食卫生习惯，提高辨别食品卫生质量的能力，确保生命安全和身体健康。

（1）尽量在学校饭堂里就餐。有些大学生不喜欢食堂里的饭菜，就经常在外面就餐。但是相对于外面的餐厅，学校的饭堂对食品来源、安全有一套标准，工作人员也是经过培训上岗的，一般很少出现食品安全问题。就算出现了问题，学校对学生的赔偿会有保障。因此，大学生为了自己的健康着想，应尽量在学校饭堂里就餐。

（2）网络订餐时应选择合法正规的供餐单位订餐。在订餐前应选择证照齐全、信誉好的入网餐饮服务单位订餐，切勿向无证无照、证照信息不全或证照信息与实际经营范围、经营地址不符等非法供餐者订餐。

（3）收到订餐食品后，应先查验其包装及容器是否清洁、完好，配送的食品是否变质或受到污染等，应避免选择冷菜、生食（如生鱼片）、冷加工糕点、沙拉、四季豆等高风险食品及法律法规禁止经营的食品。

（4）网络订餐时要注意留存好消费小票、发票等相关凭证。如发生消费纠纷，可拨打投诉举报电话12331。

第三节　药品与安全用药

一、药品的概念和分类

药品是指用于预防、治疗、诊断人的疾病，有目的地调节人的生理机能并规定有适应证或者功能主治、用法和用量的物质。在我国，药品采用处方药与非处方药分类管理办法，所谓处方药是必须凭执业医师或执业助理医师处方才可调配、购买和使用的药品。非处方药是指由国家食品药品监督管理局公布的，不需要凭执业医师或执业助理医师处方，消费者可以自行判断、购买和使用的药品。

视频讲解

二、如何正确购药

确实药物的种类、名称繁多，选购时切记不能只看药名，不看"作用与用途"或"功效与主治"。如"人参再造丸"，给人以起死回生的印象，不少人把它当作补药吃，其实这种药只能治疗四肢麻木及中风等症。还有人把"肥儿丸"给身体瘦弱的小孩服用，希望孩子吃了就肥胖起来，其实它只是一种治疗消化不良的药物。药品名称众多，这同药品不同的取名方法有关。

（1）以药物化学成分命名。若是西药则根据药品的化学结构命名，即药品的化学名。若是中药则以主要药材命名，如益母草膏等。

（2）以药物效能命名。如西药复方氢氧化铝、降压灵等，如中药跌打丸、活络丹、安神补心丸等。

（3）药病结合。将药物名称与疗效结合起来命名，西药里这类命名比较少，如溶菌酶。中药中以此法命名的比较多，如银翘解毒丸、藿香正气水等。

（4）译名。进口药常根据拉丁文名、英文名等音译或意译成中文，如阿司匹林、异丙嗪、胃得乐、氯苯那敏等。

基于复杂的药物名称，因此，同一种药品就有可能有几个名字，购买某种药品一定要多询问并仔细阅读说明书，避免重复买药或买错药，造成严重后果。最可靠的办法是在医生指导下购药服用。

三、如何看懂药品说明书

（1）看清药品名称：有时一种药品有多种药名，如通用名、商品名、别名等。药品的通用名称是国家药典采用的法定名称，是不论哪个厂家生产的同种药品都只能使用的名称。商品名称是药厂通过注册受法律保护的专有药名。患者只要弄清楚药品的通用名，就能避免重复用药，因为一种药只有一个通用名。

（2）掌握适应证：适应证指药品适用于治疗哪些疾病。一定要注意药品的适应证，只有对症下药，才能达到治病的目的。

（3）药物的用法用量很关键：不同的药物分别要求在饭前、饭后或饭时服。饭前指用餐前半小时，饭后指用餐后 15～30 分钟，饭时服指用餐的同时服，遵照规定服药，有利于药物的吸收和避免不良反应。药物的用量，应根据年龄不同而有所区别。说明书上的用量大都为成人剂量，60 岁以上老人通常用成人剂量的 3/4，小儿用药量比成人少，可根据年龄按成人剂量折算，也可按体重或按体表面积计算用药量。

（4）重视说明书中的禁忌证和注意事项。

（5）认真对待药物的不良反应：药物使用说明书上所列的不良反应，不是每个人都会发生，一般发生率很低。出现药物不良反应与很多因素有关，如身体状况、年龄、遗传因素、饮酒等。不要看到说明书上列了一大串不良反应就不敢用药了。若在用药时出现轻微不良反应而又需继续治疗的，可以一边治疗一边观察，同时向医师及药师咨询，较严重的应立即停药到医院就诊。

三、如何辨别药物变质

药物是否变质是药物是否有效的关键问题。我们可以通过仔细观察药物的外观性状，如色、嗅、味等形态来识别药物是否变质。如药物出现下列情况，表明药物已变质，不能再使用了。

片剂：白色药片变黄，表面粗糙、疏散或潮解，或有结晶析出。药片上有斑点、发霉、虫蛀、有臭味等。

糖衣片：有粘片或黑色斑点、糖衣层裂开、发霉、有臭味等。

冲剂：正常的都是能疏散滚动的干燥颗粒。如见其发黏结块、溶化、有异臭等则可能已经变质。

胶囊及胶丸：如见有明显软化、破裂、漏油或互相粘连等。

糖浆：药液不论颜色深浅，都应澄清无异物。如见有较多沉淀物或发霉等则可能已经变质。

粉针剂：若发现瓶内药粉有结块，经摇动不散开，药粉粘瓶壁或已变色等。

水针剂：如见药液颜色变深、浑浊、沉淀或有霉点、絮状物等。但须注意，有些针剂（如甘露醇）在冬季低温下，会产生结晶，经隔水加以微温后，可使之溶化，并非变质。

混悬剂及乳剂：如有大量沉淀，或出现分层，经摇亦不匀者。

栓剂、眼药膏及其他药膏：若有异臭、酸败味，或见明显颗粒干涸及稀薄、变色、水油分离等。

眼药水、滴鼻剂：如药液中有结晶、絮状物，或见浑浊、变色等。

中成药丸、片剂：如发现霉变、生虫、潮化、蜡封丸蜡封裂开等。

四、常见用药误区

1. 凉茶可以随便喝

有一些人对凉茶的认识有误区，他们不论哪里不舒服均归咎于湿热，认为凉茶能包医百病，无病服之能防病，甚至把凉茶作为日常生活中必不可少的保健药。事实上，很多凉茶都是由味苦性寒之药物组成，若体质素来虚弱者和婴幼儿，不分青红皂白地长期用药性苦寒的凉茶，则易损伤脾胃。因此凉茶不能滥服，更不能作为保健药长期服用。

2. 药物过期了还能用

药物过了有效日期，按药品管理法规定，应视为劣药，不宜再用。在日常用药的情况下，人们往往想"节俭"，要知道药物过期不仅仅是药效降低，有些可能是毒性增加。

3. 药品越贵越好

药价的贵贱，不是根据药物对某一疾病的疗效而定，而是根据其原料成本、工艺过程、销售环节等因素决定的。如螺旋霉素的售价，约等于红霉素的几倍，而它对金黄色葡萄球菌的抗菌作用，仅是红霉素的1/32；所以，治病不在于药贵不贵，而在于对不对症。治疗对症，疗效显著，但如果只片面强调贵药便是好药就错了。

4. 针剂可以口服

针剂在注射时会引起局部疼痛，于是有些人把针剂改为口服。他们认为这些药品既然可以直接注入机体组织或血管，口服就更没有问题了，这种想法是错误的。因为很多药之所以制成针剂使用，是因为这些药物在消化道内不稳定，易被破坏失效或吸收不好而达不到有效血药浓度。有些药物对胃肠道有强烈刺激作用，口服后会引起恶心、呕吐等反应。有些针剂注射时需做皮试，如随意口服可能会引起致命的过敏性休克。

5. 非处方药不会出现严重不良反应

非处方药本身也是药，总体来说不良反应较少，比较轻，但这不是绝对的。有些非处方药在少数人身上也能引起严重的不良反应，有时甚至可引起死亡。所以，非处方药也要严格按照药品使用说明书的规定服用，不能随便增加剂量或增加服用次数，也不能随便改变用药方法或用药途径。

6. 腹泻时可以随便使用抗菌药物

腹泻未必全是细菌感染所致，由于病原不同，治疗方法就不完全相同，所以用抗菌药物应慎重。许多抗菌药物可引起不同程度的胃肠道不良反应，尤其是口服后如恶心、呕吐、腹泻至食欲下降，甚至影响肝脏、肾脏和造血功能，其中以广谱抗菌药物引起的胃肠道不良反应较为严重。因此腹泻不能随便使用抗菌药物。

测 一 测

1. 发现食物中毒后，自己能采取的最有效的应急措施是 (   )。
   A. 多喝开水　　　B. 催吐　　　　C. 找解毒药　　　　D. 吃泻药
2. 外出就餐要注意就餐环境卫生、餐具清洁度；不吃装盒超过 (   ) 小时的盒饭。
   A. 2　　　　B. 3　　　　C. 4　　　　D. 5
3. 进口的食品、食品添加剂以及食品相关产品应当符合 (   )。
   A. 我国食品安全国家标准
   B. 出口国国家食品安全标准
   B. 美国食品安全标准
   D. 双方约定的标准
4. 《中华人民共和国食品安全法实施条例》是根据 (   ) 制定。
   A. 《中华人民共和国民法通则》
   B. 《中华人民共和国消费者权益保护法》
   C. 《中华人民共和国食品安全法》
   D. 《中华人民共和国反不正当竞争法》
5. 食品生产经营人员应当 (   ) 进行健康检查，取得健康证明后方可参加工作。
   A. 每半年　　　B. 每年　　　　C. 每二年　　　　D. 每三年
6. 食品生产经营中使用的洗涤剂、消毒剂应当符合的标准是 (   )。
   A. 对婴幼儿无害　　　　　　　B. 对成人无害
   C. 对人体安全、无害　　　　　D. 对环境无害
7. 生产不符合食品安全标准的食品或者销售明知是不符合食品安全标准的食品，消费者除要求赔偿损失外，还可以向生产者或者销售者要求支付价款 (   )

的赔偿金。

  A. 一倍   B. 五倍   C. 十倍   D. 二十倍

8. 食品安全标准的性质是（ ）。

  A. 鼓励性标准 B. 引导性标准   C. 强制性标准 D. 自愿性标准

9. 加热食品应使中心温度达到（ ）以上才能保证杀灭食品中的微生物或防止微生物的生长繁殖。

  A. 60 摄氏度 B. 70 摄氏度   C. 80 摄氏度   D. 100 摄氏度

10. 在中国境内市场销售的进口食品，必须使用（ ）。

  A. 英文   B. 中文   C. 拼音标识   D. 其他文字

参考答案

1. B 2. A 3. A 4. C 5. B 6. C 7. C 8. C 9. B 10. B

第十四章　传染病与身体健康

最有效的药是病人的免疫力，我们做的事是帮病人熬过去。

——张文宏

第一节　传染病基本知识

一、传染病概述

1. 传染病的定义

传染病是由各种病原体引起的，能在人与人、动物与动物或人与动物之间相互传播的一类疾病。

2. 传染病的基本特征

（1）具有特异的病原体；

（2）具有传染性；

（3）具有流行性；

（4）具有季节性；

（5）具有地方性；

（6）具有感染后的免疫性。

视频讲解

3. 传染病传播过程

传染病传播过程中的三个基本环节：（1）传染源；（2）传播途径；（3）易感人群。

4. 传染病的预防措施

针对传染病的传播过程，主要预防措施有：（1）管理传染源；（2）切断传播途径；（3）保护易感人群。

5. 传染病的种类

根据《中华人民共和国传染病防治法》第三条规定，传染病分为甲类、乙类和丙类。

甲类传染病是指：鼠疫、霍乱。

乙类传染病是指：病毒性肝炎、细菌性和阿米巴性痢疾、伤寒和副伤寒、艾滋病、淋病、梅毒、脊髓灰质炎、麻疹、百日咳、白喉、流行性脑脊髓膜炎、猩红热、流行性出血热、狂犬病、钩端螺旋体病、布鲁氏菌病、炭疽、流行性和地方性斑疹伤寒、流行性乙型脑炎、黑热病、疟疾、登革热。

丙类传染病是指：肺结核、血吸虫病、丝虫病、包虫病、麻风病、流行性感冒、流行性腮腺炎、风疹、新生儿破伤风、急性出血性结膜炎、除霍乱、痢疾、伤寒和副伤寒以外的感染性腹泻病。

国务院可以根据情况，增加或者减少甲类传染病病种，并予公布；国务院卫生行政部门可以根据情况，增加或者减少乙类、丙类传染病病种，并予公布。

二、病原体概述

1. 什么是病原体

病原体是指可造成人或动植物感染疾病的微生物（包括细菌、病毒、立克次氏体、真菌），寄生虫或其他媒介（微生物重组体包括杂交体或突变体）。微生物占绝大多数，包括病毒、衣原体、立克次氏体、支原体、细菌、螺旋体和真菌等；寄生虫主要有原虫和蠕虫。

2. 病原体特性

病原体属于寄生性生物，所寄生的自然宿主为动植物和人。能感染人的微生物超过 400 种，它们广泛存在于人的口、鼻、咽、消化道、泌尿生殖道以及皮肤中。

每个人一生中可能受到 150 种以上的病原体感染，在人体免疫功能正常的条件下并不引起疾病，有些甚至对人体有益，如肠道菌群（大肠杆菌等）可以合成多种维生素。这些菌群的存在还可抑制某些致病性较强的细菌的繁殖，因而这些微生物被称为正常微生物群（正常菌群）。但当机体免疫力降低，人与微生物之间的平衡关系被破坏时，正常菌群也可引起疾病，故又称它们为条件致病微生物（条件致病原体）。机体遭病原体侵袭后是否发病，一方面固然与其自身免疫力有关，另一方面也取决于病原体致病性的强弱和侵入数量的多寡。一般来说，数量愈大，发病的可能性愈大。尤其是致病性较弱的病原体，需较大的数量才有可能致病。少数微生物致病性相当强，轻量感染即可致病，如鼠疫、天花、狂犬病等。

3. 主要病原微生物介绍

（1）细菌。细菌是生物的主要类群之一，属于细菌域。它是所有生物中数量最多的一类，据估计，其总数约有 5×10^{30} 个。细菌的形状相当多样，主要有球状、杆状以及螺旋状。

细菌对人类活动有很大的影响：一方面，细菌是许多疾病的病原体，可以通过各种方式，如接触、消化道、呼吸道、昆虫叮咬等在人体间传播疾病，具有较强的传染性，对社会危害极大；另一方面，人类也时常利用细菌，例如乳酪及酸奶和酒酿的制作、部分抗生素的制造、废水的处理等，都与细菌有关。在生物科技领域中，细菌也有着广泛的运用。

细菌的个体非常小，目前已知最小的细菌只有 0.2 微米长，因此大多只能在显微镜下被看到。细菌一般是单细胞，细胞结构简单，缺乏细胞核、细胞骨架以及膜状胞器，例如线粒体和叶绿体。细菌广泛分布于土壤和水中，或者与其他生物共生。人体身上也带有相当多的细菌。据估计，人体内及表皮上的细菌细胞总数约是人体细胞总数的十倍。细菌的营养方式有自养及异养，其中异养的腐生细菌是生态系统中重要的分解者，使碳循环能顺利进行。部分细菌会进行固氮作用，使氮元素得以转换为生物能利用的形式；大部分细菌是分解者，处在生物链的最底层；还有一部分细菌是消费者和生产者。

一般可以通过以下方法进行灭菌。

①温度：细菌对低温的耐受性较强，大多数细菌在液态空气（-190℃）或液态氧（-252℃）下可保存多年。高温对细菌有明显的杀伤作用，大多数无芽孢菌在 100℃ 煮沸时立即死亡，而有芽孢的细菌对高热有抵抗力，如炭疽芽孢可耐受煮沸 $5\sim15$ 分钟，湿热灭菌比干热灭菌效果强，因为湿热灭菌渗透性大。

②干燥：大多数细菌的繁殖体在干燥空气中很快死亡，有些菌如结核杆菌对干燥耐力强，在干痰中保存数月后仍有传染性。干燥不能作为有效的灭菌手段，只能用于保存食物，但细菌在湿度<15%、真菌在湿度<5%时，均不利其生长，因此干燥的食物可保藏相当一段时间而不坏。

③射线：紫外线对细菌的作用包括诱发突变及致死。当紫外线的波长为 260 纳米时作用最强。它主要作用于细菌的 DNA，但穿透力很弱，一薄层盖玻片就能吸收大部分紫外线。适量照射紫外线可以杀死细菌，但在照射后 3 小时再用可见光照射，则部分细菌又能恢复其活力，这种现象称为光复活作用。可见光杀菌作用虽不大，但在通过某些染料时，染料放出的荧光具有与紫外线同样的作用，可杀死细菌，称为光感作用。

④电离射线：放射性核素可以放出 α、β、γ 三种射线。α 射线穿透力弱，有杀菌和抑菌作用；β 射线穿透力强，在几秒钟内就能灭菌；γ 射线穿透力比 α、β 射线都强，但对细菌作用弱，消毒需要的时间长。电离射线损伤细胞的 DNA，使细胞死亡，电离辐射通过介质时还可引起猛烈冲击。其他影响表面张力的溶液如有机酸、醇、肥皂等也可使一些细菌不生长或溶解。

（2）病毒。病毒是一类个体非常微小，结构简单，仅含一种核酸，专性细胞内寄生，以复制的方式增殖的非细胞型微生物。病毒的大小为纳米级，必须用电子显微镜放大几万至几十万倍才能观察到。病毒没有细胞结构，按其结构可分为无膜病毒和有膜病毒。无膜病毒的核心为一种核酸（DNA 或 RNA），核心外包绕蛋白质外壳（衣壳），此结构称为核衣壳。有膜病毒在核衣壳外还包裹有脂质膜，称为包膜。包膜表面常有不同形状的突起，称为刺突。

病毒不仅分为植物病毒、动物病毒和细菌病毒；从结构上还可分为单链 RNA 病毒、双链 RNA 病毒，单链 DNA 病毒和双链 DNA 病毒。

病毒的生命过程大致分为：吸附，注入（遗传物质），合成（逆转录/整合入宿主细胞 DNA），装配（利用宿主细胞转录 RNA，翻译蛋白质再组装），释放五个步骤。

病毒是一种非细胞生命形态，它由一个核酸长链和蛋白质外壳构成，病毒没有自己的代谢机构，没有酶系统。因此病毒离开了宿主细胞，就成了既没有任何生命活动，也不能独立自我繁殖的化学物质。它的复制、转录和转译的能力都是在宿主细胞中进行的，当它进入宿主细胞后，它就可以利用细胞中的物质和能量完成生命活动，按照它自己的核酸所包含的遗传信息产生和它一样的新一代病毒。

病毒在吸附、侵入活细胞后，以自身基因组为模板，利用宿主细胞内的各种物质及 DNA 或 RNA 聚合酶等，复制出子代病毒基因组。同时利用宿主细胞合成大量的病毒蛋白，再将病毒蛋白与病毒基因组进行装配，产生大量成熟的子代病毒，并从细胞释放出来，继续新一轮的感染。

病毒分布广泛，可感染细菌、真菌、植物、动物以及人，常引起宿主发病。但在许多情况下，病毒也可与宿主共存而不引起明显的疾病。

病毒是自然界的一个家族，只要自然界存在，病毒家族就不会消失。人类的历史也是与病毒斗争的历史，从古埃及壁画中可能患有"小儿麻痹症"的祭司，到古书籍中人被狂犬咬伤后死亡的记载，再到天花、流感这些影响人类历史进程的病毒性疾病的流行，均可表明人类与病毒的"战争"从未停歇。目前，由于疫苗和抗病毒药物的应用，有些病毒性疾病已经被消灭，如天花；有些疾病可以有效预防，如脊髓灰质炎。但有些病毒性疾病仍在横行肆虐，如正在流行的新型冠状病毒肺炎。

病毒可长期储存于野生动物再传播给人，引起人患病，称为人畜共患病。野生动物在自然环境中携带了大量的病毒。例如从蝙蝠体内分离的病毒多达 130 多种。一般情况下，动物对病毒具有相应的抵抗力。但是，有的病毒在不同动物宿主之间穿梭传播的过程中，会发生多次变异，使毒力增强。人类与野生动物密切接触是新发人畜共患病的一个重要起因。其中，捕食野生动物的行为极大地增加了有害病毒的感染和传播风险。自 2001 年以来，世界卫生组织（World Health Organization，WHO）确认的 1100 多起具有全球影响的传染病事件中，超过 70％是人兽共患传染病，来自野生动物的人兽共患病发生率随着时间推移正在上升。由于野生动物疫源病难以防控，最简单、有效的办法是对野生动物避而远之。

人感染病毒后的传播方式多种多样，包括通过呼吸道、消化道、血液、泌尿生殖道、胎盘、破损皮肤等传播。病毒的传播与人类行为密切相关，如冠状病毒可以通过呼吸道飞沫等传播。病毒也可以通过人的呕吐物、排泄物、唾液等传播。除在人群不同个体间的传播外，有些病毒还能实现在不同物种之间传播。

病毒并非都是恶魔。科学家近来发现，病毒也会帮助其他生物进化。从人类起源至今，病毒已在人类基因组上留下了成千上万的印记，科学家们发现这些整合到人类基因组的病毒 DNA 是可以被激活的，甚至可以在脑细胞研究领域中发挥积极作用。随着科学技术的发展，人类正在细胞工程、基因工程、疾病治疗和病虫害防治方面利用病毒的生物特性造福人类。

病毒也可被制成生物武器用于军事用途。1975 年 3 月，联合国《禁止生物武器公约》生效，在消除生物武器、促进生物技术和平利用等方面发挥了重要作用。随着生物技术发展及新形势的变化，研制新一代更具特异性、杀伤力的生物武器已非天方夜谭。我们应提高警惕，从事动物实验的实验室和从事高致病性病原微生物的实验活动必须遵守我国相关法律的规定，维护公众健康，确保国家安全。

三、传染病流行病学中的几个重要概念

1. 传染过程

传染过程是指病原体进入宿主机体后，与机体相互作用、相互斗争的过程。宿主感染病原体后，可以表现出不同的结局，如病原体被清除、隐性感染、病原携带状态、显性感染甚至死亡等。

2. 传染病流行过程

传染病流行过程是指病原体从已受感染者排出，经过一定的传播途径，侵入易感者机体而形成新的感染，并不断发生、发展的过程。流行过程包括传染源、传播途径、易感人群三个基本环节。

3. 潜伏期

潜伏期是指病原体侵入机体后到出现最早临床症状前的这一段时间。

4. 传染期

传染期是指传染病患者排出病原体的整个时期。

5. 病原携带者

病原携带者是指没有明显临床症状但能排出病原体的人。病原携带者按携带病原体的不同而相应称为带菌者、带毒者、带虫者等。

6. 疾病的流行强度

疾病的流行强度是指某种疾病在一定时期内，在某地区、某人群中，发病数量的变化及其病例间的联系程度，常用散发、暴发及流行等表示。

四、传染病患者和接触者的管理措施

1. 患者的管理措施

对传染病患者应做到早发现、早报告、早隔离和早治疗。其中，隔离患者是控制

传染病传播的重要措施。它是将处于传染期内的患者安置于一定的场所，使其不与健康者或其他患者接触，以减少引起新感染者的机会。隔离期限应根据该种传染病的传染期来确定。一般在患者临床症状消失后，经 2～3 次病原学检查（每次间隔 3 天）为阴性时，即可停止隔离。

2. 对接触者的管理措施

对与传染源有过接触并有受感染可能者应根据《中华人民共和国传染病防治法》的要求采取医学观察和留验等措施。医学观察和留验的时间为最后接触日至该病的最长潜伏期，或参照 2018 年由人民卫生出版社出版，李兰娟院士著的《传染病学》（第 9 版）的附录一"传染病的消毒与隔离"中关于传染病的隔离相关内容。

（1）医学观察：即对传染病接触者定期进行访视、问诊和测量体温，接触者可照常参加工作和日常活动。医学观察适用于乙类和丙类传染病的接触者。

（2）留验：也称隔离观察，是将与甲类传染病患者的接触者隔离于专门场所，限制其活动，不准与其他人员接触，并同时进行医学观察。

五、突发公共卫生事件及其分级

1. 突发公共卫生事件

突发公共卫生事件是指突然发生，造成或者可能造成社会公众健康严重损害的重大传染病疫情、群体性不明原因疾病、重大食物和职业中毒以及其他严重影响公众健康的事件。重大传染病疫情是指某种传染病在短时间内发生、波及范围广泛，出现大量的患者或死亡病例，其发病率远远超过常年的发病率水平的情况。群体性不明原因疾病是指在短时间内，某个相对集中的区域内同时或者相继出现具有共同临床表现患者，且病例不断增加。重大食物和职业中毒是指由于食品污染和职业危害的原因而造成的人数众多或者伤亡较重的中毒事件。

2. 突发公共卫生事件的分级

根据突发公共卫生事件性质、危害程度、涉及范围，突发公共卫生事件划分为特别重大（Ⅰ级）、重大（Ⅱ级）、较大（Ⅲ级）和一般（Ⅳ级）四级。其中，特别重大突发公共卫生事件主要包括以下内容。

（1）肺鼠疫、肺炭疽在大、中城市发生并有扩散趋势，或肺鼠疫、肺炭疽疫情波及 2 个以上的省份，并有进一步扩散趋势。

（2）发生传染性非典型肺炎、人感染高致病性禽流感病例，并有扩散趋势。

（3）涉及多个省份的群体性不明原因疾病，并有扩散趋势。

（4）发生新传染病或我国尚未发现的传染病发生或传入，并有扩散趋势，或发现我国已消灭的传染病重新流行。

（5）发生烈性病菌株、毒株、致病因子等丢失事件。

（6）周边以及与我国通航的国家和地区发生特大传染病疫情，并出现输入性病例，严重危及我国公共卫生安全的事件。

（7）国务院卫生行政部门认定的其他特别重大突发公共卫生事件。

第二节　校园常见传染病的预防

高校人群高度密集，传染病易感易传，必须高度重视。据统计，高校中常见传染病主要有流行性感冒、结核、菌痢及肝炎等，最容易在校内引起聚集性疫情。认识了解这些传染病，可以使大家做到"早发现、早报告、早隔离和早治疗"，防止传染病传播蔓延，影响高校教育教学秩序，引起社会恐慌，甚至构成公共卫生事件。

一、流行性感冒

1. 什么是流行性感冒

流行性感冒（简称流感）是流感病毒引起的急性呼吸道感染，是人类至今尚不能有效控制的世界性传染病，也是我国重点防治的传染病之一。它是由流感病毒引起的急性呼吸道传染病，传染性极强，传播速度快，容易发生大面积流行，甚至是世界性大流行。

视频讲解

2. 症状

（1）主要症状：发病较突然，高热、畏寒、头痛、乏力、鼻塞、流鼻水、咳嗽、喉咙痛等。

（2）并发症：流感常见的并发症有肺炎、中毒性休克、脑炎、急性坏死性脑病等，可导致死亡等。

3. 流行特点

（1）传染源：流感病人和隐性感染者。病人的传染期是自出现症状前 1 天，至发病后 7 天，或至病例症状消失后 24 小时，发病 3 天内传染性最强。有些人感染病毒后不发病，但也可将病毒传给他人。

（2）传播途径：流感主要通过感染者咳嗽或打喷嚏而喷出的飞沫传播。也可通过接触流感病毒污染的物体，然后触摸自己的鼻子、嘴或眼睛而感染。流感一般是突然发病，发病率高，传播力极强，迅速蔓延，流行过程短，但能多次复发，且易引起肺部感染。流感多发于冬春季节，以经常形成局部或大规模的流行为其主要特征。

（3）易感人群：普遍易感。易在学校、养老院等集体单位引起暴发。

（4）潜伏期：流感的潜伏期一般在 2～4 天，潜伏期通常没有任何症状。

4. 治疗

迄今为止，流感大多还没有什么特效药。对于未发生并发症的流感患者来说，应多喝水、多休息。

5. 预防措施

流感的主要预防措施包括以下内容。

（1）保持良好的个人及环境卫生。

（2）勤洗手，使用肥皂或洗手液并用流动水洗手，不用污浊的毛巾擦手。双手接

189

触呼吸道分泌物后（如打喷嚏后）应立即洗手。

（3）打喷嚏或咳嗽时应用手帕或纸巾掩住口鼻，避免飞沫污染他人。流感患者在家或外出时应佩戴口罩，以免传染他人。

（4）均衡饮食、适量运动、充足休息，避免过度疲劳。

（5）每天开窗通风数次（冬天要避免穿堂风），保持室内空气新鲜。

（6）在流感高发期，尽量不到人多拥挤、空气污浊的场所；不得已必须去时，最好戴口罩。

（7）流感疫苗接种是世界公认的预防流感的有效方法。流感疫苗的免疫接种越来越受到各国的高度重视。实践证明，免疫预防是减少流感危害的一种重要措施和手段，高危人群、易感人群接种流感疫苗是预防流感的有效方法。

二、结核

1. 什么是结核

结核病是由结核分枝杆菌引起的慢性传染病，可侵及许多脏器，以肺部结核感染最为常见。排菌者为其重要的传染源。人体感染结核菌后不一定发病，当抵抗力降低或细胞介导的变态反应增高时，才可能引起临床发病。若能及时诊断，并予以合理治疗，大多可获临床痊愈。

2. 症状

有较密切的结核病接触史，起病可急可缓，多为低热、盗汗、乏力、纳差、消瘦、女性月经失调等；呼吸道症状有咳嗽、咳痰、咯血、胸痛，不同程度胸闷或呼吸困难。

3. 流行特点

（1）传染源：结核病属于慢性传染病，长期排菌的开放性肺结核患者是主要的传染源。开放性患者大多与正常人生活在一起，极易传染，会造成结核病在人群中的流行，并且难以控制。

（2）传播途径：主要通过呼吸道传染。如果患者咳嗽排出的结核菌干燥后附着在尘土上，形成带菌尘埃，亦可侵入人体形成感染。

（3）易感人群：普遍易感，学校患者以高年龄段学生为主。本病一年四季均可发生，无明显季节特征。

（4）潜伏期：一般为几周到数月，人体感染结核杆菌后不一定发病。患者一般隔离至连续 3 次痰培养阴性，学生患者一般建议休学。

4. 治疗

（1）药物治疗：药物治疗的主要作用在于缩短传染期、降低死亡率、感染率及患病率；而合理化治疗是指对活动性结核病坚持早期、联用、适量、规律和全程使用敏感药物的原则。

（2）手术治疗：外科手术已较少应用于肺结核治疗，只有药物治疗失败无效时才考虑手术。

5. 预防措施

（1）控制传染源，及时发现并治疗。

（2）切断传播途径，注意开窗通风，注意消毒。

（3）保护易感人群，接种卡介苗，注意锻炼身体，提高自身抵抗力。

三、菌痢

1. 什么是菌痢

细菌性痢疾简称菌痢，亦称为志贺菌病，是志贺菌属（痢疾杆菌）引起的肠道传染病。志贺菌经消化道感染人体后，引起结肠黏膜的炎症和溃疡，并释放毒素入血。菌痢常年散发，夏秋多见，是我国的常见病、多发病，分为急性菌痢、中毒性菌痢和慢性菌痢。本病经过有效的抗菌药治疗，治愈率高。

2. 症状

临床表现主要有发热、腹痛、腹泻、里急后重、黏液脓血便，同时伴有全身毒血症症状，严重者可引发感染性休克和（或）中毒性脑病。

3. 流行特点

（1）传染源：传染源包括患者和带菌者。患者以轻症非典型菌痢患者与慢性隐匿型菌痢患者为重要传染源。

（2）传播途径：痢疾杆菌随患者或带菌者的粪便排出，通过污染手、食品、水源或生活接触，或苍蝇、蟑螂等间接方式传播，最终均经口入消化道使易感者感染。

（3）易感人群：人群对痢疾杆菌普遍易感。学龄前儿童患病多，与不良卫生习惯有关；而成人患病则与成人患者机体抵抗力降低、接触感染机会多有关，加之患同型菌痢后无巩固免疫力，不同菌群间及不同血清型痢疾杆菌之间无交叉免疫，故造成重复感染或再感染而反复多次发病。

（4）潜伏期：潜伏期一般为 1～3 天（数小时至 7 天），流行期为 6～11 月，发病高峰期在 8 月。

4. 治疗

（1）急性菌痢的治疗：①一般治疗。卧床休息、消化道隔离（隔离至临床症状消失，大便培养连续两次阴性）。给予流质或半流质饮食，忌食生冷、油腻和刺激性食物。②抗菌治疗。根据当地流行菌株的药敏试验或患者大便培养的药敏结果选择敏感抗生素。③对症治疗。保持水、电解质和酸碱平衡，有失水者，无论有无脱水表现，均应口服补液，严重脱水或有呕吐不能由口摄入时，采取静脉补液。痉挛性腹痛时给予阿托品或进行腹部热敷。发热者以物理降温为主，高热时可给予退热药。

（2）中毒性菌痢的治疗：本型来势凶猛，应及时针对病情采取综合性措施抢救。

（3）慢性菌痢的治疗：①寻找诱因，对症处置。避免过度劳累，勿使腹部受凉，勿食生冷饮食。体质虚弱者可适当使用免疫增强剂，有肠道功能紊乱者可酌情给予镇静、解痉药物。当出现肠道菌群失衡时，切忌滥用抗菌药物，立即停止耐药抗菌药物使用。改用乳酸杆菌等益生菌，以利肠道正常菌群恢复。②病原治疗。通常需联用两种不同类型的抗菌药物，采用足剂量、长疗程的方法对症治疗。对于肠道黏膜病变经久不愈者，可采用保留灌肠疗法。

5. 预防措施

（1）管理传染源：及时发现患者和带菌者，并进行有效隔离和彻底治疗，直至大便培养阴性。重点监测从事饮食业、保育及水厂工作的人员，感染者应立即隔离并给予彻底治疗。慢性患者和带菌者不得从事上述行业的工作。

（2）切断传播途径：饭前便后及时洗手，养生良好的卫生习惯，尤其应注意饮食和饮水的卫生情况。

（3）保护易感人群：口服活菌苗可使人体获得免疫性，免疫期可维持6～12个月。

第三节　新型冠状病毒肺炎的防控

2020年1月，一场新冠肺炎疫情突袭全球。截至2020年7月7日，我国累计确诊病例85 341例，累计治愈80 168例，累计死亡4648人；海外累计确诊病例11 646 400例，累计治愈6 540 686例，死亡535 452人，整个世界好像按下了暂停键，进入了抗疫模式。"新冠"疫情给我们的经济生活、社会生活和精神生活都造成了巨大的冲击和挑战，我们必须勇敢地面对冲击和挑战，"迎战"新型冠状病毒，把握人类的未来。

视频讲解

一、冠状病毒

1. 什么是冠状病毒

冠状病毒属于冠状病毒科，是一大类可以在动物和人类之间传播的单链 RNA 病毒，可分为 α、β、γ、δ四个属，其中β属冠状病毒又可分为 A、B、C、D 四个独立的亚群。冠状病毒是自然界广泛存在的一类病毒，因该病毒形态在电镜下观察类似王冠而得名。冠状病毒如图 14-1 所示。

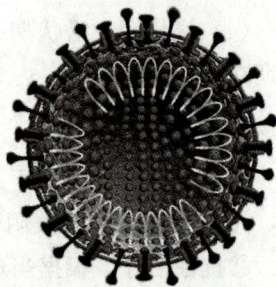

2. 病毒形态和特性

冠状病毒在电子显微镜下呈圆形或者椭圆形，直径一般为 60～160 纳米（新型冠状病毒直径为 60～140 纳米），

图 14-1　冠状病毒

由于包膜上有多种蛋白即刺突糖蛋白、小包膜糖蛋白和膜糖蛋白，少数种类还有血凝素糖蛋白，形态似皇冠状，被称为冠状病毒。冠状病毒的 RNA 是 RNA 病毒核酸链中最长的一种，具有正链 RNA 特有的重要结构特征，自身可以发挥蛋白质翻译模板作用。由于在复制过程中 RNA 聚合酶缺少校正的功能，该病毒在自然界中发生重组和变异的概率较高，出现新毒株的概率较高。变异的病毒抗原性也发生了变化，给疫苗的

研制造成困难。冠状病毒可以通过表面刺突蛋白和/或血凝素酯酶蛋白来识别结合宿主细胞表面受体，从而牢牢地"抓住"细胞，开始侵袭。其中，刺突糖蛋白有与人呼吸道上皮细胞受体结合的位点，也是人类研究预防疫苗的靶位。

冠状病毒的动物宿主广泛，目前发现的有蝙蝠、鼠类、家禽和家畜等，其中蝙蝠是最重要的自然宿主。多数冠状病毒对人和动物有致病性，α 和 β 冠状病毒主要引起人和哺乳动物感染，γ 和 δ 冠状病毒主要感染鸟类。

3. 常见感染人类的冠状病毒

冠状病毒最早在禽类中发现，后在人类有感冒症状的患者中被检出。目前已知有 7 种冠状病毒是人类呼吸道感染的常见病原体，其中 3 种可引起严重甚至致命的呼吸道疾病：严重急性呼吸综合征冠状病毒（SARS-CoV）、中东呼吸综合征冠状病毒（MERS-CoV）和新型冠状病毒；另外 4 种可引起人类普通感冒咽喉炎或成人腹泻：HCoV-229E、HCoV-NL63、HCoV-HKU1、HCoV-OC43。

4. 感染人类的主要冠状病毒的宿主及传播途径

SARS-CoV、MERS-CoV 与新型冠状病毒，这三种病毒均与经典冠状病毒形态结构相似，均属于冠状病毒 β 属，都可引起人类发生严重甚至致命的呼吸道疾病。新型冠状病毒来源尚不明确。

SARS-CoV 主要通过飞沫传播、接触传播，有消化道传播的可能。MERS-CoV 在人与人之间的传播方式主要为通过飞沫经呼吸道传播，也可通过密切接触者的分泌物或排泄物传播。

5. 人类感染冠状病毒后的主要症状

SARS 早期以发热为首发症状，到进展期发热和感染症状持续存在，肺部病变加重，出现胸闷、气促、呼吸困难，少数病人会因出现急性呼吸窘迫综合征而危及生命。MERS 早期主要表现为发热、乏力、头痛等，随后出现咳嗽、呼吸困难，部分还会有腹泻、呕吐等症状，重症会发生急性呼吸窘迫综合征、急性肾衰竭甚至多器官功能衰竭。

二、新型冠状病毒

1. 新型冠状病毒的基本认识

（1）新型冠状病毒的发现及命名：2019 年 12 月，在武汉相继发现不明病因的感染性肺炎患者，主要临床表现是发热，体温高于 38℃、干咳、肺炎影像学特征，发病早期外周血白细胞总数正常或降低，或淋巴细胞计数减少。流行病学溯源发现其可能与当地某海鲜市场有关，进一步病原学研究证实是一种新的冠状病毒感染所致，称为新型冠状病毒（2019 Novel Coronavirus，2019-nCoV）。病毒基因序列比对显示，该病毒与 2003 年引起 SARS 的 SARS 冠状病毒（SARS-CoV）同源性达 79.5％以上。世界卫生组织（WHO）宣布将该病毒所致疾病称为 COVID-19，国家卫生健康委员会将该病毒所致肺炎命名为新型冠状病毒肺炎（英文名统一为 COVID-19），简称"新冠肺炎"。

（2）新型冠状病毒的传染源：传染源是指体内有病原体生存、繁殖并且能排出病原体的人和动物。传染源包括患者、隐性感染者（无症状感染者）、病原携带者以及感染的动物。病毒学研究发现蝙蝠可携带大量冠状病毒。中华菊头蝠中分离的一株冠状病毒在全基因水平上与新型冠状病毒同源性高达96.2%，提示蝙蝠可能是新型冠状病毒的自然储存宿主。流行病学资料显示，首批新型冠状病毒肺炎患者大多有武汉某海鲜市场野生动物暴露史，推测竹鼠、獾、狸、蛇、穿山甲等野生动物可能是新型冠状病毒的中间宿主，成为最初的传染源。随后陆续发现仅有与患者接触而没有野生动物暴露史的感染者，此后的疫情主要是由人际传播扩散，患者、无症状感染者成为主要传染源。

（3）新型冠状病毒的传播途径：传播途径是病原体从传染源排出体外，经过一定的传播方式，到达与侵入新的易感者的过程。

新型冠状病毒肺炎是呼吸系统传染病，呼吸道和眼结膜是病毒的主要入侵途径。目前确定新型冠状病毒的传播方式有如下几种。

①飞沫传播：通过咳嗽、打喷嚏、说话等产生的飞沫进入易感者黏膜表面。

②接触传播：在接触病原体污染的物品后触碰自己的口、鼻或眼睛等部位导致病毒传播。

③在相对封闭的环境中长时间暴露于高浓度气溶胶情况下存在经气溶胶传播的可能，如医疗场所。

（4）新型冠状病毒的人群易感性：易感人群是指对某种传染病缺乏特异性免疫力的人群，对该传染病病原体均具有易感性。由于新型冠状病毒是新现病原，人群普遍没有特异性免疫力，因而有极高的人群易感性。流行病学资料显示人群普遍易感，老年人及有基础疾病者感染后病情较重。

（5）新型冠状病毒肺炎的潜伏期：传染病潜伏期是指人体在感染以后到出现症状的时间。潜伏期是对密切接触者确定进行医学观察和隔离检疫时长的最重要依据。

新型冠状病毒肺炎的潜伏期为1～14天，多为3～7天。据此将新型冠状病毒肺炎密切接触者医学观察期定为14天。潜伏期和恢复期也有传染性。

（6）新型冠状病毒可疑暴露者与密切接触者：新型冠状病毒可疑暴露者（简称可疑暴露者）是指暴露于新型冠状病毒检测阳性的野生动物、物品和环境，且暴露时未采取有效防护的加工、售卖、搬运、配送或管理等人员。

依据《新型冠状病毒肺炎防控方案（第五版）》，新型冠状病毒密切接触者（简称密切接触者）指从疑似病例和确诊病例（见疑似病例和确诊病例的诊断标准部分）症状出现前2天开始，或无症状感染者标本采样前2天开始，未采取有效防护与其有近距离接触（1米内）的人员，具体接触情形如下。

①共同居住、学习、工作，或其他有密切接触的人员，如近距离工作或共用同一教室或在同一所房屋中生活。

②诊疗、护理、探视病例的医护人员、家属或其他有类似近距离接触的人员，如到密闭环境中探视病人或停留，同病室的其他患者及其陪护人员。

③乘坐同一交通工具并有近距离接触人员，包括在交通工具上照料护理人员、同

行人员（家人、同事、朋友等）或经调查评估后发现有可能近距离接触病例和无症状感染者的其他乘客及乘务人员。

④现场调查人员调查后经评估认为其他符合密切接触者判断标准的人员。

（7）新型冠状病毒无症状感染者：新型冠状病毒无症状感染者指无临床症状，呼吸道等标本新型冠状病毒病原学检测阳性者，主要通过聚集性疫情调查和传染源追踪调查等途径发现。无症状感染者隐蔽性强，是重要的传染源之一，给疫情防控带来了极大的困难。

（8）新型冠状病毒与超级传播者：超级传播者是个流行病学专业术语，一般指具有较强传染性的感染者。与普通感染者相比，超级传播者传播的速度更快、范围更广，可在短期内造成数十人甚至上百人感染。超级传播者的出现与群体的免疫状态、病毒载量、病毒毒力，患者有无基础疾病，有无合并感染以及接触者的防护措施等有关。

（9）新型冠状病毒在空气、衣物、水体环境中的存活期：新型冠状病毒在人体外的存活与多种因素有关。新型冠状病毒可以在飞沫中存活，但不能单独在空气中长期存在。新型冠状病毒在干燥阴冷环境中可存活约 48 小时，环境温度越高病毒存活时间越短。

目前科学家对新型冠状病毒的了解还相对有限，对其理化特性的认识多来自对它的"亲戚" SARS - CoV 和 MERS - CoV 的研究。SARS - CoV 在模拟污染的土壤、滤纸片、棉布片上可存活 4～6 小时，而在模拟污染的光滑玻璃片、不锈钢片和塑料片上至少可以存活 2 天，在污染的自来水中 2 天后仍能保持较强的感染性。

（10）新型冠状病毒是否存在人传人：新型冠状病毒的传播符合人传人的传播特征，可通过社区聚集、家庭聚集快速播散。从家族聚集感染的多个患者分离的病毒基因组序列高度一致，提示为同一来源。

（11）新型冠状病毒的抵抗力、致病力和基本传染数

①新型冠状病毒抵抗力弱。对紫外线和热敏感，56℃、30 分钟可灭活病毒。乙醚、75％乙醇、含氯消毒剂、过氧乙酸和氯仿等脂溶剂均可有效灭活新型冠状病毒，但氯已定不能有效灭活病毒。日常可用 84 消毒液、漂白粉和 75％乙醇消毒。

②新型冠状病毒致病力较强。尽管多数 COVID - 19 患者呈轻症过程，表现为低热、轻度乏力等，无肺炎表现，但部分感染者会表现出重症，快速发展为急性呼吸窘迫综合征、感染性休克、出凝血功能障碍及多器官衰竭等，重症和死亡率低于 SARS。值得注意的是重型、危重型患者病程中可为中低热，甚至无明显发热。老年人以及有糖尿病、高血压、心脏病等基础性疾病者感染后病情较重，死亡病例主要是这些高危人群。

③基本传染数是指流行病学上，在没有干预和所有人都没有免疫力的情况下，一个患有某种传染病的人，会把疾病传染给其他人数量的平均数，基本传染数的数字越大，代表传染性越强，则该传染病的控制愈难。

（12）新型冠状病毒肺炎为乙类传染病却按照甲类传染病管控的原因：新型冠状病毒肺炎目前定为乙类传染病，但由于其疫情的严重性和诸多不确定性，实施甲类传染病管控，包括强制隔离、强制治疗和封锁疫区等严厉措施，疫情上报和公布也更迅速。

（13）新型冠状病毒肺炎流行趋势判断：新型冠状病毒肺炎目前诊断方法还不够完善，也没有疫苗和特异性药物治疗，所以暂时无法准确判断其流行趋势。但作为病毒性呼吸道传染病，其潜在的流行趋势不外乎以下三种可能。

①使用公共卫生手段成功控制病毒传播：新型冠状病毒肺炎与 2003 年暴发的 SARS 有类似之处，病原都是冠状病毒。我国及国际卫生防疫机构通过多种公共卫生手段有效控制了 SARS-CoV 的传播，到 2004 年以后疫情基本消失了。如今，SARS 病毒依然在动物身上存在，但没有传染给人类的报道。

②感染所有或多数易感人群后，病毒会自我消尽：假设公共防疫机制没能有效扑灭疫情，病毒蔓延感染多数易感者，感染过后人群普遍获得免疫力，病毒失去生存空间而自我消尽。这个过程不排除造成大规模人群患病甚至死亡，出现类似于 1918 年流感大流行灾害的情形。

③新型冠状病毒可能会变成一种常见病毒，成为新常态存在：由于新型冠状病毒在潜伏期具有传染性及隐性感染的存在，使得新型冠状病毒疫情防控的难度远大于 SARS 和 MERS。因此，新型冠状病毒有可能演变成一种常见病毒，并成为新常态存在。2009 年的新型 H1N1 流感病毒即如此，它在全球范围内流行造成约 30 万人死亡以后并没有消失，而是变成了流感季节的常见病毒。

2. 新型冠状病毒肺炎临床特点及与普通感冒和流行性感冒的区别

（1）临床特点

①临床表现。基于目前的流行病学调查，潜伏期为 1～14 天，多为 3～7 天。以发热、干咳、乏力为主要表现。少数患者伴有鼻塞流涕、咽痛、肌痛和腹泻等症状。重症患者多在发病一周后出现呼吸困难和/或低氧血症，严重者可快速进展为急性呼吸窘迫综合征、脓毒症休克、难以纠正的代谢性酸中毒和出凝血功能障碍及多器官功能衰竭等。

值得注意的是重型、危重型患者病程中可为中低热，甚至无明显发热。轻型患者仅表现为低热、轻微乏力等，无肺炎表现。从目前收治的病例情况看，多数患者愈后良好，少数患者病情危重。老年人和有慢性基础疾病者愈后较差。儿童病例症状相对较轻。

②实验室检查。发病早期外周血白细胞总数正常或减少，淋巴细胞计数减少，部分患者可出现肝酶、乳酸脱氢酶（LDH）、肌酶和肌红蛋白增高；部分危重者可见肌钙蛋白增高。多数患者 C 反应蛋白（CRP）和血沉升高，降钙素原正常。严重者 D-二聚体升高、外周血淋巴细胞进行性减少。在鼻咽拭子、痰和其他下呼吸道分泌物、血液、粪便等标本中可检测出新型冠状病毒核酸，标本采集尽可能留取痰液以提高核酸检测阳性率。

③胸部影像学。早期呈现多发小斑片影及间质改变，以肺外带明显。进而发展为双肺多发磨玻璃影、浸润影，严重者可出现肺实变，胸腔积液少见。

（2）与普通感冒和流行性感冒的区别

新型冠状肺炎与普通感冒和流行性感冒的区别如表 14-1 所示。

表 14-1　三种疾病的区别

	呼吸道症状	全身症状	其他
普通感冒	自觉上呼吸道症状重；鼻塞、流鼻涕、打喷嚏	轻；无明显全身不适应症状	体力、食欲基本正常
流行性感冒	发病急、症状重、进展快；上下呼吸道都可能波及，可能引起肺炎	常伴有发热，可达 39℃；头痛、关节痛、肌肉酸痛明显	乏力、食欲差
新型冠状病毒肺炎	干咳为主，少数患者伴有鼻塞、流涕、咽痛等；重型病例多在一周后出现呼吸困难	多为轻度或中度发热	乏力常见，偶见腹泻

3. 新型冠状病毒肺炎个人防护方法

新型冠状病毒是一种新发传染病病毒，在疾病疫情防控期，个人应从以下几个方面做好防护。

（1）戴口罩。外出前往公共场所、就医和乘坐公共交通工具时，应正确佩戴口罩。

（2）勤洗手。外出归来，饭前便后，咳嗽、打喷嚏时用手捂口鼻后、接触污物后等，都应及时洗手。应使用流动水和肥皂或洗手液，采用"七步洗手法"洗手。

（3）勤消毒、勤通风。使用卫生（疾控）部门认可有效的消毒剂进行合理的消毒。

（4）避免人群聚集。高校教职员工应尽量避免外出校外活动；避免去人流密集的场所；避免到封闭、空气不流通的公共场所和人多聚集的地方。

（5）生活规律。养成健康的生活方式，合理膳食，不暴饮暴食，不吸烟，不喝酒，不酗酒。劳逸结合，不熬夜，生活有规律。适当锻炼，保持休息与运动平衡。

（6）快递尽量选择无接触配送，如必须与快递员接触，应佩戴好口罩，取件途中避免人员聚集及面对面。去除快递的外部包装后应该立即洗手，然后再去拿里面的包装。对快递的内部物品包装要用消毒湿巾、酒精棉等擦拭消毒，打开物品内部包装袋时也要注意手卫生；所有包装应按照生活垃圾分类要求妥善处理。

（7）去疾病流行地区必须报告，批准后方可执行，接触确诊者或密切接触者必须报告。

（8）避免接触禽畜、野生动物及其排泄物和分泌物，避免购买活禽和野生动物，更不能食用野生动物。尽量不去动物农场和屠宰场、活禽动物交易市场或摊位、野生动物栖息地等场所，必须前往时要做好防护。

口 罩 常 识

1. 口罩的生产标准

口罩分为三个标准：N系列是美国标准。如：N95是按美国标准NOISH（美国国家职业安全卫生研究所）生产，厂家是3M和霍尼韦尔；FFP系列是欧洲标准。如FFP2是欧洲标准EN149；KN系列是中国标准。如KN95是中国标准GB 2626—2006。

凡是口罩上印着执行标准是这三种的都是合格口罩。数字越大防护等级也越高。用一个公式来表示：FFP3＞FFP2＝N95＝KN95＞KN90。

如果数字结尾带个"V"，表示有阀门。普通带阀口罩比较舒适，医用口罩不允许带阀。当普通人为感染或疑似感染者时，必须选择不带阀的医用口罩。

口罩的型号和执行标准都印在口罩左侧面，可以按照这个来选购口罩。

2. 口罩类型

口罩有医用防护口罩（GB19083）、颗粒物防护口罩（GB19083，N95/KN95及以上标准）、医用外科口罩（YY0469）、一次性使用医用口罩（YY/T0969）、普通口罩如棉纱、活性炭和海绵等类型。

3. 口罩类型的选择

根据国家卫生健康委员会发布的《不同人群预防新型冠状病毒感染口罩选择与使用技术指引》，要按照防疫工作性质与风险等级，选择合适的口罩类型，不过度防护。

（1）临床医师、护士、护工、清洁工和尸体处理人员、疫区指定医疗机构发热门诊的医生和护士、对确诊病例和疑似病例进行流行病学调查的公共卫生医师等高风险暴露人员，建议使用医用防护口罩。

（2）急诊科工作医护人员、对密切接触人员开展流行病学调查的公共卫生医师、疫情相关的环境和生物样本检测人员等较高风险暴露人员，建议使用符合N95/KN95及以上标准的颗粒物防护口罩。

（3）普通门诊和病房工作医护人员，人员密集场所的工作人员（包括医院、机场、火车站、地铁、地面公交、飞机、火车、超市、餐厅等），从事与疫情相关的行政管理，警察，保安和快递等从业人员，居家隔离及与其共同生活人员等中等风险暴露人员，建议佩戴医用外科口罩。

（4）超市、商场、交通工具和电梯等人员密集区的公众、室内办公环境、医疗机构就诊（除发热门诊）的患者、集中学习和活动的托幼机构儿童、在校学生等较低风险暴露人员，建议佩戴一次性使用医用口罩（儿童选用性能相当产品）。

（5）居家室内活动，散居居民，户外活动者（包括空旷场所/场地的儿童、学生），通风良好工作场所工作者等低风险暴露人员，建议在居家、通风良好和人员密度低的场所也可不佩戴口罩。非医用口罩，如棉纱、活性炭和海绵等口罩具有一定防护效果，也有降低咳嗽、喷嚏和说话等产生的飞沫播散的作用，可视情况选用。

4．佩戴、脱摘口罩的方法

（1）佩戴方法。口罩佩戴前严格按照"七步洗手法"先洗手，擦干双手后再佩戴，避免弄湿口罩。佩戴的方法是将蓝色的防水面朝外，有金属片的一面向上，系带式口罩上系带系于头顶中部，下系带系于颈后，挂耳式口罩把系带挂于两侧耳部即可。口罩应完全覆盖口鼻和下巴，用两手食指将口罩上的金属片沿鼻梁两侧按紧，使口罩紧贴面部，要进行密合性检查，将双手完全覆盖防护口罩，快速呼气，如鼻夹附近有漏气应调整鼻夹至不漏气为止。注意佩戴过程中避免手触碰到口罩内面。佩戴口罩时，注意不可内、外面戴反，更不能两面轮流戴。

（2）脱摘方法。脱摘口罩时尽量避免触摸口罩，不可将口罩取下悬挂于颈前或放于口袋内再使用，绝对不能用手去压挤口罩，这样会使病原体向口罩内层渗透，人为增加感染病原体的概率。摘脱口罩时不要接触口罩外面（污染面），系带式口罩先解开下面的系带，再解开上面的系带；挂耳式口罩把两侧细带同时取下。用手毁坏口罩系带或挂绳后丢至医疗废物容器内。摘脱口罩的过程可能会污染双手，摘脱后应立即用肥皂洗手或用乙醇擦手。

三、七步洗手法

平时，七步洗手法是医务人员进行操作前的洗手方法，用七步洗手法可清洁自己的手，清除手部污物和细菌，预防接触感染，减少传染病的传播。洗手口诀："内外夹弓大力腕"，具体步骤如图 14-2 所示。

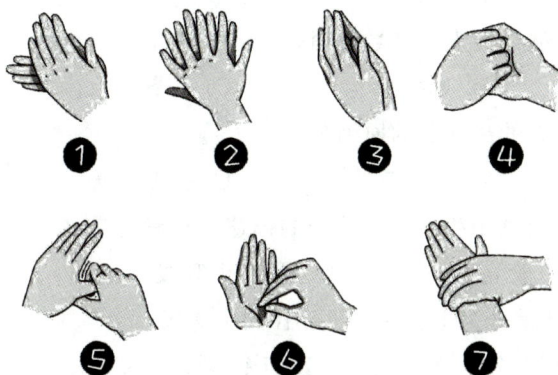

图 14-2　七步洗手法

第一步（内）：洗手掌，流水湿润双手，涂抹洗手液（或肥皂），掌心相对，手指并拢相互揉搓。

第二步（外）：洗背侧指缝，手心对手背沿指缝相互揉搓，双手交换进行。

第三步（夹）：洗掌侧指缝，掌心相对，双手交叉沿指缝相互揉搓。

第四步（弓）：洗指背，弯曲各手指关节，半握拳把指背放在另一手掌心旋转揉搓，双手交换进行。

第五步（大）：洗拇指，一手握另一手大拇指旋转揉搓，双手交换进行。

第六步（立）：洗指尖，弯曲各手指关节，把指尖合拢在另一手掌心旋转揉搓，双手交换进行。

第七步（腕）：洗手腕、手臂，揉搓手腕、手臂，双手交换进行。

要彻底清洗戴戒指、手表和其他装饰品的部位。注意，应先摘下手上的饰物再彻底清洁，因为手上戴了戒指，会使局部形成一个藏污纳垢的"特区"，稍不注意就会使细菌"漏网"。

测 一 测

1. 以下属于甲类传染病的是（　　）。
   A. 鼠疫　　　　　　　　　　　B. 新型冠状病毒肺炎
   C. 艾滋病　　　　　　　　　　D. 麻风病

2. 以下不属于微生物的是（　　）。
   A. 病毒　　　　B. 衣原体　　　　C. 细菌　　　　D. 寄生虫

3. 所有生物中数量最多的一类是（　　）。
   A. 植物　　　　B. 动物　　　　C. 细菌　　　　D. 真菌

4. 细菌对以下（　　）环境耐受性最强。
   A. 高温　　　　B. 低温　　　　C. 干燥　　　　D. 紫外线

5. 以下（　　）病毒性疾病已经被消灭。
   A. 天花　　　　B. 麻疹　　　　C. 乙肝　　　　D. 非典型性肺炎

6. 隔离传染病患者的最主要的原因是（　　）。
   A. 消灭病毒　　B. 治愈疾病　　C. 控制传播　　D. 医学研究

7. 以下关于突发公共卫生事件的分级的描述，正确的是（　　）。
   A. 从严重到一般分为Ⅰ、Ⅱ、Ⅲ、Ⅳ四个等级
   B. 从一般到严重分为Ⅰ、Ⅱ、Ⅲ、Ⅳ四个等级
   C. 从一般到严重分为A、B、C、D四个等级
   D. 从一般到严重分为A、B、C、D四个等级

8. 流感的潜伏潜伏期一般在（　　）天。
   A. 10天左右　　B. 2~4天　　　C. 5~10天　　　D. 14天以上

9. 以下关于结核病的描述，正确的是（　　）。
   A. 结核病多发于冬春交替的时候
   B. 结核病对所有人普遍易感
   C. 人体感染结核杆菌后一定会发病
   D. 结核病属于急性传染病

10. 常见的人类呼吸道感染的冠状病毒有（   ）种。

　　A. 4 种　　　　　　B. 3 种　　　　　　　C. 5 种　　　　　　　　D. 7 种

参考答案

1. A　2. D　3. C　4. B　5. A　6. C　7. A　8. C　9. B　10. D

后　记

　　《大学生公共安全教育》由原《大学生安全教育点对点》原班人员编写。鉴于国际国内的安全形势日趋复杂，犯罪分子的犯罪手段不断变化和更新，大学生的安全面临新的考验。我们根据国际国内以及高校在安全方面发生的新情况、新问题，对各高校在安全管理中采用的新方法和新经验进行了较为系统的总结和提炼，重新编写了《大学生公共安全教育》一书，使其更能适应大学生的安全学习需要。在修订过程中，书中案例力求使用最新案例、最新法规，增加了"校园贷""网络安全"的内容，对有些概念单独成节或成章描述，力求把一些概念讲明白、讲清楚。同时，在修订过程中，编委会对于本教材的风格的描述坚持"可阅读性"与"符合性"原则，即符合现代青年人阅读习惯的编排风格，最终达到轻松阅读的要求。

　　上海市教委为进一步加强上海市高校大学生安全教育，完善大学生安全教育工作体系，提高大学生安全教育工作水平，提升大学生安全防范意识和能力，维护高校安全稳定，2016年颁布了《上海市大学生安全教育三年行动计划（2016—2018年）》。在目标任务中，明确构建大学生安全教育"六个一"工程平台：一个开放的网上课程、一个供练习的题库、一个基于电脑端的标准化练习和考试系统、一个基于智能化手机的标准化练习和考试系统、一本切合学生学习需求的教材、开展一年一度的大学生安全知识竞赛。可以说，上海市教委颁布的《上海市大学生安全教育三年行动计划（2016—2018年）》在全国是首创，真正把安全教育提高到了非常重视的高度，充分体现了安全教育在预防工作中的地位。无论是营造良好的安全教育氛围还是体现上海高水平的安全教育体系的建设，高质量的安全教育读本的建设首当其冲，当然，一本高质量的安全教育教材也是上海安全教育质量的集中体现。我们都知道，一本高质量的教材的建设非一日之功，《大学生公共安全教育》的编写主要策划人刘伟、李飞两位老师，本着极强的使命感和责任感，用近八年的时间，投入了大量的精力，历经《大学生安全教育点对点》以及《大学生安全教育习题集》的编写，对于安全教育的知识点、安全教育体系的建设具有较强的认知度，是上海高校中难得的安全教育专家。我们有理由相信，这一版安全教育读本实属安全类教材中的上乘之作！因此，一方面要感谢社会方方面面对本书出版的支持，另一方面更要感谢几位老师的倾力付出，感谢他们！

　　在编写过程中，编委会得到了各方面的关心和支持，尤其是上海海事大学保卫处、上海外国语大学保卫处、上海对外经贸大学保卫处、上海电力学院保卫处、上海海洋大学保卫处、上海理工大学保卫处、上海浦东新区司法局郭春佳、上海市浦东新区市场监督管理局陈为庆、广东省江门市公安局韩强等单位和个人对于本书的编写均提出了宝贵的修改意见。同时，修订稿中还大量吸收了相关书刊、报纸登载的相关内容和许多专家、学者研究的成果。为此，表示衷心的感谢！

大学生遇到的安全问题也在不断发生变化，许多新问题有待进一步研究和解决。限于编者的水平和能力，书中难免有不妥之处，敬请有关专家、学者、保卫工作者和广大读者给予批评指正。

《大学生公共安全教育》编写组
2019 年 6 月于上海

参考文献

[1] 吴超. 安全科学方法学[M]. 北京：中国劳动社会保障出版社，2011.

[2] 刘潜. 安全科学和学科的创立与实践[M]. 北京：化学工业出版社，2010.

[3] 郭念锋. 心理咨询师[M]. 北京：民族出版社，2002.

[4] 周家华，王金凤. 大学生心理健康教育[M]. 北京：清华大学出版社，2010.

[5] 许书烟. 高校实验室管理与安全[M]. 厦门：厦门大学出版社，2016.

[6] 王敬国. 资源与环境概论[M]. 北京：中国农业大学出版社，2011.

[7] 王树义. 环境法前沿问题研究[M]. 北京：科学出版社，2012.

[8] 沈其荣. 土壤肥料学通论[M]. 北京：高等教育出版社，2001.

[9] 周珂. 环境法学研究[M]. 北京：中国人民大学出版社，2008.

[10] 贺克斌，杨复沫，段凤魁，等. 大气颗粒物与区域复合污染[M]. 北京：科学出版社，2011.

[11] 王淑萍. 安全保卫工作法律实务[M]. 北京：法律出版社，2010.

[12] 法律出版社法规中心. 中华人民共和国刑法及司法解释全书[M]. 北京：法律出版社，2019.

[13] 魏克家. 刑法的基本问题[M]. 北京：中国政法大学出版社，2012.

[14] 刘莹. 刑法罪名与定罪量刑标准精解[M]. 北京：法律出版社，2012.

[15] 黄萍. 侵权行为法[M]. 北京：中国政法大学出版社，2008.

[16] 王利明. 民法总则研究[M]. 北京：法律出版社，2011.

[17] 朱幼平. 图解高速公路安全科学驾驶[M]. 北京：人民交通出版社，2006.

[18] 杨玲，孔庆红. 火灾安全科学与消防[M]. 北京：化学工业出版，2011.

[19] 吴永宁. 现代食品安全科学[M]. 北京：化学工业出版社，2003.

[20] 施昌彦，虞惠霞. 实验室管理与认可[M]. 北京：中国计量出版社，2009.

[21] 施韦特利克. 有机合成实验室手册：原著第 22 版[M]. 万均，译. 北京：化学工业出版社，2010.

[22] 王国清，赵翔. 实验室化学安全手册[M]. 北京：人民卫生出版社，2012.

[23] 李勇. 实验室生物安全[M]. 北京：军事医学科学出版社，2009.

[24] 陈翔，胡志斌. 高等学校新型冠状病毒肺炎防控指南[M]. 北京：人民卫生出版社，2020.

[25] 张晓. 中国水污染趋势与治理制度[J]. 中国软科学，2014（10）.

[26] 何怀远. 中国特色国家安全道路的新探索[J]. 思想理论教育导刊，2017.

[27] 郭秀清. 我国国家安全观的重要转变[J]. 理论探索. 2011（05）.

[28] 王亮，隋南，王力，等. 心理健康问题基础研究和干预技术进展[J]. 中国科

学院院刊，2016（11）：1171-1186.

［29］裴学进，王雄杰，周瑶瑶. 改革开放以来大学生心理健康教育的发展脉络与启迪［J］.中国高教研究，2009（9）：75-78.

［30］康新昌. 大学生心理健康教育研究［J］.辽宁师范大学学报（人文社会科学版），2009（4）：23.

［31］俞国良，曾盼盼. 论教师心理健康及其促进［J］.北京师范大学学报（人文社会科学版），2009（1）：22.

［32］汤有国. 大学生心理健康教育研究［J］.华北水利水电学院学报（社科版），2008（5）.

［33］刘小丽. 对大学生心理健康教育问题的思考［J］.新西部（下半月），2008（7）：35.

［34］李增波，徐鑫，刘璐，等. 我国消防安全形势及管理对策研究［J］.中国安全科学学报，2015（8）.

［35］罗仁杯. 高校消防安全管理责任风险及防控措施［J］.山东农业工程学院学报，2017（4）.

［36］刘玉轩. 浅析高层建筑消防安全管理措施［J］.消防界，2017（2）.

［37］高洪旺. 高校实验室消防安全管理探究［J］.实验室研究与探索，2014（9）.

［38］高桂林，陈云俊. 大气污染防治公众参与的法经济学分析［J］.广西社会科学，2014（11）.

［39］秦凤菊，孔惠敏，曹申梅. 高校传染病管理现状及防控对策的探讨［J］.中国校医，2013，12：958－959.

［40］林芝. 基于人的全面发展理论的大学生心理健康教育研究［D］.安徽农业大学，2015.

［41］肖海丽. 许、龚氏心理健康量表在湖南大学生中的信效度研究［D］.湖南师范大学，2010.

［42］韩仁美. 广西高校心理健康教育教师专业化研究［D］.广西大学，2009.

［43］范美玲. 论心理健康教育在高校思想政治教育中的作用［D］.黑龙江大学，2010.